股市投资100问

邢孝寒 著

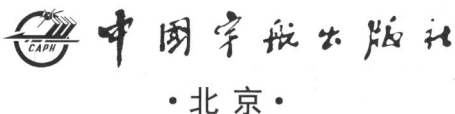

·北京·

版权所有　　侵权必究

图书在版编目（CIP）数据

股市投资100问 / 邢孝寒著. -- 北京：中国宇航出版社，2022.6
　ISBN 978-7-5159-2071-9

　Ⅰ. ①股… Ⅱ. ①邢… Ⅲ. ①股票投资－问题解答 Ⅳ. ①F830.91-44

中国版本图书馆CIP数据核字(2022)第083610号

策划编辑	田芳卿　卢　册	责任校对	吴媛媛
责任编辑	卢　册	封面设计	李　松

出版发行	**中国宇航出版社**		
社　址	北京市阜成路8号	邮　编	100830
	(010)68768548		
网　址	www.caphbook.com		
经　销	新华书店		
发行部	(010)68767386		(010)68371900
	(010)68767382		(010)88100613(传真)
零售店	读者服务部		
	(010)68371105		
承　印	北京天顺鸿彩印有限公司		
版　次	2022年6月第1版		2022年6月第1次印刷
规　格	710×1000	开　本	1/16
印　张	17.5	字　数	250千字
书　号	ISBN 978-7-5159-2071-9		
定　价	53.00元		

本书如有印装质量问题，可与发行部联系调换

前　言

  在我已经出版的六本图书中，股票类图书的销量是最好的，可见广大投资者依然对股票投资赋予了极大的热情，这让我十分欣慰。普通投资者通过读书来学习投资，提高个人投资能力，是最为普遍的一种方式，所以对于图书内容创作的严谨性和实用性丝毫马虎不得。同时也要随着市场的发展与时俱进，争取创作出让所有投资者都能够受益且学以致用的好书。正所谓"欲生一切德，欲问一切法，欲断一切疑，专求善知识"。

  2021年已经是我在A股市场闯荡的第十五个年头了，但依然觉得自己还是一个学生，因为不论是A股市场，还是全球几个主要的金融投资领域，都有太多的东西要学习。另外，时代发展速度太快，稍有懈怠就可能会被市场淘汰，所以不仅是我，包括所有A股市场的投资者，都要时刻存在危机感，要不断地超越自我，追求进步。

  不少投资者阅读了很多股票图书，甚至不惜重金购买一些所谓专家名师的投资课程，但整体的投资和收益能力却并没有明显提高，难道是学习的知识都是无用的吗？当然不是，其实是很多投资者对于自己所投资的市场并不是十分了解，对于一些问题很困惑，却找不到明确的答案。在许多问题尚未明确时去学习，不仅对投资起不到帮助，反而会产生更多的问题。就像建房子一样，如果地基不牢固，盖得越高就越有倒塌的风险。所以，要在股市中生存下来并且获得成功，首先要做的就是把心中的问题全部解决掉。知己知彼才能百战百胜。你对A股市场多了解一分，就多了一分成功的把握和胜算。

写这本书的目的也正在于此，我希望将这本书打造成A股市场的"百科全书"，投资者在投资过程中遇到困惑时打开这本书，相信都能找到一个正确且满意的答案。这本书也将成为股民必备的"词典"。

本书选取的100个问题，内容从基本面到技术面，从财务报表到机构持仓，从仓位配置到投资策略，包括新入市的投资者以及久经沙场的老股民普遍会遇到的主要问题。相信只要投资者在A股市场有所疑问，都可以在这里找到答案。这本书最大的亮点就是"真实性"，其中列举了20余个真实的交易案例及相关交割记录。我想通过这种方式告诉投资者，用这样的方式投资是正确的，我可以成功，你们同样可以。

其实中国股票市场并不复杂，普通投资者想要有稳定的获利也并非难事。就像是修仙者陷入瓶颈一样，一旦能够成功突破，便会畅通无阻。希望这本书能为所有投资者答疑解惑，让我们一起掀开中国A股市场的新篇章，共同缔造更加辉煌的投资盛世。

目录 CONTENTS

投资基础篇

第1问 认清自己适合炒股吗 / 2

第2问 股民有必要购买炒股软件和资讯吗 / 4

第3问 看书能不能学会炒股 / 6

第4问 初入股市的投资者应该如何学习 / 8

第5问 股评家的分析可信吗 / 10

第6问 股市中的"国家队"指的是什么 / 11

第7问 股市中的"北向资金"是什么意思 / 14

第8问 如果被套了怎么办 / 16

第9问 如何正确使用融资融券 / 18

第10问 账户资金应该如何管理 / 20

第11问 纯粹的基金投资者需要懂股票吗 / 22

第12问 个人投资者是否可以进行量化交易 / 24

第13问 普通投资者可以对上市公司做调研吗 / 26

第 14 问　为什么很多企业要去境外上市 / 28

第 15 问　股民有哪些经常犯的错误 / 30

投资技术篇

第 16 问　A 股市场技术分析有用吗 / 36

第 17 问　什么情况下可以使用技术分析 / 38

第 18 问　如何选择左侧交易与右侧交易 / 42

第 19 问　股价与商品价格有关系吗 / 48

第 20 问　涨跌停板的股票能不能碰 / 51

第 21 问　什么样的涨停板值得关注 / 52

第 22 问　量突破价未突破算量价突破吗 / 55

第 23 问　换手率越高越好吗 / 58

第 24 问　股价低位异常放量是什么原因 / 62

第 25 问　指标股能不能买 / 65

第 26 问　企业与价格哪个更重要 / 69

第 27 问　哪个季度是建仓的最佳阶段 / 71

第 28 问　筹码分布指标可以应用在哪些情况 / 74

第 29 问　盯盘需要看什么 / 79

第 30 问　三日看盘法则适用于 A 股吗 / 83

第 31 问　龙虎榜的股票可以参与吗 / 85

第 32 问　你适合使用"尾盘 T+0"交易法吗 / 87

第 33 问　有哪些简单有效的点位交易法 / 89

第 34 问　大盘在某位置附近反复振荡代表什么 / 94

第 35 问　集合竞价主力单分析法怎么不准 / 97

第 36 问　如何组建自己的股票池 / 100

第 37 问　横盘阶段如何判断股票强弱 / 102

第 38 问　你能分清反弹和反转吗 / 105

第 39 问　个人投资者用什么竞价和委托方式 / 109

第 40 问　个股雷达是机会还是陷阱 / 111

第 41 问　遇到技术支撑与压力应该如何应对 / 112

价值投资篇

第 42 问　大股东减持与回购对股价有什么影响 / 118

第 43 问　市盈率（静态、动态、TTM）的区别是什么 / 119

第 44 问　央行降准资金会流向股市吗 / 122

第 45 问　轻资产和重资产企业哪种更好 / 124

第 46 问　美国缩表加息对 A 股有什么影响 / 127

第 47 问　市值越高的企业越好吗 / 130

第 48 问　投资者能变成经营者吗 / 133

第 49 问　如何判断一家企业是实干型还是玩资本 / 135

第 50 问　毛利率下降对企业的影响有多大 / 138

第 51 问　偿债能力对企业经营有何影响 / 140

第 52 问　商誉对于企业有多重要 / 143

第 53 问　送红股和派现金哪一种分红更好 / 146

第 54 问　关于企业负债的几个问题 / 148

第 55 问　利润表中的四费是什么 / 150

第 56 问　作为股东，你了解股东权益吗 / 153

第 57 问　年报行情如何提前布局 / 155

第 58 问　如何进行同类企业财务对比 / 159

第 59 问　我为什么没讲 PE 和 PB / 162

第 60 问　机构投资研报有参考价值吗 / 164

第 61 问　如何规避企业财务造假 / 167

第 62 问　如何防止企业退市 / 170

投资经验篇

第 63 问　哪一个交易时段最为重要 / 174

第 64 问　中美股票市场有哪些差异 / 176

第 65 问　应该什么时候参与炒作热点与利好 / 179

第 66 问　牛市行情有哪些特点，如何判断 / 182

第 67 问　熊市行情有哪些特点，如何应对 / 184

第 68 问　分红配股的企业是否值得买入 / 186

第 69 问　市场不好时要投资防御行业吗 / 188

第 70 问　软件上的主力单有参考价值吗 / 190

第 71 问　如何从广告中发现投资机会 / 193

第 72 问　刚上市的新股可以买吗 / 195

第 73 问　股市可以和哪些市场组合投资 / 198

第 74 问　怎样培养投资心态 / 201

第 75 问　可转债有必要申购吗 / 204

第 76 问　为什么股市一下跌就开始恐慌 / 206

第 77 问　普通投资者适合交易科创板吗 / 208

第 78 问　历史真的会重演吗 / 211

第 79 问　如何提高股指期货投资的成功率 / 212

第 80 问　如何把握未来短期热点 / 215

第 81 问　对于 A+H 股的一些问题 / 219

第 82 问　靠炒股能实现财务自由吗 / 221

第 83 问　新股发行对股市有何影响 / 223

第 84 问　元宇宙会成为持续炒作的题材吗 / 225

第 85 问　未来新冠概念股还会有行情吗 / 228

第 86 问　战争会对股市造成什么影响 / 229

第 87 问　新能源汽车未来还能炒什么 / 232

第 88 问　所谓的"盘感"到底是什么 / 234

第 89 问　个人投资者如何规避市值管理 / 237

第 90 问　利好兑现后机构一定会出货吗 / 239

第 91 问　投资新三板有哪些风险 / 242

第 92 问　如何防范股市诈骗 / 245

投资理念篇

第 93 问　迷雾理论是反向交易吗 / 250

第 94 问　杰西·利弗莫尔的故事告诉了我们什么 / 252

第 95 问　随机漫步理论是在劝退技术派吗 / 254

第 96 问　投资视野有多重要 / 257

第 97 问　为何说水则资车旱则资舟 / 259

第 98 问　谁是最后一个傻子 / 262

第 99 问　股市最终的投资方式是什么 / 264

第 100 问　股市中存在的其他问题 / 267

投资
基础篇

第1问　认清自己适合炒股吗

不知道本书开篇所讲的题目会不会直接劝退一批投资者，但是忠言逆耳，这可能会给许多人一次重新认识自己、审视自己的机会，从此走上与之前截然不同的投资道路。《华严经》中说：一切众生，皆具如来智慧德相，只因妄想执着，而不挣得。这句话的意思是众生皆有佛性，皆可成佛，只因妄想执着，所以无法挣得。许多投资者都学习过巴菲特或者索罗斯等投资大师的投资理念，巴菲特先生与所有普通投资者的行、住、坐、卧并没有区别，对金钱的执念甚至比普通投资者有过之而无不及。俗话说，君子爱财，取之有道。巴菲特之所以获得成功，而广大投资者可能终身不得其法，仅靠对金钱的执着是不够的，其原因就在于一个"道"字。

对于自己是否适合炒股这个"道"，可以说是包罗万象，它包括自身性格、个人财力、文化程度、投资天赋、投资理念，对于知识的接受程度或者说是"悟性"，以及获取知识的渠道等。每个人的"道"都不同，所以在股票市场中的状态与最终的交易结果也不尽相同。本小节就通过这几点投资之"道"来帮助大家重新认识自己。

做投资，性格因素是很关键的。按照有些人的性格特点，炒股票就相当于把钱往大海里扔，而且是有多少扔多少，最终连个响都听不到。谈到性格问题，有个不完全的统计和业内公认的说法，偏南方的投资者整体投资收益要远高于北方的投资者。这个说法其实我个人也比较认同，因为从这十几年接触过的无数投资者来看，也呈现出这种规律，这就是南北方人性格不同等因素导致的。北方人的性格相对比较急躁，脾气火爆，而做投资一定要心态平和，不急不躁。我是一个土生土长的东北人，最开始的性格也是纯北方人的性格。从事金融投资之后，发现性格因素带来许多危害，于是决定修身养性，钓鱼、琴棋书画，全学了个遍。在许多同行的影响下，随着投资经验的累积，性格发生了很大变化。

过于急躁、冲动、焦虑以及贪念过重，都不适合做投资，轻则"伤筋动骨"，重则负债破产。投资市场最大的敌人不是机构庄家或其他投资者，而是投资者自己。如果你的性格存在上述弊端，就可能在错误的时间或错误的价格做出错误的决策，或者是因为一点小利匆忙出局，从而错过更大的收益，或者是因为一点点亏损而乱了方寸，也或者因为一时的贪念而追涨杀跌。性格缺陷对于投资来说风险是巨大的，要想做好投资，首先要改变自己的性格缺陷。如果改变不了，就要考虑放弃投资之路。

其次就是个人的财力。俗话说有钱好办事，很多人都在疑惑为什么越有钱的人越赚钱，这就是资本的力量。有资金实力，可以自己做庄家做游资，可以购买普通人买不起的私募或信托产品，可以与机构合作成为老鼠仓，也可以雇佣专业操盘手帮忙打理账户。但是如果资金实力不够，就只能购买公募基金或者依靠自己的能力来投资决策了。如果自身的投资能力有限，收益自然也不多。自身的学历也是一样，不论是华尔街的投资大师还是国内知名的基金经理，几乎都是科班出身，学历较高。虽然也有类似"徐翔"那样的民间高手，但所占比例并不高。高学历不仅代表着高素养，也代表着更加丰富的知识面和更强的学习、实践能力。当然，不是说学历低就一定不能够获得成功，但确实要付出更多的努力，也可能遭受更多的挫折与失败。

什么是投资天赋？就是对金融市场的直觉。当市场爆出了一条新闻，或者上市公司发布一则公告、调研信息，投资者就可以敏锐地捕捉到其中有价值的投资机会。或者是对于投资方式或理念的理解有独到之处，比如波浪理论，很多人始终学不会或不得要领，但有些人就可以很快地理解并有效地应用在实践当中；比如"迷雾理论"，很多人认为是反向投资，有些人就认为是在市场中寻找那些不为人知或少数人知的投资机会，这就是投资天赋的不同。

投资理念的重要性，我认为仅次于个人性格。错误的投资理念如果伴随一生，将会是永远与失败相随，一生翻不过身。很多人认为炒股就是赌博，炒股就是投机，炒短线赚钱多见效快，长线投资收益少且持仓久，买低价股比高价股划算，炒股票只要精通各种指标就能赚钱，等等，错误的理念可能导致一些人在投资市场一事无成。试问一个人进入到某一投资领域，投资理念却与这个市场的特点风马牛不相及，怎么可能获得成功呢。这本书也是要解决投资者存在的这个问题，从根本上纠正那些错误的投资理念。

经常有人说，我认识的一个投资高手去年在股市里赚了多少钱，或者我知道的一个老师那一年赚了多少钱。投资成败不是看一时，而是直到你退出市场的时候才有定论。许多人在股市中都获得过一时的成功，也不太可能年年都亏钱，但有多少人可以笑到最后，有多少人一时风光无两，却因一次交易失败而一蹶不振。

投资的必要因素是环环相扣的，首先要有一个适合投资的性格，然后形成正确的投资理念，再应用有效的投资方法，加上那么一点点运气，才有可能获得最终的成功。缺少其中任何一个环节或某一环节有所不足，结果都可能会发生根本性的改变。

希望各位读者看完这小节的内容后，能够重新审视一下自己，看看自己在哪些方面有所欠缺，并做出相应的改善计划。当你达到一个毫无破绽或近乎完美的状态时，相信你在投资市场会拥有不一样的状态和交易结果。

第 2 问　股民有必要购买炒股软件和资讯吗

很多股民在遭受连续的投资失败后会失去自信，开始盲目地相信所谓的名师荐股、收费软件或投资资讯等诈骗行为。许多不法分子正是利用股民的这种心态进行诈骗，诈骗的成功概率和涉案金额都很高。2021 年，深圳一家知名的新三板投顾企业以出售炒股软件和资讯为名向股民推荐股票，涉嫌诈骗，涉案金额高达 27 亿元，最后被警方一窝端。看到这条新闻，很多投资者都会有所触动，现实里有太多人因为投资失败而去购买这些炒股软件或投资资讯了，这里提醒大家，把投资成功的希望寄托在骗子身上，是永远不可能成功的。

2015年以前，确实有收费软件可以看到真实有效的LEVEL-2数据，比如当年的天狼50软件。后来因为政策干预，数据源更换，各种以"L2"数据为卖点的软件就开始不景气了。再后来市场上大多数收费炒股软件都打着独家技术指标的噱头进行销售，一些是利用简单公式编辑出来的指标，一些是把传统指标改一下参数和颜色进行销售，美其名曰根据数据给出的信号或买卖点提示交易就可以赚钱。但是对于投资者来说，几乎没听到过谁靠着这种软件赚到过钱，无非就是欺骗股民的一种手段而已，最终目的就是推销更高级的收费软件。还有一些软件或投资资讯会提示具体购买的股票，基本上购买的投资者也是赚少亏多。给出投资建议的人是谁，真实实力如何，谁也不知道。甚至还有一些软件，以贩卖资讯为幌子，实则与一些机构合作，当机构准备出货时，投资资讯提示股民进行买入。很多人购买这类炒股软件或投资资讯后都发现，根据上面提示的股票进行交易，买入之前股价走势表现很好，买了以后就开始下跌，有些是当天买入后就下跌，有些是短期几个交易日内开始下跌。

随着金融投资市场与科技的发展，从2012年开始到2018年的这段时间里，智能交易成为热门的投资工具，国内的量化交易也开始逐渐兴起。外汇市场上大量的收费EA系统开始泛滥，股市的量化交易工具开始热销。很多量化基金确实做得都不错，一些机构的EA系统也很好用。但是好的交易系统对机构来讲无异于可口可乐的配方，这是吃饭的家伙、机构的命脉，怎么可能会对外出售呢！所以投资者可以买到的那些自动化交易系统，真正的实用价值并不高，甚至最后自己的钱是怎么亏完的都搞不清楚。

还是那句话，对自己没信心就去买基金，想靠自己交易赚钱就好好学习，不要去搞那些歪门邪道，最后坑的只能是自己。当然，正规牌照的大企业的软件产品还是非常值得参考的，像同花顺、大智慧、东方财富等，但是否能帮助自己赚钱，还是因人而异。如果自己能力不够，就无法结合软件上给出的一系列数据做出有效的判断，所以归根结底，炒股赚钱最根本的因素还是自身。

第3问　看书能不能学会炒股

可能绝大多数股民开始学习炒股都是从看书学起的，很多投资者看过很多本书，但是依然亏多赚少，所以就认为看书没用，于是开始花钱买软件、买资讯，甚至让不熟悉的人代自己交易，最后依然一无所获，甚至被人欺骗。

其实我认为读书学习这件事是天底下最划算的买卖，只需要花几十块钱，或者去图书馆借书，甚至不需要花钱，就可以学习到作者宝贵的知识和经验。华尔街许多投资大师都是看彼得·林奇的书开始启蒙做交易的，投资精英们也基本上都会受到杰西·利弗莫尔的影响。所以看书学习炒股肯定是有效果的，但前提是你要选好作者，选好书。

很多投资者喜欢看华尔街投资大师的书，当然这里不是不提倡，我们可以学习他们的投资理论以及正确的投资理念，比如迷雾理论、丛林法则等，但是不建议学习他们的交易方法和分析技术，因为美国股市与中国A股市场的交易机制是完全不同的，市场成熟度也不一样。美国是强势有效的市场，而A股市场还处于弱势向半强势市场转变的阶段，在投资方法上完全是风马牛不相及。我有很多同行业的朋友喜欢研究艾略特波浪理论，或者研究道氏理论、江恩理论，但是最终交易结果都不是很好。要投资什么市场，就要使用针对这个市场有用有效的技术，你用白酒的酱香型技术去做葡萄酒，那能好喝吗！而且大多数在国内销售的国外技术分析图书都是翻译过来的，其中夹杂了译者自己的理解，翻译出来的内容很有可能和原书有偏差，容易对投资者产生误导。

其次就是选作者。金融投资类图书市场鱼龙混杂，图书作者既有身经百战的操盘老手，也有投资失败总结心得的股民。选择作者时，首先要选业内人士，哪怕经验不丰富，至少理论知识要扎实一些。其次要选择操作过大资金的投资人，因为只有这样的人才真正了解股市，了解机构的操盘方式，才是股民最应该学习的。很多作者甚至一些所谓的股评家，讲了一辈子股票却没操盘过大资金，还天天讲机构操盘，这不是误人子弟吗。当然，也会有人提出疑问，怎么判断作者的能力呢？很简单，在网上搜索这个人的资料，或者先看看他发表在网上的文章、视频等，觉得对自己有价值，再去选购其写作的图书。

最后是学习方法，这也是非常重要的一点。很多投资者看一本书，几天就看完了，用的时候全忘了，交易不成功就认为是书没用，这是我非常不提倡的。再好的书也需要消化吸收，需要时间去揣摩。只看明白书中大概意思，未领会其中的核心内容，是无法起到效果的。在我写的《孝寒点位交易法》（中国宇航出版社出版）一书中，提到了自己独创的关于外汇与期货市场的技术交易模型，就是将一些实用的技术指标组合使用，环环相扣，相互验证，得到一个准确的投资建议。我多次在直播中使用，1个小时内十几笔交易，达到80%以上的准确率。但是很多购买者在网上还是给了差评，说图书内容太简单了。我一直强调其实交易并不复杂，也不是越复杂的指标就越准确，交易到最后都是一个化繁为简的过程，而且书中明确说明指标信号要组合使用，缺一不可，估计这位读者都未看完全书就给出了差评。

在此我建议所有喜欢看书学习投资的朋友，一定要静下心来，看一章学一章练一章，全部学会后进行模拟实验，巩固所学的知识，找出其中的漏洞并寻找方法弥补，然后重新阅读，一来可以加深印象，二来可能会有不一样的理解和感悟，这样书中的内容才能牢记于心。当你完全吃透一本书以后，到底书中讲解的内容对你是否有效，自然就明了了。最后取其精华，去其糟粕，逐渐形成自己的交易体系，自身的交易能力必将有所提高。

第4问　初入股市的投资者应该如何学习

如果你是一位刚进入股市不到一年的投资者，那么恭喜你，你还没有走太多弯路，还能及时修正自己的投资误区。不管你是不是金融专业科班出身，进入市场基本上都要从零开始。虽然金融专业的学生在学校学习过相关的专业知识，但是理论和实践往往是两码事。就像你在驾校学车的时候，教练教你倒车入库、侧方停车、半坡起步，和在现实中的应用是完全不同的。

现在股票市场的初入者应该至少都是90后了，要趁着年轻，还有学习的能力和精力，抓紧时间学习财务分析以及价值投资，打好基础，未来将受益无穷。初入者的投资资本还太少，经不起折腾，可以先买股票型基金，买那种年化收益率高的股票型基金，哪怕手续费高一点也没关系。但是不要把鸡蛋放在一个篮子里，可以多买几个产品。然后一方面学习价值投资，一方面研究你所买的基金的持仓品种。一般这种大型基金所持仓的上市企业都是经过仔细研究及调研的，找到基金投资它的原因，看看能不能发现其中的价值，也是在给自己练手。

关于技术指标的学习，可以学，但不要太杂。什么MACD、KDJ、波浪理论、道氏理论、江恩理论、缠论，什么都学一点，什么都懂点皮毛，只会让你走上以前那些普遍亏钱的老股民的老路上去。可以学一下基本的K线知识，这属于必学内容，但是也不必把一整本的《日本蜡烛图》都啃完，你也记不住。只需要学习单根K线以及2根K线组合的形态及含义就可以，因为这些形态还是非常有用的，超过3根以上的K线组合一般出现的频率不高。第二个要学习的指标就是均线（MA），机构有用的东西我们也要用，但是要注意的是，实战中就使用5日、10日、30日、60日等常用均线，不要擅自改变均线参数，加一条半年线也是可以的，但大多数时候用不到。只需要知道这几条均线的作用就可以了，至于各种均线形态什么的就不需要学了，因为均线形态和很多其他指标一样，都是滞后型指标，等到出现标准形态，黄花菜都凉了。最后就是学习黄金分割线的使用，这个很简单，对你判断交易点位会很有帮助。量价关系是一定要学的，因为这可能是你判断市场主力行为唯一的渠道，哪怕你发现了有投资价值的企业，也要看机构的脸色去投资。现在绝大多数量化交易基金，量化交易模型中，成交量和价格都是很关键的要素，所以必须要认真学习。

当你在学习价值投资以及应用技术指标时，要不断地在市场中进行验证。当然，不是让你直接用钱练手，而是先用模拟交易测试，以便熟悉市场，熟悉你学到的东西。很多投资者技术还不成熟，就开始用真金白银去试水，最后技术没学到，钱却亏得差不多了。当你可以大致辨别一家企业是否具有投资价值的时候，而且在模拟交易中也出现了一些漂亮的交易，就可以小试牛刀进行实盘交易了。

交易之初，一定要养成良好的交易习惯，先制订完整的计划，然后按照计划去实施。盘中突然发现好股票，不要头脑一热地匆忙建仓。交易结束后，不论成败都要好好总结，一是总结交易中所犯的错误，二是总结自己的交易方法哪里出现了问题，然后找到对策。久而久之，相信你的投资能力一定会突飞猛进。

很多投资者说这么做太麻烦了，很少有人能真正做到吧？确实是这样，凡是成功者无不是自律之人，细节往往决定成败。如果你是一个足球迷的话，就应该知道 C 罗是多么自律，不论是生活、饮食还是训练，都有一套严格的自律标准，且从不轻易打破，所以他是足坛最优秀的球员之一。再反观小罗纳尔多，纵然是天资聪颖，最终还是因为不够自律而断送了前程。作为一个有理想，有目标，想赚钱的投资者，就应该向优秀的人物学习，不是吗？

第 5 问 股评家的分析可信吗

我经常提醒读者，网络上股评家的话千万不要相信，包括那些投资机构给出的股市评论，很多投资者都因为听信了这些分析或建议吃了亏。我曾经也在证券公司和投资公司做过分析师，深知这些股评家或股市名嘴的目的和做法，所以从来不会听信他们给出的任何建议。

索罗斯把这些股评家比喻成吉普赛人的占卜和中国的风水术士或预言家，虽然他们有时候能够侥幸猜对，但更多的时候都是错误的。股评家的技巧就是把话说得模棱两可，始终给自己留有回旋的余地，甚至在预测错误后会给你一种解释，让你听上去很有道理。

索罗斯把这些股评家与江湖术士相提并论，表面上看好像并不贴切。江湖术士的占卜术很难用科学去证明，但这些股评家采用的方法，包括运用量化分析的方式，显示出了市场趋势或者个别行业以及个股的未来趋势，这些都属于技术分析的内容。但索罗斯认为这些东西并没有任何价值，他认为，不论是否应用这些分析方法，投资的成功率都不会出现太大的差别。我跟很多人都说过，如果你还在主要依据技术分析的方法去炒股，那就说明你还停留在炒股的最初级阶段。

作为投资者，不要奢望判断市场行情的起点与终点，也不要幻想在市场找什么所谓的规律，要知道股票市场唯一不变的，就是一切都在改变。当然，这个市场也不是所有从业人员都是滥竽充数的酒囊饭袋或黑嘴，现在我国投资界也涌现出了许多像张坤、朱少醒、萧楠、冯明远等非常优秀的基金经理和操盘手，但是他们都有一个共同特点，就是从来不会在公众场合去预测市场走势，预测股价发展方向。

凡事存在即合理，之所以现在很多股评家、名嘴非常有市场，主要还是基于投资者的需求。虽然目前中国股票市场的投资账户已经超过了 1.5 亿，其中个人投资者占多数，但这些个人投资者中，缺乏基础和系统学习的人占多数，很多人缺乏自信，尤其是经历过几次失败挫折后，除了自己谁都相信，只要听说谁是高手、大师就会深信不疑。要知道这些股评家或名嘴之所以在公众场合预测市场走势，都是有目的的，就像现在的网红花精力拍视频写文案，花资金推广宣传，最终的目的都是变现。股评家和股市名嘴也一样，吸引投资者开户交易赚佣金，这属于比较正常的，也不会对投资者造成危害。还有一些人的目的是为了卖软件、卖资讯或收费合作，种种营销套路，可能会给投资者带来不必要的支出和损失。更有甚者，以"杀猪盘"为目的吸引投资者开户存款，最后携款离境潜逃，这种案例也比比皆是。投资这个行业的水是很深的，投资者一定要懂得保护自己的财产安全。

投资者应该努力让自己成为股评家、分析师，但要注意的是，不是市场分析师也不是宏观经济分析师，而是企业分析师。你不仅要严格考察投资对象，仔细研究公司的财务状况和实际价值，更重要的是全面掌握公司高层的管理策略与经营理念，选择优秀的经理人和管理层，这才是避免资金打水漂的正确投资理念。

第6问 股市中的"国家队"指的是什么

股民经常看到新闻说，"国家队"进场了，大盘要企稳上涨了，或者北向资金撤离了，股市要跌了。那么，这里所说的"国家队"到底是什么呢？

"国家队"比较好解释，就是管理巨额资金且在股市中投资的国家级投资机构，顾名思义，这不是一般的队伍，而是上升到了国家层面，比如常见的社保基金、中央汇金、证金公司以及养老基金。

"国家队"之所以会参与到股市中，和许多企业其实是一样的，当企业的货币资金增加或有合作需求时，会对其他企业进行投资，所以年报中会有投资收益。国家也是一样，国家的货币资金以及一些专项资金充裕时，会投入到他国货币以及股票等投资场所，以寻求资产增值。其次，当股市出现异常波动时，国家资金可以起到调节作用，比如当股市出现大幅度的下跌或熊市，市场恐慌即将失控时，国家资金就可以进行维稳，起到救市的作用。

下面对几个主要的"国家队"机构进行简单的介绍。

中央汇金，即中央汇金投资有限责任公司（简称"中央汇金公司"），是依据《中华人民共和国公司法》，由国家出资设立的国有独资公司。根据国务院授权，中央汇金代表国家依法行使对国有商业银行等重点金融企业出资人的权利和义务。中央汇金的直接控股参股金融机构包括六家商业银行、四家证券公司、两家保险公司和四家其他机构。中央汇金的主要资金由央行提供，通过直接对重点金融企业进行投资，获取企业分红，但不直接参与公司的经营及决策活动。

社保基金，即全国社会保障基金，指全国社会保障基金理事会负责管理的由国有股转持划入资金及股权资产、中央财政拨入资金、经国务院批准以其他方式筹集的资金及其投资收益形成的由中央政府集中控制的社会保障基金。社保基金是不向个人投资者开放的，是国家把企事业职工交的养老保险费中的一部分资金交给专业的机构管理，以实现保值增值。

证金公司，即中国证券金融股份有限公司，是经国家同意和中国证券监督主管部门批准，由上海证券交易所、深圳证券交易所和中国证券登记结算有限责任公司共同发起设立的证券类金融机构。证金公司的经营范围是：为融资融券业务提供资金和证券的转融通，为开展转融通业务筹集资金和证券；经中国证监会依法批准的其他业务。证金公司作为全国性证券类金融机构，是中国境内唯一从事"转融通业务"的金融机构，为证券公司融资融券业务提供配套服务，比如两融用户以及场内交易的杠杆使用者的资金都会先经过证金公司。其实证金公司的主要收入来源就是独家经营转融通业务过程中的利差部分。

养老基金，简单地讲就是企业为向退休职工支付固定生活费而设置的基金。养老基金一般由专人或专门的组织管理，不属于设置该基金的企业的资产。由于目前全国养老金流入量大于支出，巨量的货币资金同样需要得到资产的升值，所以会进行抵押贷款以及投资股市等投资行为。

"国家队"资金通常追求本金安全，追求资金的稳健增值，所以一般投资的企业均为稳健型企业，长于进行长期价值投资，以获取企业分红为主，比如山东黄金、贵州茅台、红旗连锁、南钢股份等企业都有"国家队"的身影。

在股票软件中选择具体标的后按F10，选择"股东研究"，即可查看该上市公司的具体持仓股东及机构，以及具体的持仓数量、增减情况、占整个流通股的比例等信息。

机构或基金名称	持有数量(股)	持股变化(股)	占流通股比例	变动比例	股份类型
永辉超市股份有限公司	2.86亿	不变	26.49%	不变	流通A股
曹世如	8185.50万	不变	7.59%	不变	流通A股
香港中央结算有限公司	5373.78万	↓4931.83万	4.98%	↓-47.86%	流通A股
中民财智有限公司	3800.99万	不变	3.53%	不变	流通A股
中国工商银行-广发稳健增长证券投资基金	3800.00万	不变	3.52%	不变	流通A股
全国社保基金———五组合	2474.00万	↓-80.00万	2.29%	↓-3.13%	流通A股
基本养老保险基金八零五组合	1800.00万	↓-80.00万	1.67%	↓-4.26%	流通A股
曹曾俊	1207.00万	不变	1.12%	不变	流通A股
中央汇金资产管理有限责任公司	1153.11万	不变	1.07%	不变	流通A股
中国银行股份有限公司-嘉实瑞享定期开放灵活配置混合型证券投资基金	870.64万	新进	0.81%	新进	流通A股

图1

"国家队"资金主要以"稳"为主，所以通常"国家队"投资的企业股价相对安全，波动相对平稳，缺乏爆发性及投机性。对投机者来说，短期内实现较高的投资回报是比较困难的，更加适合稳健型的长线投资者进行投资，或直接购买对外开放出售的"国家队基金"，这也是非常不错的选择。

我在券商做分析师时，主要以短线交易为主，只要发现想买入的股票有养老基金或者社保基金持仓，都会犹豫一下，然后更换投资标的，因为大多数情况下，有这些"国家队"参与的企业，股价涨得都太慢了。后来学习了操盘，在机构从事交易工作，发现情况也并非如此。因为一般资金规模小的私募或游资，会借助中大型机构作为跳板进行短线炒作，而大型投资机构往往也会以"国家队"作为风向标。由于"国家队"资金庞大，通常以长线投资为主，自然不会在盈利后急于离场，这样一来，这些大型投资机构会与"国家队"资金达成默契，共同操盘。很多大盘股、超大盘股机构独自吃不下，有"国家队"这个主力在前面开路，机构资金也就相对安全了。这些大机构的动向也会被一些小型投资机构捕获，这时只要顺势跟着抢筹，股价在短期内拉升一段空间后即可安全撤离。大型机构的投资周期往往比较久，获利的目标也更大一些，这样小型机构从中进行一次投机，往往不会引发大型机构的出逃。这样一来，由于"国家队"的入场，会引发一连串的连锁反应，这也是索罗斯非常著名的"反射理论"的基础。

第 7 问　股市中的"北向资金"是什么意思

　　北向资金也叫做北上资金，主要是参照中国香港市场产生的一种说法，其中的"北"指的就是中国大陆地区的 A 股市场，北上资金即是流入到 A 股市场的香港及国际资本。我国在 2014 年以及 2016 年分别开通了沪港通及深港通，"北向资金"一词就此诞生。

　　由于我国对外汇资金和境外资本管制的政策力度比较大，所以境外资本是不能直接投资 A 股市场的，必须要申请 QFII 投资额，只有取得了 QFII 资格以及投资额以后，才能对 A 股市场进行投资。但是境外投资者可以通过沪港通以及深港通投资 A 股市场，通过香港市场流入 A 股市场的资金就称为北向资金。

　　近些年有很多投资者或者股评家都对北向资金有一些认识误区，当北向资金流入市场时，就认为股市会大涨，当北向资金流出时，便认为市场会大跌。经过无数次的事实验证证明，北向资金的流入并不能够刺激市场一定上涨。2020 年 7 月 20 日显示北向资金大量流出，当日上证指数反而上涨了 100 点，所以投资者不能完全根据北向资金的流出或流入来判断市场走向。目前，以沪港通下的港股通来说，每日的交易额限制为420亿元，而上交所每日二级市场成交金额是4000亿元，对比来看，北向资金对A股市场的影响力度并不是很大。

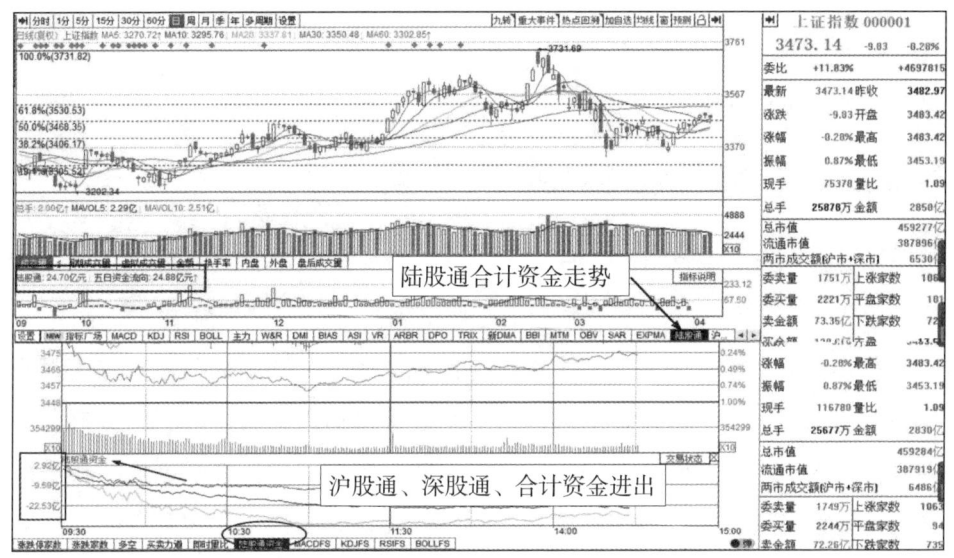

图2

查看北向资金的动向也很简单，第一种方法是打开上证或深成指分时图，选择下方"陆股通资金"选项，即可查看当日北向资金的进出动态。三条曲线分别对沪股通、深股通和合计资金。第二种方法则是打开K线图，选择下方"陆股通"指标，可以看到与成交量一样的柱状形态，从中可查看当日北向资金整体的进出情况。

投资者经常在上市公司的股东名单中看到"香港中央结算有限公司"这个名字，很多人误以为这就是北向资金的重点投资标的，因此误以为股价会大幅上涨，其实这并不完全正确。香港中央结算有限公司是港交所全资附属公司，经营香港的中央结算及交收系统，并不是一个投资机构，所有交易沪港通、深港通的投资者都会经过香港中央结算公司进行结算。所以，某家企业的股东中出现香港中央结算公司，并不表明这家机构在持仓，背后其实是无数个散户或机构在持仓。

机构或基金名称	持有数量(股)	持股变化(股)	占流通股比例	变动比例	股份类型
中国旅游集团有限公司	10.41亿	不变	53.30%	不变	流通A股
香港中央结算有限公司	2.00亿	↓-5109.87万	10.24%	↓-20.35%	流通A股
中国证券金融股份有限公司	5844.29万	不变	2.99%	不变	流通A股
陈发树	2144.46万	↑703.19万	1.10%	↑48.79%	流通A股
潘斐莲	1657.05万	↓-342.95万	0.85%	↓-17.15%	流通A股
中央汇金资产管理有限责任公司	1460.28万	不变	0.75%	不变	流通A股
中国工商银行股份有限公司-景顺长城新兴成长混合型证券投资基金	1001.72万	↑81.72万	0.51%	↑8.88%	流通A股
安本标准投资管理(亚洲)有限公司-安本标准-中国A股股票基金	910.92万	↓-366.29万	0.47%	↓-28.68%	流通A股
梁瑞安	874.28万	↑174.76万	0.45%	↑24.98%	流通A股

图 3

很多企业由于受到北向资金的增持出现大幅度上涨的情况，其实这跟北向资金的关系不大，即使是国内任何一家投资机构进行增持或买入，都会引发股价上涨。不过通常北向资金跟"国家队"资金一样，喜欢投资一些周期性行业或白马股，所以对于追求稳定收益的投资者来说，北向资金的动向具有一定的参考价值。但是如果通过北向资金的进出来判断整个市场的走势，则大可不必。

第 8 问　如果被套了怎么办

关于"被套"的定义，可能每个人都不一样。有的人认为亏损超过 10 个点就是被套，有的人认为只要亏钱了就是被套。被套一定是因为亏损，这是毋庸置疑的，但是我认为要具备一定的规模。比如短线投资持仓亏损超过 10%，可以认定为被套，中长期投资持仓亏损 15%～20%，可以认定为被套。另外还要看亏损后的股价表现，如果短期股价波动较大致使被套，但是交易依然活跃，存在继续爆发上涨的可能，这不能叫被套，只能叫做暂时性的投资亏损。如果亏损后股价持续下跌或振幅收窄，成交下降，且这种情况持续超过1个交易周以上，也可以叫做被套。有人说如果买了一家企业的股票，但是股价长时间横盘不动，不断地浮盈浮亏，这算不算是套牢？我认为不是，这只能算是投资预期未能实现所导致的持仓时间过长而已。

几乎所有的投资者都遇到过股票被套的问题，我也一样。多数投资者会选择在被套后被动持仓，等待股价上涨解套，少数人会被动地割肉止损，极少数人会采取积极主动的解套方式。

下面我们先找找被套的原因，找到问题的根源，然后再进行解决。投资者被套的原因，总结起来无非是以下两种。

第一种，系统性风险造成整个市场的股票普遍下跌且跌幅较大。

处理建议：如果是在市场下跌初期买入被套，及时割肉是最好的解决方式，尤其是那些跌幅远高于市场指数的个股，或前期暴涨过的股票。如果仓位过重，至少要降低一部分仓位，等待市场回暖。如果是业绩比较好的企业，且下跌前后走势几乎和指数保持一致，甚至能跑赢大盘的个股，可以在市场回暖后继续进行投资或补仓。众所周知，系统性风险是无法规避的，无论对于个人还是对于机构，被套都难有解决良策，只不过机构有回撤线，而个人往往缺乏回撤线。

第二种，因机构抛售导致被套。市场上的接盘侠还是很多的，只要股市中的投资者依然普遍是技术派，机构就不会缺少接盘侠。进场后遇到机构出货，往往会在短期内出现较大的亏损。机构出货说明什么？说明机构的钱赚到位了，股价到达目标区域了，甚至是有企业暴雷了。不论是何种原因，机构出货股价都是要跌的，而且出货初期技术图形遭受严重的破坏，场外投资者会相对谨慎，股价修复时间会非常久。另外，既然机构都跑路了，说明短期内这家企业也不存在新的炒作题材或消息。

处理建议：割肉的建议就不说了，毕竟进场遇到机构出货，股价就开始下跌，本身就是自身判断出现失误，继续持仓就是一错再错，所以我们就直接说如何处理。如果这家企业经营良好，业绩稳定，暂时不存在经营风险，投资者继续被套就不是毫无希望的持仓，业绩稳定的企业终究是会被机构关注的。但是这个时间周期会非常久，需要被动等待新的机构进场操盘。如果发现有新的机构开始建仓，等待股价再低一点，可以适当加大仓位摊低成本，一直被动等待肯定不是最好的办法。如果是利润非常不稳定的企业或者是初创企业，被套是很危险的，因为你不仅要承受股价下跌的风险，还要承受企业经营不善连续亏损被进一步抛售，甚至是风险警示或退市的风险。好的企业是越拿越安心越赚钱，相反，差的企业则是持仓时间越久风险越大。因此我们可以看到，市场中大多数中小盘股的上涨都是突发性的，走慢牛行情的很少，所以我也经常说"宁在蓝筹套一年，不在小盘套一天"。

第 9 问　如何正确使用融资融券

融资融券是 A 股市场中一个很好用的工具，如果使用正确，可以使自己的利益最大化。但是我发现很多投资者都在乱用两融，不过这也是人之常情，就好比许多人用模拟交易去做投资一样，明知道是假钱，自然不在乎肆意挥霍。很多企业对于投资人的钱用起来也是大手大脚，反正不是自己的钱，就不会很重视。所以很多投资者明知市场不好，依然大肆融资进行交易，最终导致损失增加。

简单地讲，融资就是向证券公司借钱去买股票，最后还钱即可；融券就是不借钱而是借股票，如果你把它卖了，买回来还给出借方即可。当然，不是所有的投资者都可以开通两融业务，首先的两个必要条件是从事证券投资满半年，以及最近 20 个交易日日均证券类资产不低于 50 万元（包含 50 万元）；除此之外，投资者还要去营业部现场办理开通两融业务，而且要经过风险评估测试，最终评估结果为积极型或进取型，符合开户要求，才可以办理。

开通了两融账户，证券公司也有专门的两融交易软件，需要在指定软件上进行融资或融券交易。当然，不论是借给你股票还是钱，肯定都不是白借的，证券公司要收取一定的利息和佣金。佣金的话，现在券商都差不多是万分之二左右。主要是利息的差别较大,不同的券商,根据投资者资金规模的不同,会给出不同的利率。大多数券商的融资年利息是在 7%～8.5% 之间,而融券的利息要比融资高,大概高出 2～3 个百分点。即使券商给你最低的利息,如果不赚钱,反而亏钱,也是一笔不小的开支了,所以两融一定要合理使用,否则盲目增加杠杆,不仅不会有超额收益,反而会带来更大的经济损失。

下面就说说如何使用两融是比较合理的。

1. 融券日内 T+0 交易:当日融券卖出后于收盘前买回,这是实现了 T+0 的交易方式,而且不会产生融券利息。但是大多数投资者连正常交易都做不好,更别说 T+0 交易了,所以没有底气没有能力就不要轻易尝试了。有丰富的期货或外汇交易经验的投资者可以适当尝试,如果失败就要尽早放弃。

2. 熊市融券沽空:融券的出现给了投资者做空的机会,我在进行外汇或期货以及美股交易的时候,是非常喜欢沽空交易的。尤其是 A 股市场,往往牛市时间短而熊市时间较长,当市场上涨行情结束,在下跌阶段采用融券沽空是非常不错的选择。但前提条件是要了解当前的下跌属于熊市的哪个阶段,是初期、中期还是末期,不同阶段有不同的沽空策略,或者当前的下跌只是技术性的回调,这都是需要辨别的。

3. 用自己的钱建仓,用融资加仓:我习惯在看好一家企业后先轻仓布局,待股价启动后顺势大量加仓。如果投资者资金有限,一旦持仓企业的股价开始爆发或机构有明显的增持行为,股价有启动迹象,完全可以融资加仓,这样可以使利润最大化。这里的难点就是如何判断股价的启动,这一点可以参考《量价精研》(中国宇航出版社出版)一书。此外,如果融资加仓过后的 1～2 周股价没有启动,最好先行平仓把钱还了,降低融资带来的利息成本,等待再度出现启动信号时再进行融资加仓也不迟。

最需要注意的是,很多投资者初步建仓就采用融资,这是不对的,如果股价迟迟不涨或者暂时被套,那么面对高额的利息,长期下来你的整体损失是很大的。另外融券是有强平线的,如果做长线导致股价下跌,账户出现较大亏损，是有可能被强行平仓的。还有很多投资者用融资来做短线，如果你的成功率并不是很高，收益也并不大的话，也应该放弃这种做法。总而言之，两融是投资者很好的杠杆工具，但也不能轻易去使用，要时刻考虑成本的问题。所以在使用两融前一定要确保有较大的成功概率，一旦事实与预期不符，就要尽早还钱还券，这一点和交易要设止损是一个道理。

第 10 问　账户资金应该如何管理

很多投资者对于账户内的资金缺乏有效妥善的管理，在炒股的时候具有很强的随意性，看好哪只股票就去买，买多少基本靠感觉，赚钱随意出，亏钱就想着补仓降低成本。当遇到更有投资价值的股票时，发现已经没有了资金，或者发现了更低的价位，却已经没有补仓的资金，这就是没有做好资金管理的后遗症。

不要把鸡蛋放在一个篮子里，这句话对吗？当然是对的，但是也要量力而为。如果你把鸡蛋放在太多的篮子里，那么很可能这些鸡蛋不会打碎，但是会烂掉。人的精力是有限的，尤其是作为业余投资者，一两只股票都盯不好，如果持仓太多，最后很可能哪一只股票都操作不好。我遇到过很多投资者，股票账户中持仓许多个股，但基本上都处于亏损状态。更有甚者，十几万元资金的账户，却持仓十只以上的股票，这个买几百股那个买一千股，有盈有亏，最后发现，赚钱的个股还填不上亏损的洞。

2007 年的时候，我在一家美股投资企业做操盘手，他们对操作个股的数量要求十分严格，初级操盘手只允许每日交易一只股票，而且下单即设止损。中级操盘手每日最多同时交易两只股票，而高级操盘手每日交易不得高于三只股票。就这样，每个人的精力全部用于这一两只股票上，实时的波动尽收眼底，久而久之对它的规律非常熟悉，整个交易大厅基本上都是止盈的报单声音，止损声音寥寥无几。之所以举这个例子，就是让各位投资者了解资金管理的重要性，养成一个良好的交易习惯。

接着再来说说不同的投资风格可以采取哪些资金管理方法。首先说明一点，不论是短线交易者还是长线价值投资者，都不建议过于死板，都可以配备一些其他投资策略的个股。作为价值投资者，可能更加注重企业未来发展所产生的投资价值，持仓周期更久，追求的是稳定安全的投资环境，所以在资金配置方面可以采取6:2:2的策略。其中6成资金用于进行长期的价值投资，当然，也不是说一次性买入，购买前也要安排好初始投资资金以及增持资金。2成资金进行短线个股机会的把握，剩余2成资金作为备用，应对突发事件。比如持仓个股开始启动，短期增持以博弈更多收益。突发行业利好或概念利好，购买相对应的企业股票。当然，如果投资者工作比较忙，没有时间进行短线交易，那么这部分资金可以全部划分在价值投资上。

个股数量的配置方面，6成价值投资资金可以根据资金量同时投资1～2家企业，因为价值投资就是你看好企业未来的发展，如果资金太分散，会影响收益，除非资金规模特别庞大。我们可以设置一个门槛，如一家企业投资50万元，也就是说，如果你有150万元的资金可以用于价值投资，那么最多可以选择3家企业。2成的短线资金可以同时进行2只个股的交易，不论你的可用资金有多少，也不要超过这个数量，因为以大多数投资者的投资水平以及精力来说，这个数量已经是极限。

哪怕是短线投机者，也不能把所有资金全部用于短线交易。十五年的从业生涯让我见到太多的股民，他们绝大多数都是短线交易者，其中至少9成以上是不赚钱的。所以我建议，哪怕你是短线交易的狂热爱好者，账户中也要适当配置中长线的价值投资个股，因为短线交易存在的不确定性和风险隐患巨大，如果能力不济或者遇到系统性风险，账户资金缩水速度会非常快，可能用不了多久就被迫退出市场了。我建议按5:2:1:1:1的资金配置比例是比较合理的，其中5成资金用于价值投资，确保资金安全，追求稳健收益。2成资金用作备用资金，3个1成仓位用作1～3只短线个股的交易。

立规矩容易守规矩难，其实很多投资者对于一些著名的投资理论都能倒背如流，资金的管理和应用也有一定的计划，但每每行情出现异常波动时，感性总是战胜理性，无节制地购买或补仓，把所有资金管理规则都打乱了。若想成为一名专业的投资者，想要稳定收益，很多基本素质是一定要具备的。如果你觉得自己现在作为交易者还不合格，就要封禁你的交易账户，跳出市场修炼自身，何时具备了专业素质再进行交易。

第 11 问　纯粹的基金投资者需要懂股票吗

十几年前，随着我国金融投资市场的开放程度不断提高，股票市场开始逐渐成熟，尤其是 2006 年开始的中国股票市场历史中最大的牛市行情，拉开了全民炒股的帷幕。那时的股票市场是由少量投资机构以及庞大的个人投资者组成的，那时候个人投资者的特点也比较鲜明，普遍对股票了解不深，进入股票市场的原因无一例外地认为这是一个可以赚大钱甚至是"捡钱"的地方，但是现实让许多人清醒了。2008 年以后，陆续有人退出了股票市场。直到 80 后、90 后开始进入市场，投资者的平均学历大幅提高，对于股票市场的理解也提高了很多。尤其是 90 后，他们更加懂得"专业的事交给专业的人去做"这样的道理，所以从 80 一代崛起后，各种类型的投资基金、信托产品层出不穷，逐渐受到投资者的支持和认可。

很多年轻人投资基金，却对股票了解很少，这是不应该的。虽然基金要比股票的风险小一些，但一旦遇到系统性风险，同样会让投资者损失惨重。尤其是对于初入职场还在打拼的年轻人来说，为数不多的资本经不起太大的风浪。现在市面上 80% 以上的基金种类都是股票型基金，有指数型的，也有行业型的、混合型的，不管哪一种都与股市息息相关。如果你不懂股票，怎么判断当前市场上哪一种类型的基金能赚更多的钱，怎么通过产品的资产配置去判断未来的成长性以及基金经理的水平和能力。

有人会问，购买债券型基金也需要懂股票吗？当然要的，现在买债券型基金的人也很多，尤其是资产不是很多的年轻人，和特别谨慎并且对股市了解不多的保守派人士。

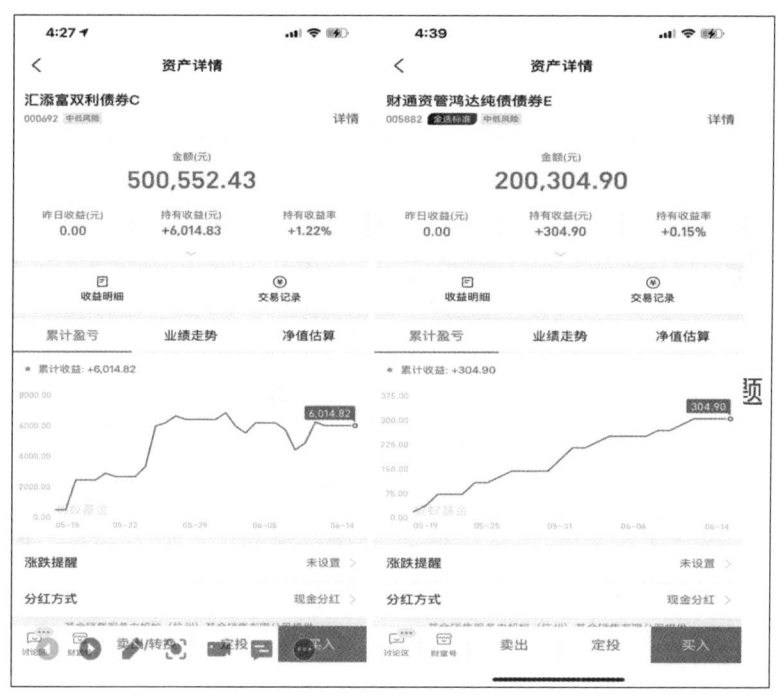

图4

我买了一些债券基金，图4中右侧的基金是纯债券基金，年化收益可能也就比银行存款高一点点。左边这只基金的年化收益是10%，已经很高了，要比大多数私募基金产品还要高。那么股市的好坏与债券基金有什么关系呢？我买的是偏债型基金，其中股票配置最多不超过20%。还有一些股债平衡型基金，股票的配置比例可能会达到40%。而且债券型基金还会配置一定的可转债，所以整体上还是跟股票有很大关系的。

如果你是一个基金投资者，但是又觉得纯货币或者债券基金的收益太低，想要提高一下收益，那么高收益的基金品种必然是要配置股票的，你怎样都绕不开，所以你就必须要了解股票市场，这样才能提高选择基金的准确性并保证收益。最重要的一点，不去了解股市，就不知道当前的股票市场环境如何。如果股市处于下跌状态甚至是熊市行情，你又丝毫没有察觉，去买了与股市有关的基金，就一定会承受亏损的风险。

第 12 问　个人投资者是否可以进行量化交易

　　不知道从哪一年开始，金融投资市场开始流行程序化交易，量化基金开始出现在市场中，并且数量不断增加。我接触量化交易还是比较早的，应该是在 2012 年左右，那个时候股票市场使用程序化交易的人还不是很多，国际外汇市场和期货市场是非常多的。当时我早已涉足这个市场，并且与境外的交易商进行了合作。国际外汇和期货市场大多数使用的是 MT4 或 MT5 分析交易软件，在这个领域不叫做量化交易，而叫做智能交易软件系统（英文名：Expert Adviso.html.published，简称 EA）。有那么几年，EA 交易特别火爆，很多交易商、代理商都以独家 EA 系统来招揽客户，让客户体验智能化交易或者企业用 EA 进行资产管理。这种智能化交易系统可以根据自己的交易策略进行买卖，你只需要把交易条件变成代码输入系统就可以了。很多投资者想使用 EA 系统，但是不会写代码，就去各种网站找那些免费或收费的 EA 系统。当然最终的结果肯定是不好的，要知道，不论哪个市场，一个好用的智能交易系统都会如同珍宝，是不会轻易出售的。就像现在的量化基金，如果你想去买他们的量化模型，并且给的价钱不是很高的话，是没人会卖的。

　　EA 虽然是智能化交易，但是也必须有人来对它进行程序设定，也就是说智能化交易能不能赚到钱，主要是编制程序的这个人专业水平够不够，他的方法是不是有效的，简单地说，就是他自己交易能不能赚到钱。如果一个人自己都是个半桶水，那他做出的智能化交易系统又怎么可能赚到钱，所以再怎么智能的交易也与"人"脱不开关系。

量化交易这种智能交易模式，可以说是既有优点也有缺点。优点就是智能化交易可以同时管理多个账号和庞大的资金，对于大型投资机构来说是非常合适的。而且它最大的好处就是可以克服人性的弱点。个人操作时，到了止损价位或者购买价位，你会不会犹豫？赚钱了到达止盈目标，你会不会变得贪婪？电脑就不会考虑这些问题，它会很严格地执行所有的投资策略，绝不会带有任何感情因素在里面，这对于许多技术过硬但是心态不好的交易员来说，简直是个赚钱神器。当然，这种交易模式的缺点也是明显的，最大的缺点就是无法判断市场的情绪，比如突如其来的重大利好或利空政策，上市企业突发的一些问题，其他机构突然介入等可以影响市场形成蝴蝶效应的问题。现在的智能化系统虽然功能强大，可以完成很多人类做不到或很难做到的事情，却缺乏感情和情绪，这有时候是好处，有时候是坏处。不过投资者如果对智能交易有兴趣的话，还是可以尝试的。

现在市场上主要的量化交易模式有三种，第一种叫做 Alpha，其中又分为基本面 Alpha 和量价 Alpha，使用时基本上会组合起来运用。目前市场上大型的量化基金都会使用这个模式，因为比较方便管理大型资金，而且收益虽然爆发性不强，但胜在稳定。你可以把认为符合上涨要求的基本面因素以及条件写在里面，然后再把你认为是买入或卖出信号的量价关系写进去就可以了。如果你想尝试这个模式，首先要对价值投资有很深的理解，比如把《量价精研》这本书的内容吃透，就可以做出来一套量化交易系统了。

第二种量化交易模式叫做 CTA 策略，这是一个比较灵活的量化交易模式，可以跨市场交易，可以做对冲交易。也就是说，CTA 可以让你进行股票市场和期货市场的投资组合。CTA 策略使用比较广泛的是短线交易，应用技术指标会多一些。

第三种量化交易模式是超短线投机策略，期货以及外汇市场投资者称之为高频交易，有点类似于前面所说的 EA，适合喜欢在期货、外汇市场做套利以及在股市做 T+0 的投资者。

投资者如果想要开发自己的量化交易模式并不容易，首先必备的条件是自身技术要过硬，有正确的投资方法才能开发出有价值的量化交易模型。所以要么你确实技术过硬但心态不好，要么两者兼有，只是想在交易上偷个懒，否则还是放弃这个想法比较好。相信绝大多数投资者是不会写程序的，所以你要花钱雇人去写，而且还要是懂投资的程序员，不然给你写出来的东西驴头不对马嘴，就算你的策略是对的，写出来可能就是另外一回事了。另外，雇佣一个好的程序员，至少要花几十上百万元。智能化交易需要有个强大的服务器，一年下来花费小则十几万多则几十万，这一点你是否负担得起？

量化交易不仅要有过硬的投资技术，还需要具备较强的资金实力，整体来看并不适合普通的个人投资者。不过有兴趣的朋友可以看一些教大家写量化交易代码的书，自己做些研究。

第 13 问　普通投资者可以对上市公司做调研吗

买股票就是买企业，你会把钱投入到你不了解的行业或者一无所知的企业吗？答案肯定是不会的，买股票也是如此。很多投资者投资一家企业的原因很简单，有行业利好或者技术图形看涨，所以对股价的把握没有那么精确，获得投资回报的概率也会下降。投资者投资一家企业，要把自己当成是这家企业的研究员，是企业的一分子，去深入地了解这家企业。

事实上，只要你是这家企业的投资者，买了这家上市公司的股票，就是这家企业的股东。股东则会享有法律赋予的相关权利，如重大事项决策权（参加股东大会）、剩余财产分配权、知情权、质询权、表决权等。投资者应该充分利用这些权利，对企业进行全方位的了解。

很多投资者也清楚自己的这些权利，但一来是不知道如何使用，二来是觉得麻烦。想要成功地进行一次投资，怕麻烦是不行的，对企业研究得越透彻越细致，成功的概率就越高。国际上知名的投资大师都会把大量的精力和时间放在调研与企业研究上，包括国内的基金公司，在投资前也要进行细致的调研工作。股民如果想从散户变成专业投资人士，就要像专业机构一样重视自己的投资行为。

交流互动

Communication & Interaction

投资者关系活动预约表格

单位名称(*)	厦门云祈投资管理有限公司
人员姓名(*)	邢孝寒
时间(*)	2021.3.23-2021.3.26
调研提纲(*)	1.一创作为证券行业的后起之秀未来如何提高行业地位，核心竞争力是什么? 2.一创在经纪业务上虽然有所增长，但落后行业平均水平，未来一创是否会对经纪业务加大重视力度? 3.一创的主要业务为销售固定投资收益的理财产品，未来是否加大对风险投资理财产品的研发与销售力度，还是继续以固收产品为核心? 4.一创对未来自营业务的投入力度是否增加 5.一创对未来IPO承销业务是否会加大力度? 6.限售股解禁后目前的减持情况如何？未来是否有减持计划？股东是否有回购增强股民持股信心的计划?

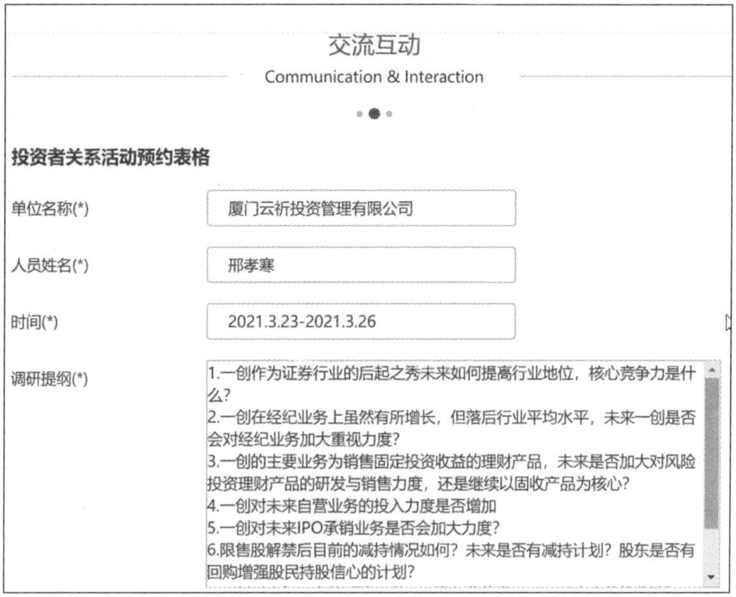

图 5

个人投资者对企业的调研其实很简单，只要是该企业的股东，持有这家企业的股份即可。调研的方式有两种，一种是提前预约时间进行实地调研，第二种是给上市公司证券事务部打电话进行调研。大多数上市公司还是很欢迎股东调研的，这样可以增加股东的持股信心。如果你只是想投资，但还不是企业股东，有一些上市公司也是欢迎的，这样可以增加企业投资。图 5 是我对第一创业进行调研前的预约信息表。

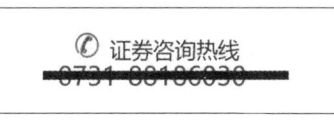

图 6

几乎所有的上市公司官网都会留下图 6 这样的证券咨询热线，专门接待投资者的调研，也有一些企业会留下预约邮箱或直接预约窗口。

个人投资者对上市公司进行电话调研需要注意以下几点。

1. 证券咨询热线不是股民的发泄工具，亏钱了就找上市公司骂街，这是不对的，也是毫无意义的。

2. 提前做好准备，做到有的放矢。调研前认真对企业进行分析，从经营、财务等方面找出有问题的地方。可以对上市公司提出你的质询，得到答案后根据自己的判断进行分析。

3. 有些问题不能问，问了也不会得到答案，比如有什么内幕消息，公司股价未来会到多少，今年预计能赚多少钱，你对股市怎么看等。这些问题一来是商业机密不能回答，二来是没必要回答。

4. 咨询的问题建议主要围绕季报、半年报、年报的内容展开，不要超出法律规定的信息披露内容。

5. 有些问题可以在股东大会上进行提问，一般一个财年后的半年之内企业会召开股东大会，上市公司会提前披露召开股东大会的信息。投资者只需要当日携带身份证以及股东凭证去指定地点参加就可以了，股东大会一般一年召开一次。友情提示：参加股东大会一定要带好笔记本做好记录，为未来的调研问询做好准备。

第 14 问　为什么很多企业要去境外上市

现在越来越多的国内企业跑去境外上市，比如阿里巴巴、京东、拼多多这些互联网大佬，以及造车新势力蔚来、理想、小鹏。在美国上市的中国企业中不乏一些优质企业，这就让很多境内投资者无可奈何了。为什么这些优质的中国企业不选择在国内上市，而要千里迢迢地跑到境外呢？原因很复杂，下面说主要的几点。

以金融和互联网企业为例，这两种行业在初期都需要很大的积累，需要大量的融资。但是国内银行又不会借大额的钱给这些企业，所以只能在股票市场融资。比如，我经营的企业也曾经出现过资金链断裂的危机，考虑过去银行贷款，但是整个公司都是一些不值钱的电脑等办公设备，没有什么值钱的东西做抵押。一个银行的朋友开玩笑说，你们公司把所有东西都卖了都不够还利息的。初创型企业在国内肯定是达不到上市条件的，而天使投资、风险投资、私募基金等很多机构都是境外的，想要上市融资就只能去境外，比如我们熟悉的腾讯和阿里巴巴都是中外合资。

另外，企业要想在国内上市，首先企业要已经有连续的盈利，这样会降低投资者的风险，仅凭这一点就已经将许多需要融资的企业拒之门外了。虽然现在有了科创板，不必要求企业上市前必须盈利，但依然不是大多数企业都可以达到的上市标准。另外，整个上市流程十分漫长，这一点对企业的影响也是很大的，因为大多数有融资需求的企业都非常着急获得资金。比如造车新势力连年亏损，需要更多地融资去布局换电站，如果在国内上市，中间等上个一两年，恐怕企业早就撑不下去了。但是如果在纳斯达克上市，按照注册制流程，半年左右就可以上市融到资金了。

最重要的一点是资金的流通性和容量。众多世界知名企业汇聚到美国，自然美国也就聚集了全球的资金。既然要融资，那当然是资金多多益善。根据机制的不同，在国内，企业股票定价10元，上市首日可能是6元或7元。而以美国股票市场的资金量以及资本能力，只要你的企业有发展的可能性，那么你的股票价值就会被无限放大。在A股市场，拼多多这样的企业股票不可能从16元涨到200多元。蔚来这种连年亏损的造车新势力，是不可能在不到两年的时间里从1美元的股价涨到66.9美元的。这就是资本的力量，既然都是融资，为什么不去能够获得更多资金的市场融资呢。

许多企业的控制人也会有这样的担心，上市后按照同股同权的原则，自己的控制权、投票权会不会下降？如果在美国上市，就不会有这样的担心，因为美国市场可以同股不同权，完全可以像刘强东那样只用不到20%的股份掌控80%的投票权，也就不用担心企业出现内讧，企业创建者因为股份少说不上话被董事会踢出局，辛苦创立的企业拱手送人的尴尬局面了。当然，还有一些企业认为在美国上市会提高企业在国内的知名度，或者需要布局在海外扩张业务。

中国股票市场成立至今才不过30年，相信随着政策的改进和开放，也一定会从一个弱势有效市场变成一个强势市场，也会吸引来自全球各地的优质企业及投资团体前来投资。虽然目前来看在美国上市有千般好，但也有一些小弊端。比如在美国上市的企业要面临高额的上市成本以及其他维护成本，这对企业来说是一笔不小的开支。所谓入乡随俗，到了美国市场就要遵守美国当地的规矩，美国的金融监管力度可是全球最严格的，一旦出现违规行为，将会面临非常严格的惩罚，往往一次诉讼失败带来的罚款或者赔偿，就会直接导致一家企业破产。比如当年联想的"安全门"事件，以及包括中国人寿、京东、拼多多在内的多家中国企业，都遭受过美国《反海外腐败法》的控诉和制裁，这都让企业付出了很大的资金代价。虽然这种严格监管对于企业来说有诸多限制，但是也给广大投资者营造了一个公平透明的投资环境。

第15问　股民有哪些经常犯的错误

再专业的投资人，在交易过程中也会犯这样或那样的错误，有些错误影响一时，有些错误可能直接导致满盘皆输。我经常提示那些刚入市不久的投资者不要怕犯错，但同样的错误绝对不能犯两次，要从错误中吸取教训，学费不能白交。进入股市就相当于闯进了"雷区"，蹚雷是必然的，但不需要把所有的雷全都踩一遍，能规避的还是不要以身犯险。

1. 自己总是知道股价或市场见底了。

每当大盘连续下跌后，就会有一批股民没有任何缘由地就做出大盘见底的判断，还在网络上忽悠其他人一起抄底，不知道是真的以为市场见底了还是想找人帮机构托盘。而且自己持仓的股票出现大幅下跌后，也会生出股价见底的看法。其实大多数时候这都是在找心里安慰，实际上自己都不认为这真的是市场底部。

2022年3月，受美国和乌克兰战争的影响，全球股市基本上呈现一边倒的下跌状态，A股市场也表现出了跟跌不跟涨的属性。每到出现日内大幅下跌后，都会有人认为是市场见底了并且大胆进场，但最后终究还是被现实无情地来了一记耳光。凡事都离不了"因果"二字，大盘或股价的下跌必然是有原因的，上涨同样如此。如果你真的认为股价或大盘指数已经见底了，就要去寻找原因。如果自己都给不出市场见底的理由，就趁早打消这个想法。彼得·林奇曾经说过，想抄底买入一只正在下跌的股票，就像去抓一把正在下落的刀。只有等到刀子落地了，对自己没有威胁了，才是真正的市场底部。

2. 被套了没关系，股价总是会涨回来的。

大多数投资者被套以后，惯常的做法都是被动地等待解套，认为股价总是会涨回来的。很多人都觉得这种做法是错误的，但我觉得也不一定，还是要具体情况具体分析。如果被套的价位不是很高，市场基本保持平稳，企业经营稳定，继续等待还是存在解套甚至赚钱的可能的。但明明自己买在了高位且机构已经开始获利减持，或者说持仓的企业已经连续几个季度亏损，存在被加星戴帽的可能，这个时候还要继续持仓的话，就非常不应该了。市场上有许多例子可以说明，很多上市企业的股价都是上市当日即是巅峰，如果被套，想要解套真的是遥遥无期。所以被套不可怕，但是否孤注一掷，还要看整个市场环境和企业本身的质量。对于初学者来说，还是建议出现错误时及时止损。

3. 等的时间太长了，不会再涨了。

许多投资者购买的股票其实都是很不错的，但往往因为耐心不足，在股价启动前就卖出了，然后看着股价飙升后悔不已。很多人的特点就是喜欢吃着碗里的看着锅里的，明明自己在持仓，却还是盯着市场上那些热门板块的强势个股去看，然后对自己的股票怎么看怎么不顺眼，最后买入强势股股价却不涨了，卖掉的股票却突然在某日爆发，想重新买回心态却已经崩了。

当投资者购买的股票迟迟不动，不涨不跌，就在一个小区间反复振荡时，不要盲目断定它就是不好的。市场中许多大牛股和黑马股都是经历了很漫长的蓄势整理后，突然在沉寂中爆发的，我们需要做的就是判断它爆发的可能性以及耐心地等待上涨行情到来。至于如何判断股价在横盘时的强弱，会在后文讲解。

4. 今天赚钱了，庆祝一下！

在股市中赚钱确实是一件值得高兴的事，亏钱了自然也会寝食难安。钱多多花，钱少少花，这是许多人的消费理念，但如果要做一个专业的投资人就不能这样。今天股市赚钱了吃个大餐，明天赚钱了买条好烟，今年赚钱了换个好车，如果是这样，那么你的本金永远都是这么多，不会形成雪球效应，而且一旦亏钱，还会让本金越来越少。投资者一定要学会积累利润，让自己的资金池子变得越来越大。比如，不论我在股市中赚了多少钱，年化收益率是多少，平时都是吃家常便饭，过着最普通的生活，因为我特别看重积累利润，我想所有人都知道"复利"的可怕之处。

5. 在股市中做一个"渣男"是不会有好结果的。

有些投资者总是异想天开地认为自己可以在股市中短期暴富，并执着于短线交易，频繁地交易，频繁地换股，结果就是"得到了人却得不到心"。有些投资者不具备短线投资的能力和基本素养，但是又太贪心，急功近利，结果只能是遭遇失败。也有些人是被别人给带坏了，比如有人问我一年的年化收益率是多少，我回答基本在10%～40%之间吧，行情好一些会超过50%。没想到我却被狠狠地鄙视了，然后对方还会夸夸其谈地说哪个朋友做短线，几天就赚了百分之几十。如果民间真有这么多的高手，比巴菲特还要厉害，那随便开个投资公司岂不就上福布斯了。而且为何总有人身边有这么多的牛人和高手，我从业十五年认识的做短线的人，就没有一个有稳定利润的，这也太神奇了吧。

俗话说，没有金刚钻别揽瓷器活，自己有什么能力就做什么事情，不管别人做得如何，做好自己就好。不论是做什么样的投资，找准自己的定位，然后找对交易的方法，这才是最重要的。过于执着利润，往往会适得其反。

6. 亏了就套，赚钱就跑。

在股市中生存的秘诀是"守住本金"，盈利的法宝则是"复利"。许多投资者知道亏钱了被套不卖可以守住本金，赚钱了也知道赚钱就跑然后及时行乐，对"复利"却没有任何概念。"守住利润"没错，但是也要科学合理。我一直强调，普通投资者的投资准确率是很低的，往往达不到50%。所以我们在投资成功时，一定要至少保证这一笔投资所获得的利润足够填补下一笔投资失败所付出的代价，这样才不至于伤及本金，最好是一次赚的钱可以抵消两三次的失败。否则赚三四个百分点就卖，一亏就是8%以上，可以想象长此下去会面临什么样的结果。

7. 总是后悔，缺乏自信。

很多投资者都有过这样的经历，非常看好某家企业的股价表现，但总是因为心理上这样或那样的想法而错过，最后看到股价涨势如虹自己手里却没有持仓时，就开始后悔抱怨。这种行为如果经常出现，是非常影响交易心态的，也是投资者不够自信的表现。而且一旦你错过了一只大牛股，往往下一次就会格外自信，看好的股票很容易盲目冲动地买入，造成投资失败，甚至遭受巨大损失。

实际上，如果你不是偶尔碰巧选到了一只好股票，而是经常选到好股票，就足以说明你是有投资能力的，就应该相信自己。我也经常会有这种犯难的时候，看好几只股票但出现了选择困难。我的做法就是管他以后怎么样，每只股票先买个10手先上车再说，符合预期的留下加仓，不符合预期的随时离场，这样就不会留下遗憾，而且可以做到大赚小亏。

8. 我的钱只够买一只股票。

除非你的资金只够买这只股票的100股，否则还是建议不论资金大小，尽量平摊给3～4只股票。孤注一掷的投资行为，除非你对这家企业抱有莫大的信心，否则的话还是要将资金分散在不同的市场，甚至是不同的国家。因为没有任何人能百分之百地确定市场走向，也无法确定明天的事，分散投资是降低风险的有效方法之一（也不能太分散）。比如现在的基金持仓数量都是很庞大的,哪怕是行业基金,也会持仓这个行业二三十家企业的股票,资金过于庞大是一方面,主要还是投资理念的问题。炒股永远都不要孤注一掷!

9. 永远不要满仓。

因为你购买股票的价格不可能是最低点,你也永远不可能有判断股价最低价的方法,所以千万不要满仓。满仓操作会让你失去以更低价格买入的机会,也会彻底失去在市场中的主动性。

投资
技术篇

第16问　A股市场技术分析有用吗

首先，技术指标分析是没问题的，在美国股市以及国际外汇和期货市场，技术分析是投机者主要的研判手段，国际上也涌现出了约翰·布林格、比尔·威廉姆这样的技术分析大师。但我们要知道，目前几乎我们用到的所有技术分析指标都是外国人发明的，尤其是美国人，而美国的股票市场又与中国A股市场存在巨大的差异，所以在使用效果上必然也会有所不同。A股市场每天都上演着内幕交易、股价操纵等违规行为，几乎所有的职业操盘手都会利用指标来诱导散户交易。

下面这个案例是我曾经操作过的一只股票，出于一些原因，这里不指明是哪家企业，所以在K线图上隐藏了一些信息。

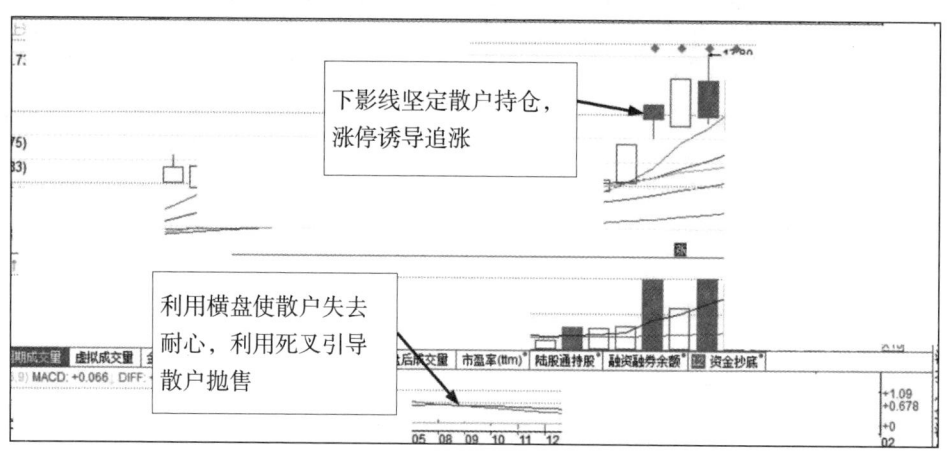

图7

首先，在建仓周期时，股价上涨，成交量放大，不可避免地会有很多散户跟风。不过不要紧，大多数个人投资者看到股价放量上涨，通常会认为短期内必然有利可图，这时只需要保持观望即可，不必急于交易和进场。只要有散户参与，股价自然不会有大的波动，而是一直保持小幅度的横盘。通常股民在进场后发现股价长期不动，再加上许多自选股一个个表现强势或大盘走势不错，题材活跃，都会产生后悔的心态，对现有持仓左右为难。所以这时候主力会加上一把火，连续少量卖出，刺激股价下跌。连续的盘整使MACD指标逐渐黏合，这时股价连续阴跌，MACD自然会产生死叉。然后继续保持微跌几个交易日，自然会有很多散户进行抛售，这样主力洗盘的目的就达到了。任何操盘手洗盘，绝不可能把所有散户逐出场外，必然会留下一部分钉子户，这是正常的，也是有必要的。试想一下，如果所有散户集体出逃，资金规模是很大的，机构资金实力比较差的话，岂不是悲剧了。

当机构的操盘计划到达目标附近，到了离场阶段时，哪怕是资金稍大一些的机构，都不会一次性出完货，不然股价走势表现一定是强势跌停，市场无人接盘，机构最终被散户套住。一旦集中抛售，会引起价格大幅下跌，也必然会引起投资者的恐慌，所以主力卖一部分的同时也要买一部分，以便维持股价不出现大跌。这样必然导致成交量放大。虽然这种走势也会让散户心生芥蒂，但先卖后买，K线形成了一个锤头型的上涨信号，也会适当减轻一部分人的疑虑，甚至有人会生出低吸的想法。次日集合竞价时，主力再直接以较低的价格卖出一部分，使股价低开，然后开始托盘少量买入，使价格小幅上涨。这样昨日认为是上涨信号准备低吸的资金就会进来，恐慌的投资者自然也就心里踏实了。当散户购买力减弱，这时自有资金就可以在最高价附近护盘，平稳度过一个交易日。

有懂行的投资者会发现，当日虽然股价上涨，但其实并未放量。市场不就是欺负这些二把刀的散户吗。由于股价之前的上涨均线形态必然是向上形成多头排列，当日K线也必然是光头或接近光头阳线。这种形态在很多基础教科书中都会称为买入信号，一些散户在晚间复盘时会发现它，而这也正是主力想要的效果。次日股价只需要稍微高开一下，或者盘中主力象征性地小幅拉升刺激一下，追涨买入的人就会络绎不绝，而这时不正是主力出货的好机会吗？

当然，真正的交易行为肯定不会这么简单，主力整个做盘周期大概持续了 6 个月左右才彻底结束。这里只是拿出其中的一个小片段作为案例说明，希望让每一位投资者都能更加深刻地认识到，股市中的指标其实都是由机构画出来的。甚至在 2010 年以前各种软件盛行的时候，主力还会去研究这些软件，让这些大众软件的独家指标能够按照自己的操盘要求发出买入或卖出信号。为了坐庄获利，这些主力可谓是无所不用其极。

我入行的前两年非常喜欢研究技术分析，各种国际知名技术分析理论都非常精通，但遭受过几次挫折后及时悬崖勒马，仔细寻找交易中存在的问题，最终开始向价值投资的方向发展，交易也走上了上坡路。现在技术指标分析我也在用，并总结出了属于自己的技术交易模式"孝寒点位交易法"，该交易方法主要是应用在外汇、期货、美股市场上。A 股市场也不是不能用技术指标，通过量价关系判断主力的操盘行为，当决定对哪家企业的股票进行投资后，再用技术手段去寻找进场时机以及确切的价格范围，还是非常有效的。

第 17 问　什么情况下可以使用技术分析

前面说过，技术分析在 A 股市场的作用很小，而且容易被机构利用，但并不代表完全不能在 A 股市场中使用。在股票市场中使用技术指标的前提，是要提前确认企业的基本面良好，爆发经营风险的可能性不大，而且未来会有或已经有机构参与，量价关系表现良好，那么可以使用提前型指标去选择具体的买入时机。

所谓提前型指标，就是可以提前判断具体的进场以及离场的点位。在国际市场上，还可以提前判断价格的各个周期运行趋势以及趋势的改变。滞后型指标则是当价格已经发生变化，或趋势已经发生明显改变时，指标才会给出相应的信号。在 A 股市场，技术指标本身的用途就不大，滞后型指标更是容易诱导投资者进行追涨杀跌的错误交易行为。

我的股票软件界面是两图组合，即 K 线走势图和成交量图形。指标不在多而在精，只要最有效的即可。我曾经告诉一位外汇投资者，让他只用宝塔线进行交易，出现特定信号就交易，不出现交易信号，哪怕错过再多的机会也不要参与，结果这位投资者虽然操作频率不高，但收益非常稳定。

本小节主要讲两个提前型指标，均为画线指标。

1. 黄金分割线。

黄金分割线理论和基本用法在此不多做解释，相信大多数投资者都会使用。黄金分割线不仅在国际投资市场以及国内期货市场使用起来非常有效，在股市中，当价格技术调整或机构操作力度不大，股价持续振荡时，也非常好用。

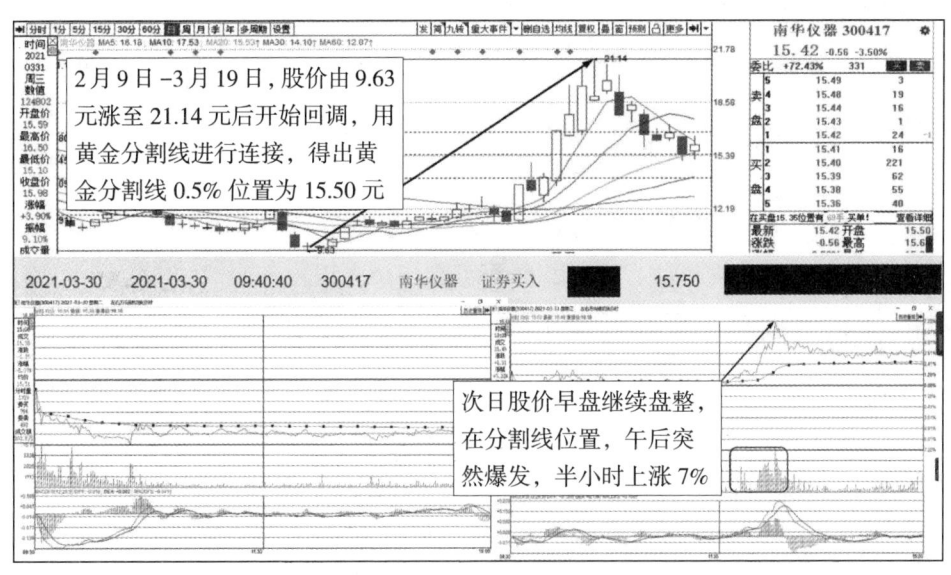

图8

图8是我为了讲述本小节内容进行的一次有针对性的交易，我选择了很多标的，都处于上涨过程中的回调阶段。既然南华仪器率先到达黄金分割线的支撑位，那么就以它为例了。关于南华仪器的基本面，这里不做太多介绍，在"碳中和"的大环境下，机构对它的关注度还是蛮高的，而且企业经营业绩也算稳定，基本面风险比较低。一个月左右的时间，该股股价从9.63元上

涨到了 21.14 元，涨了一倍多，说明机构的整体操盘实力还是比较强的。将这一段上涨行情的最低价与最高价用黄金分割线相连接，即可得到 15.50 元这个支撑位，于是我在 3 月 30 日 9:40 以 15.75 元的价格买入。至于为何选择在这个支撑位买入，后面会做出解释。

图 8 中可以看到，当日最低价为 15.02 元，略微破了一下支撑后，全天始终保持在支撑位上方运行，直至收盘未曾出现放量破位的情况。次日早盘，股价依旧围绕支撑位窄幅盘整。午后股价突然发力，13:10—13:33 不到半小时的时间，股价飙升 7.22%。作为短线交易，此时我果断离场，仅持仓 1 个交易日便有 6% 左右的收益，已经是非常好的结果了。

大家可以复盘一下所有上涨趋势结束的缩量回调阶段走势，可以发现，大多数个股都会在不同的黄金分割线点位止跌反弹，所以这是一个非常好用的指标。但在使用黄金分割线时，有以下几点需要注意。

（1）分割线支撑位的选择尽量与均线共振。

（2）若下跌放量较大，选最下方支撑，缩量下跌力度小，选上方支撑。

（3）在共振支撑位置买入，止损可在 5 个点以内。

（4）跌破支撑若出现大量卖盘，放弃交易，不要逆向补仓。

（5）价格反弹后若动能不大，遇到上方黄金分割线压力可短线离场。

（6）若对"共振"不甚理解，可学习《孝寒点位交易法》一书。

2. 正确利用切线画法。

很多投资者都喜欢利用画线工具来判断价格的未来趋势及关键支撑位，但成功率却很低。尤其是一些投资者使用切线时，都是根据以往走势去画一个未来上涨或下跌的走势方向，这往往只是自娱自乐，很少能够做到判断正确。这主要是在切线用法和用途上出现了一些错误，任何技术指标，最好都是在已经确定投资标的后使用，用以判断具体的进场或离场价格区间。如果用来判断较长或很长一段时间的趋势，准确率就会很低。

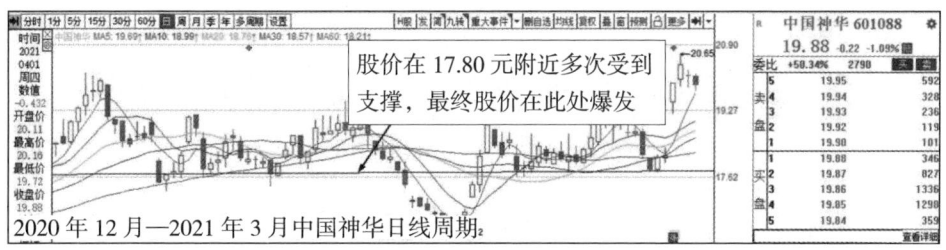

图9

不论是画支撑线还是画趋势线、通道线,要记住一点,连接的点位数量至少要3个及以上,或一段时间保持不变,这样才能确保这条切线给价格带来支撑或压力。很多人在走势出现两个低点时就连接起来作为支撑,结果价格很容易就破位了。

以图9中的中国神华为例,在2020年12月到2021年3月底近4个月的时间里,股价反复触及17.80元附近位置后反弹。虽然中间破位过一次,但很快便回到了17.80元上方,而且破位幅度非常小。经过反复测试的支撑位,通常来说该位置会堆积比较多的筹码,不太容易破位。对于未来走势,一般来说只会有两种情况,一种是机构达到一定控盘度后开始拉高,一种是充分出货后直接砸盘,只有这两种极端走势,所以这种情况的股票很有博弈的价值。一旦放量向下破位,5个点止损足矣。但如果是向上爆发的话,利润至少是风险的两三倍,以小博大,正是交易的精髓所在。哪怕股价暂时破位扫了止损,只要下跌量能不大,或股价处于较低水平,那么一旦价格又回到支撑上方,依然可以继续参与。稳健的投资者也可以等待支撑进一步确认后,股价放量上涨时顺势买入,不过需要投资者每天时刻跟踪股价的变化,避免错过最佳的入场时机。但如果股价突然爆发,某日直接跳空大幅高开,也会面临一定的追高风险。凡事都有两面性,要想获得更多的收益,就带着一定的风险提前布局,想要立竿见影,提高准确性,那么必然会牺牲一定的利润空间。

第18问　如何选择左侧交易与右侧交易

简单地讲，左侧交易即在行情即将出现底部时提前买入，在即将到达顶部前进行卖出。判断未来趋势即将转折并提前进行交易，往往是投资高手的投资行为。而右侧交易则是当趋势已经形成时进行买卖，如行情触底反弹后开始买入做多，当行情从顶部拐头后高抛沽空。右侧交易是相对后知后觉的一种大众化投资行为。

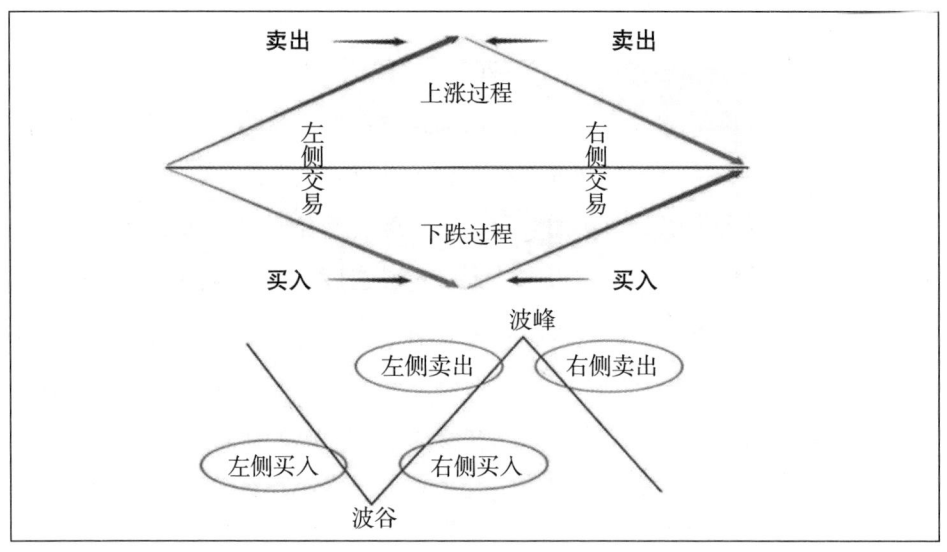

图 10

我们经常听到或看到某些所谓的股市专家强调四个字——"高抛低吸"。这四个字说起来简单，也确实是正确的，但是真正能做到的人却少之又少。没有人能够准确地把握市场或者股价的顶部与底部位置，所以左侧交易不是说买了就涨、卖了就跌这么绝对，而是相对的。投资高手或机构操盘手们往往会在股价还未到底部，甚至还有很大下跌空间前就开始买入布局，而当股价还未到达顶峰前，就开始逐渐出货了。

右侧交易属于保守型，也可以称为趋势交易。因为只有当趋势逐渐明朗后，投资者才会根据已经形成的趋势进行顺势交易，所以右侧交易者自然不会买在最底部，也不会卖在最高处。许多投资者学习的分析方法都是以入门级技巧为主，比如各种指标和图形分析，大多数属于延迟性指标，所以自然是后知后觉的。很多投资者认为右侧交易就是追涨杀跌，我认为这种说法过于绝对了。右侧交易需要投资者做到的是，当趋势刚刚形成或形成不久后开始顺势交易，而不是已经接近最高价或最低价时即开始顺势交易，这里面需要强调一个及时性。

左侧交易固然是投资的最高水平，但是右侧交易几乎是所有投资者的必经之路。右侧交易的投资者更加注重投资的短期效益，期望投资后在短期之内即可获得收益，然后止盈离场。但如果投资失败，也可能在短期内出现很大的损失，而且即使短期获利，往往也难以获得一波行情的全部收益，通常会在获得一部分收益后早早离场。而左侧交易者更加注重一次交易获得丰厚的收益，持有时间较长，不会在乎市场以及股价的短期波动，追求更加稳健的收益。

下面讲一下左侧交易与右侧交易在学习和应用过程中需要注意的一些要点。

左侧交易的注意要点。

（1）学习掌握企业财报的分析方法，有效地对企业未来发展做出相对正确的判断，挖掘企业内在价值。

（2）在对企业进行价值分析后提出问题，积极到上市公司进行调研，至少与上市公司证券事务部进行一两次通话。当问题得到满意的答案并确定其具有投资价值后，进行左侧交易并长期持有。

（3）左侧交易一定要有足够的耐心，不要在乎一城一地的得失，只要还没有超出自己的亏损底线或抛售条件，就不要轻易出手。获利后若未到目标价或出现机构出货等现象，也不要急于止盈。要记住左侧交易的宗旨：要么不出手，出手即获利，获利则大益。

（4）交易时不要一次性下注，因为左侧交易建仓价位往往不在最佳位置，所以至少分2～3次进行分批建仓，而且至少留出2成仓位，等待股价开始起涨后再进行右侧交易。卖出也是同样的道理。如果是个人投资者，可以不留出2成仓位，等待股价转跌后再全部离场。

（5）左侧交易也要灵活多变，若资金较多，而且市场短期表现活跃，完全可以左右侧交易结合使用。

| 002893 | 华通热力 | | 10.823 | 8.660 | 34640.000 | | -19.985 | 深圳A股 | 人民币 | 买 卖 |

图 11

图11是我持仓的一只股票，可能各位读者很少看到一本书的作者会把亏钱的股票拿出来讲解，但这并不是一个反面教材，而是作为左侧交易的一个比较好的案例。这只股票的首次购买时间为2020年10月26日，因为购买超过了100天，所以交易记录无法查到。华通热力的历史最高价为2018年的24.28元，此时跌幅已经超过了50%。我对环保概念一直都有高度的关注和研究，并认为未来会持续受到市场的关注。华通热力作为环保概念的中坚力量，碳中和＋热点以及烟气冷凝回收、水蒸气凝结所释放的潜热回收等多项技术都处于行业先进水平，非常有投资潜力和投资价值，再加上估值在相对合理的价位，所以决定进行长期投资。预计投资周期为2年，利润目标为80%～120%，达到其中任何一个我都会选择抛售。买入后，股价不出意外地随着市场下跌，最初几个月我几乎不去看它，交代给我的助理，跌不到6块钱就不要通知我，并提示了2个需要补仓的位置。

3月18日，华通热力突然在底部放量启动涨停，次日直接一字板涨停。当天我的助理说，股价连续两天涨停，整体亏损已经修复而且略有盈利了。我问利润有80%了吗？没有的话不需要通知我。直到写到这里，我才再一次看了一下这家企业的股价走势，对于这只股票未来的收益，我还是非常有信心的。在此不说投资的具体过程以及最后的成败，主要是让各位投资者认识左侧交易或者是长期价值投资。既然做出了建仓的决定，就一定要耐心持有，心态放平，不要因为短期的盈亏而改变自己的投资策略和投资计划。

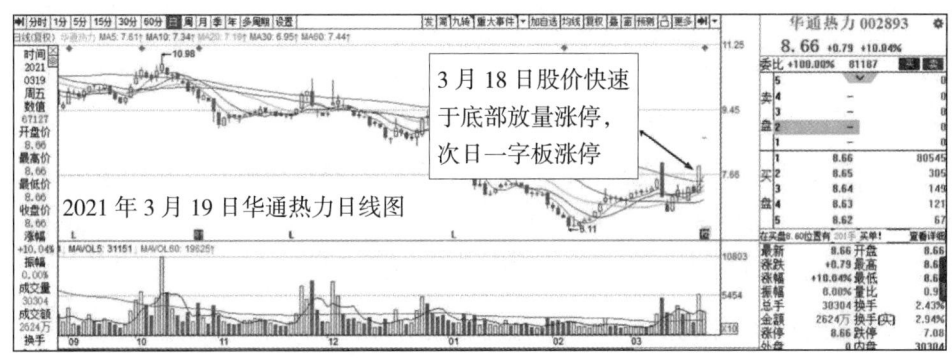

图 12

可能有投资者会问，亏了这么多不设置止损吗，提前这么早进场不是一次失败的投资行为吗？首先要承认一点，确实由于并非自己坐庄，对机构的操盘行为判断有所不足，进场价格略高了一些，而且没有预料到疫情的爆发及其严重性和持续性。但是我看重的是这家企业的投资价值与长期收益目标，短期的价格波动无非是降低了收益预期，增加了持仓时间而已。很多专业人士会告诉投资者，最大回撤放在 8%～10% 之间，这是对的，也是右侧交易或短线交易的必要止损线。但是对于左侧交易来讲，购买后股价跌幅超过 10% 是很正常的现象，回撤在哪里，一是基于对企业和整体投资策略的判断，其次是自己的财力状况，也就是说要亏得起，对我来说，整体资金亏损 40% 是最大的极限。在华尔街，许多投行为了一次投资倾尽所有资金，当股价持续下跌时，一边不断安抚投资者不要抛售，一边继续筹措资金进行补仓，最终股价反转，创造一段佳话，投行也因此一战成名，名利双收。当然也有很多机构或者个人因为一次失败长期无法翻身，最终不得不以自杀了结。大型投资本身就是一场豪赌，当你还没有足够的实力与能力进行这样的豪赌时，还是老老实实地设置止损，踏踏实实地做好投资吧。

之所以在左侧交易上讲这么多，一来这是每个人炒股都要追求的方向，二来也是我目前主要的投资行为。现在我的右侧交易已经很少了，只在市场活跃、题材丰富的情况下进行少量的交易。

右侧交易的注意要点。

（1）再次提示，右侧交易不是追涨杀跌，交易前一定要注意股价的位置以及当时的成交情况。购买时只要涨幅过大，宁可错过也不要买错。发现投资良机也不要犹豫，做好回撤处理就果断买入。卖出时只要达到目标收益，即便只是接近，只要出现机构出货现象，哪怕是蛛丝马迹，也要快速离场，实战中可以分两次卖出。炒股票哪怕不赚钱也坚决不要亏钱，尤其是赚钱后的回撤，是对心态非常大的考验，很多投资者都是从赚钱变亏损后深套。总之，右侧交易就是要果断！

（2）止损，止损，止损，重要的事情至少说三遍。右侧短线、中短线交易，进场后短期内就要赚钱，一旦买了就亏，而且还到了最大回撤的位置，说明自己决策失误，应果断离场，后面股价再怎么涨都跟自己没关系。

（3）到了回撤位就离场，不要给自己找任何补仓的理由。如果对走势判断正确，买入后价格如预期那样上涨，可以适当补仓，但仓位最好不要超过首次建仓量的一半。

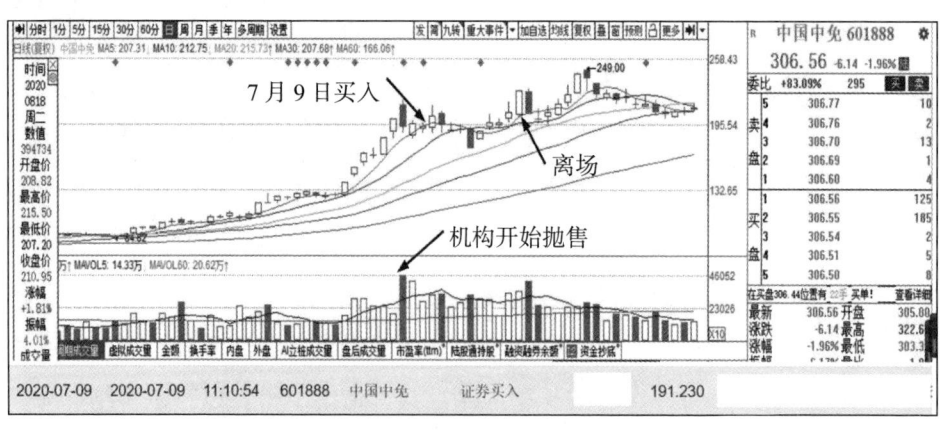

图 13

（4）不要以为右侧交易就不需要分析企业的内在价值，财报和经营分析一样都不能少。你不去研究这些基本面因素，一旦股价开始快速涨跌，自己却不知波动的原因，如何敢果断去交易。再结合对机构行为的分析判断，自然可以有效地把握机会。

还是讲讲我自己的一次投资经历。2020年6月末、7月初，由于中央政府对海南免税政策的扶持，免税店题材的个股突然爆发，首当其冲的就是中国中免。当时我正在以几乎所有资金做其他投资，眼睁睁地看着中国中免的股价一路狂飙。最后实在忍不住了，在7月9日的时候抽调一点资金买入，当时股价已经翻倍了，而且已经显示出有机构在减持。从安全的角度考虑，着实不应该追涨，这个反面案例投资者一定要引以为戒。我的预期是机构首次减持，后续必然会再次诱多，仍然有利可图。股价前期涨幅过大，一旦出现回撤，回撤幅度也必然不会小，所以自己的止损位也应适当放大，设置为165元；其次，行情爆发期买入不可恋战，持仓不超过10个交易日，利润超过10%即可离场。购买后次日，股价便上涨5%，但尚未达到收益预期，冒大险却只图小利不是正确的投资行为。7月16日股价跌停，虽然没有明显的放量，但股价强势上涨后出现跌停可不是什么好兆头，我做好了次日开盘一旦下跌出现放量即止损的打算。可能是幸运，也可能是机构真的没有打算连续出货，次日股价高开反弹而且成交量表现不错，此时基本断定机构出货周期，所以心里也踏实了很多。7月23日这一天股价涨停，但是我在即将到达涨停的位置就离场了，原因很简单，量价不突破乃弱势表现也。我在《量价精研》这本书里说过，价突破而量未突破，乃强弩之末的信号，即使后面还有上涨空间，其风险也要远大于收益。在进场时就犯了错，但不能一错再错，所以及时获利出场。

这次有惊无险的交易经历提醒大家，有些大牛股如果没在上涨行情初期或中期踩上点，该放弃就要放弃，又不是只能指望这一只股票发财。其次，既然决定买了就要果断，做好止损并确定收益目标，只要形势不对，立即撤退，留得青山在才不怕没柴烧。

第 19 问　股价与商品价格有关系吗

人民币升值，投资者自然会联想到利好进口类企业，利空出口类企业；人民币贬值，也自然会联想到利好出口类企业，利空进口类企业。和这种基本思维一样，某种货品、商品或者能源的价格涨跌，投资者同样会联想到一些受益或受损的企业。比如国际油价上涨，投资者会联想到利好原油开采业；国际黄金价格上涨，利好黄金概念股；螺纹钢价格上涨，则利好钢铁行业等。很多投资者都会根据市场商品的价格涨跌去交易对应的股票，那么，上市公司的股价与商品价格是否有关联呢？

这个答案是肯定的，商品价格的涨跌影响了相关行业的毛利率、生产成本以及净利润等许多因素，但毕竟上市公司的投资价值主要还是经营方式、行业地位以及核心竞争力等内在因素，所以股价与商品价格有关联，但影响也并不是很大。所以很多时候我们发现某种商品价格大涨，但受益企业的股价并没有太大幅度的波动，最重要的是看整个股票市场的状态。如果股市处于熊市，指数连续下跌，在此背景下，哪怕上市公司因商品价格上涨带来利好，股价也未必就会上涨。

2020 年 11 月底，国际金价开始触底反弹并大幅上涨，一个多月的时间，金价从 1764.39 美元/盎司上涨至 1959.26 美元/盎司，这个幅度已经不小了。在国际市场按 100 倍杠杆来算的话，1 手交易成本几百美元，获利就接近 2 万美元了，但是却并未给 A 股市场黄金概念股带来多大的利好影响。以山东黄金为例，在此期间，股价不但没有上涨，反而在大盘振荡反弹的背景下，依旧处于均线空头排列的下跌趋势中无法自拔。当然，这其中的原因有很多，但归根结底只有一个，就是没有机构因国际金价上涨而炒作这个概念。所以说句泄气的话，是不是利好你说了不算，我说了也不算，机构说了才算。再大的利好，没有机构炒作，一分钱也不值。毫无利好消息，机构狂拉不止，

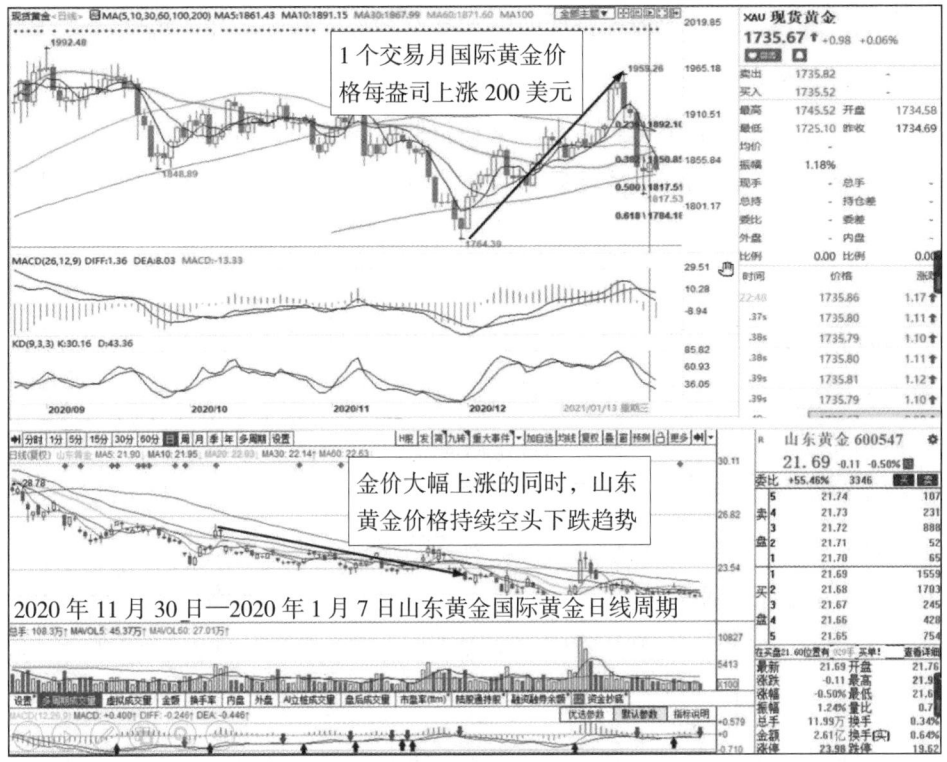

图 14

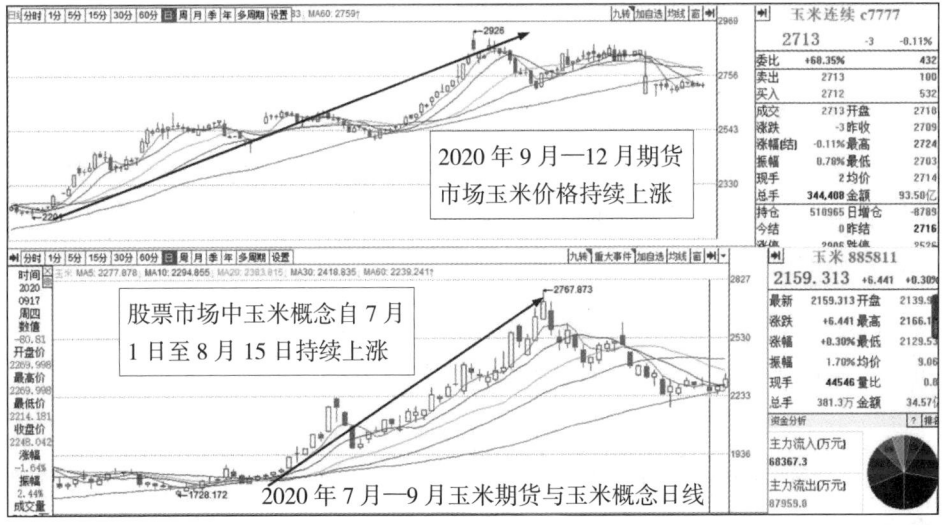

图 15

我们也没脾气。市场走势一再证明，大家都知道的利好，往往也就没什么投资价值了。

若商品价格持续上涨，对相关受益行业以及企业会造成一定的影响，但商品价格一定要是大涨，才会刺激股票市场中的投资机构关注和炒作。期货市场中，玉米价格在 2020 年 7 月份开始持续上涨，一直涨到 12 月份，涨幅超过了 30%。与此同时，股票市场中的玉米概念指数也是望风而动，一个半月的时间就上涨了 40%。当商品价格出现上涨或下跌时，往往股市中的股价表现会相对提前，因为股市中的投资机构往往对市场变化更加敏感，调研得更加充分，所以会导致很多时候一个行业或一只股票突然涨跌，让很多投资者摸不到头脑。而股市中的题材炒作往往是短暂的，机构按照制定的计划进行交易，一旦到达预计获利目标后，就开始退场，所以股票市场中的上涨持续性要比商品市场的持续性更加短暂。控盘时间越久，就需要越多的资金，就会有更多的散户前来跟风，操盘难度也会相对大一些。另外，这种因商品价格上涨带来的投资热点并不强烈，可操作空间也不大。

投资者发现某种商品价格出现上涨，准备在股市中投资相关概念时，要注意以下几点。

（1）商品价格已经上涨时，股市中相关概念是否有放量启动。若依然无任何上涨行为，很有可能说明机构并不认为存在炒作的机会，投资者暂时也不要进行投资。

（2）若投资者认为某种商品价格即将大涨，提前布局相关受益行业或个股，一旦商品价格如预期般上涨，股市表现却不如预期，就像无机构炒作，也应尽快离场。

（3）若商品价格与股市相关概念股已经上涨了一段时间，投资者也不可追高买进，切记这类炒作行情通常不会持续很久。

（4）几乎所有商品都有一个大致的定价范围，可能因某种因素刺激，商品价格暂时来到这个范围的最高或最低水平，但终究会回到正常合理的价格位置。哪怕是黄金、原油这类稀有资源，价格也不会持续上涨。

第20问　涨跌停板的股票能不能碰

我说过很多次，入市不久或者一直在股市中投资不利的人，不要轻易去博涨停板，或买入前一天涨停的股票。现在有很多所谓的"专业人士"向投资者传授各种涨停板买入方法，这一点我是持反对态度的。凡是涨停或跌停的股票，都是机构正在操盘的股票，个人投资者的力量是无法与机构抗衡的，尤其个人投资者，不知股价涨跌停原因就盲目买入，风险真的是很大。绝大多数个人投资者都无法控制自己的心态，一旦赶上一日游行情，机构出货，亏损百分之十几、百分之几十都是有可能的。

当市场处于上涨趋势或牛市行情中，中长期持有，获得的利润最高，收益也最稳定。总是盯着市场当日或短期最强势的个股追高，反而总是踏不准节奏，这就是为什么很多人说自己买啥啥跌、卖啥啥涨的原因。我有两个关系要好的读者，其中一位读者在2020年年中买入白酒基金，一直持仓到2021年春节前，获利40%，比很多明星私募的年化收益率都要高，投资非常成功。而另一位读者就比较折腾，几乎是同样的时间买入白酒基金，但是每当获利5个点左右就选择止盈，发现涨势并未结束就又追高买入，这样反反复复进出，到了春节前，整体获利仅不到15%。持有到年后，春节后白酒行业的股价整体大幅回调，尤其是贵州茅台连续四周下跌，本来不错的收益又全部化为乌有。

当市场处于下跌趋势或熊市的时候，我的建议是干脆就不要买入股票，把钱投入固定收益产品，比如货币基金和债券基金，也要比放在股市里冒险划算得多。这种时候市场题材以及强势股本身就少得可怜，强势股大多数是一日游行情，追涨停基本就是找死。追得不好，涨停板买入第二天就有可能来个跌停板。这时候游资炒作都是快进快出，不会给散户反应的时间，投资者追涨停板失败的概率更大，风险也更大。所以我一直认为追涨停买股票完全属于不理智的投机行为，追涨杀跌本身就违背了正确的投资理念。

下面总结了几种涨跌停板不得买入的情况，大家可以参考一下。

（1）在高位出现巨量或天量的涨停板，机构出货派发的可能性较大。

（2）不管机构是否出货，高位出现涨停的风险肯定要比收益空间更大。

（3）突发性利好出现涨停往往上涨不会持久，连续一字板的涨停，一旦开板，距离顶部就不远了。

（4）底部启动第一两个天量或巨量涨停板，往往机构还没有完成建仓目标，后期回调继续洗盘和建仓的可能性较大。

（5）个股尾盘才涨停，一般是小机构的游资炒作行为，3个交易日内即会调整。

（6）高位出现放量大阴或跌停板，通常都是出货信号。

（7）盘整没有大量，开板死死封住的跌停板，没有大单进场迟迟不会涨。

关于涨停板的操作方法，我在《量价精研》中已经讲得很清楚，感兴趣的读者可以阅读此书。以上几种涨跌停板如果出现，尽量不要参与，失败的概率不能说是100%，但70%以上是肯定有的。

第21问　什么样的涨停板值得关注

虽然我并不是很赞成投资者激进地购买涨停板股票，但也不是所有涨停的个股都不能参与。下面根据我个人的操盘经验解读一下各种涨停的情况，当然这不是绝对的，还要看机构的操盘特点，希望读者能从中举一反三。

（1）尾盘半小时涨停封板量不大。一般资金量不大的游资喜欢在尾盘拉板，因为它们拥有的资金量不大，如果提前突击封涨停，可能会迎来场内散户获利减持或其他机构砸盘，这样需要更多的操盘成本，甚至会让自己深陷其中。尾盘趁人不备拉板，成功概率会更高一些。投资者经常会发现很多个股的股价几乎全天横盘，午后14:30后突然发力，几乎以垂直角度到达涨停板，但是通常封板量并不大。而且次日股价或高开低走或直接回落，总之，上涨的持续性很差，是最危险的涨停方式。

（2）越早打板越是信心十足，盘中很早时间股价就封死涨停，如果封板量够大，全天没有大量打开，可以说明机构资金实力不俗，或进行了充分的调研以及对场内其他机构的观察，所以涨停质量是比较好的。这样涨停的个股，有很大概率会出现连续的涨停或上涨，安全性相对高一些。

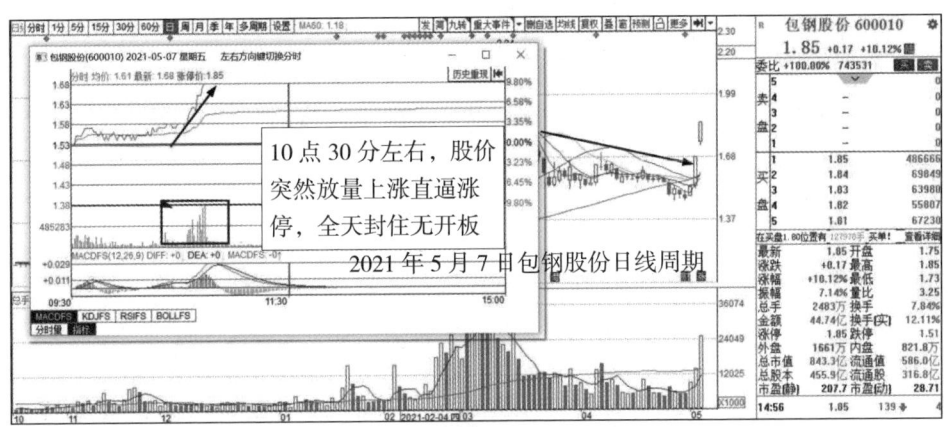

图16

包钢股份在2021年5月7日这一天早盘10:30开始放量突击上涨，15分钟的时间到达涨停位置，并有大量的买盘封板，全天无打开涨停板的行为。这种涨停时间早、封板果断、封单量庞大的涨停，质量最为优秀。如果喜欢研究或追涨停，投资者不妨多选择这样的涨停股作为投资标的。

另外需要注意的就是那些开盘10分钟左右的时间就到达涨停的，这样的涨停方式由于时间过早，涨速过快，投资者很难追进。散户无法买入，这也是操盘机构的目的所在。开盘很快涨停的股票具有一定的投资风险，如果后面的股价涨速一旦放缓，说明机构操盘到位，给散户追高的机会就意味着开始派发筹码，股价随时有可能下跌。另外一方面，涨停太早的话，如果市场出现风险或者其他行为，盘中有可能会出现开板的现象，如果主力不能尽快封死涨停，次日股价低开或大跌的概率就会增加。

（3）开板后迅速小量封涨停。

当投资者发现涨停板打开的时候，都会觉得恐慌，下意识地认为涨停不够强势，可能会有见顶回落的风险。其实开板也要分不同的情况。很多机构操盘一只股票，可能由于利好很快公布等特殊原因，没有充分的时间洗盘，会采取边拉升边洗盘的方式收集筹码，而开板洗盘法就是其中的一种。如果涨停板被很大的量打开，迟迟没有再度涨停，或以很大的量再度涨停，或反复开板，说明机构可能借助涨停出货，或主力资金实力不强，总之这样的涨停，散户追进后面对的风险是很大的，没有继续关注和追高的价值。反之，如果涨停开板后，在很短的时间就能以很小的量再度封死涨停直至收盘，这样的封板不需要太大的买盘量能，说明机构控盘度很高，后期继续涨停的概率很大。

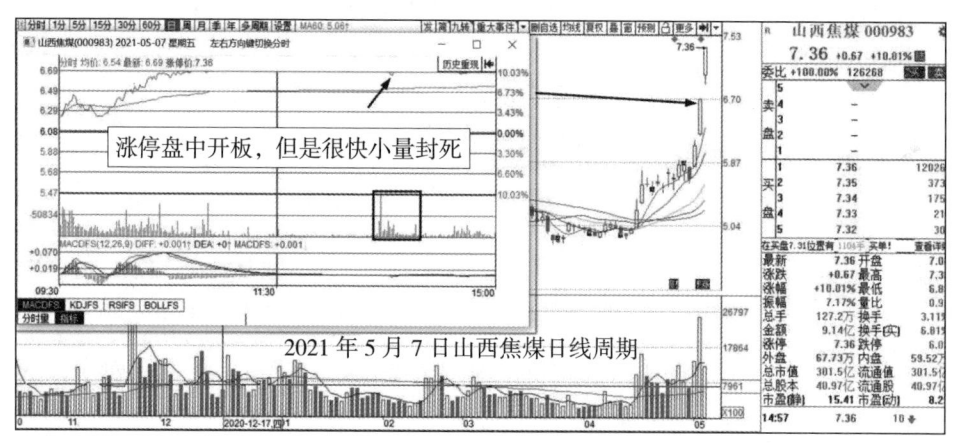

图 17

同样是 2021 年 5 月 7 日，山西焦煤开盘后振荡上涨，上涨没有突击放量，而是温和地放量，股价振荡逼近涨停，在午盘前封住涨停板。午后 14:03 涨停板被几笔较大的卖盘量能打开，但开板时间不超过 5 分钟便再度封死涨停，且没有特别大的卖盘动能出现。次日股价开盘不到 10 分钟的时间便再度涨停。其实包钢股份和山西焦煤我都是 5 月 7 日收盘后选择加入到自选股，准备次日开盘后购买，以便以此作为教学标的的，但次日因为个人原因错过了买入机会，不然说服力会更大一些。

（4）涨停对应的成交量很重要，涨停板的成交量越大，说明筹码越分散，可能还没有到最终的主升操盘阶段，连板或连涨的概率比较小。相反，如果没有太多买盘，股价就打到了涨停板，说明机构控盘力度较大，且没有太多的机构和个人投资者抛售，涨停质量比较高。关于股价与成交量的相关分析方法，有兴趣的读者可以学习一下《量价精研》一书。

上述涨停行为虽不是全部，但也涵盖了主要涨停特征，如果读者综合这些涨停特点并且举一反三，对涨停板的把握精确度一定会有很大的提高。

第22问　量突破价未突破算量价突破吗

量价突破，简单地讲就是成交量与价格同时突破前一个高位的最高量价。量价突破说明股价的上涨以及机构操盘的力度很大，是股票市场中一个非常有效的买入信号。但很多时候成交量和价格并非在同一个交易日对前期量价形成突破，可能当日仅仅是成交量完成了突破，然后价格才形成突破，那么这种情况下买入信号还成立吗？

为什么是"量价突破"而不是"价量突破"，这个问题我讲了很多次。量在价先，有量才有价，所以相比之下，成交量是更为重要的。

2021年3月17日，航天机电的价格上涨，日线收阳，股价突破前期瓶颈并刷新高点，但成交量却未形成突破。时隔不久，3月23日，股价开盘快速放量下跌，后两个交易日更是连续放量跌停，3个交易日跌幅就达到了28%。如果投资者认为股价突破后会迎来新一轮上涨攻势，那后果不堪设想。当我看到航天机电的走势时，研究了许久到底是什么原因导致股价突如其来的强有力下跌，结果毫无头绪。其实市场中每天都会有很多个股毫无缘由地展开暴跌，投资者也不必介怀。企业的一些比较私密的消息，普通投资者是不知道的，而机构很可能会根据调研或者某种渠道获得。普通投资者也并非是这家企业的操盘机构，对于主力的整个操盘计划自然也就毫不知情，所以恰好在机构准备出货前的诱多行为中被引诱入局，也就很正常了。

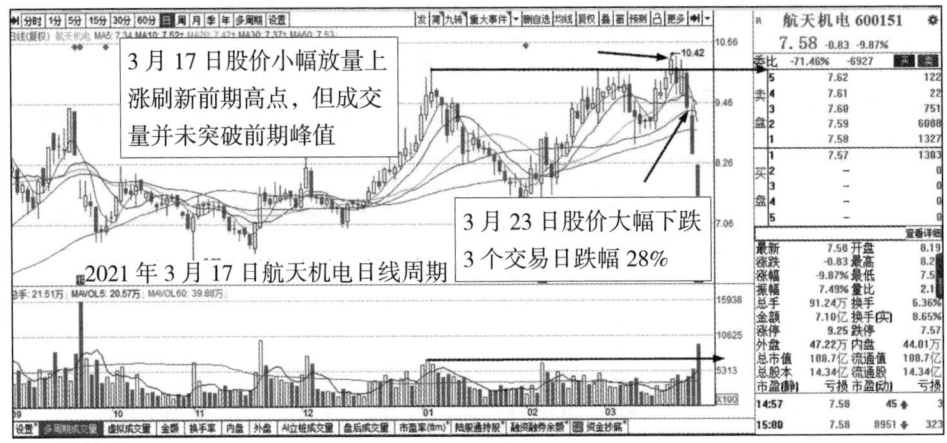

图 18

那么，很多投资者会有这样的疑虑，自己也曾遇到过本来走势稳定的股票看似又有起涨势头，可一旦买入，不久股价就开始走下坡路了，机构的套路总是防不胜防，以后应该如何防范呢？这里主要强调以下几点。

（1）股价的位置非常重要。股价在突破一些关键价位或者是压力位的时候，一定需要大量的成交刺激。以往连续突破失败的价位，此次轻而易举地无量突破，本身就是反常的。不论是底部还是中枢，突破加速都必须伴随较大的动能。

（2）往往突破前期高点或关键点压力后，机构需要拿出更多的钱去刺激和拉升。散户看到机构有所行动，必然也会涌出很多的跟风盘，这样一来必然放量，所以价格突破而成交平平，事出反常，反常必有妖。

（3）强势上涨行情量价突破后，必然会一鼓作气地连续冲高。一旦投资者买入后，3个交易日内上涨力度就出现疲软现象且成交量突然萎缩，就不是好兆头，可以选择先行卖出。一旦持仓期间突然股价放量下跌，不要犹豫，马上离场。这时不要以为机构是在诱空，记住，一旦机构决定突击价格，就说明前期布局基本结束，在股价没有完成一轮上涨前，一般是不会马上洗盘的。

投资技术篇

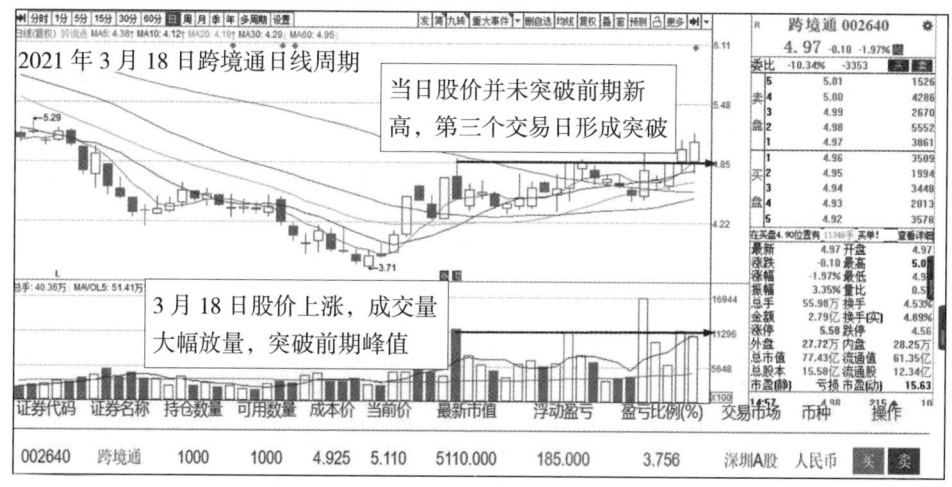

图 19

图 19 是我专门为写作本小节内容买入的一只股票，选择的是跨境电商行业的一家叫做跨境通的企业。在 2021 年 3 月 18 日这一天，股价上涨但并未突破前期平台，当日成交量却明显大幅度超过了前期峰值。以前说过，只要底部突然放量，就是机构集中操盘的行为，绝不是散户的集中买入。只要有机构买，股价在短期内就有很大的概率出现上涨。所以量价突破同步实现最好，如果不同步，那么成交量一定要率先突破，所以在看到成交量大幅突破后的次日我便果断买入。果然，第三个交易日股价也形成突破，不到 3 个交易日，获利超过 3 个点，这对短线交易来说已经是非常不错的收益了，而且还是仅凭成交量突破这一个因素做出的选择。

在进行投资分析的时候，抛开企业财务经营因素，成交量绝对是最为重要的指标。当股价在低位放量，哪怕当时股价仍有调整空间，幅度也不会太大，做好止损，耐心等待机构的拉升就可以了。即使被迫止损，当下一次底部出现放量时，同样可以继续买入，毕竟机构往往在建仓的时候也不是股价最底部，建仓初期也是要亏钱的。而股价在高位出现很大的成交量，就很危险了，很多时候是机构在高位把大量筹码派发给散户所致。每个机构的操盘策略都是不同的，作为一个老操盘手，我的方式还是比较传统的，现在的年轻一代在操盘上也革新了很多内容,感觉操盘手法也更狠了一些,经常可以看到连续涨停后的连续跌停。所以世事无绝对,虽然我自认为我的一些经验还是很有价值的,但说实话也不敢保证100%有效。投资者在借鉴的同时,也一定要做好防范措施,哪怕是量价同时突破,也要严格做好止损,因为任何有效的看涨信号都有可能会失效。

第23问　换手率越高越好吗

其实本来不想写关于换手率的内容,但是发现很多投资者对于换手率有很大的误解,而且很多做投资教育的机构在广告中竟然教各位投资者去购买换手率超过50%的热门活跃股,这简直是误人子弟,所以我认为必须要纠正一部分人的认识误区。所谓物极必反,万事万物都应该追求一个中庸之道,换手率也是一样。过低的换手率或者过高的换手率都属于异常行为,也必将带来无穷的隐患和风险。在我出版的第一本书《四维操盘》(中国宇航出版社出版)中,对换手率有过定论,再结合这十几年来的交易总结,下面把换手率的标准进行一些略微的修正。

(1)3%以下的换手率。这种换手率依旧是属于极不活跃的交易状态。出现这种换手率,一般是因为企业业绩较差,缺乏炒作热点,没有机构进行操作所致。如果是这样的话,投资者一旦买进,就是漫长的等待,只要没有爆发什么题材吸引机构来炒作的话,长期持有可能根本毫无收益,哪怕整个市场上涨,该股股价可能都不会有所表现。一旦企业出现经营问题,甚至还会有不可估量的亏损。

还有一种情况就是中大盘股机构首次建仓后开始洗盘,压低股价和散户磨洋工,这段时间换手率一般也会很低。但是因为前期已经有机构建仓,所以在一系列的操作后,机构还是会继续建仓买入,这样股价必然会出现一定幅度的上涨。只不过何时再次买入,还要看机构的具体操作计划和安排,不

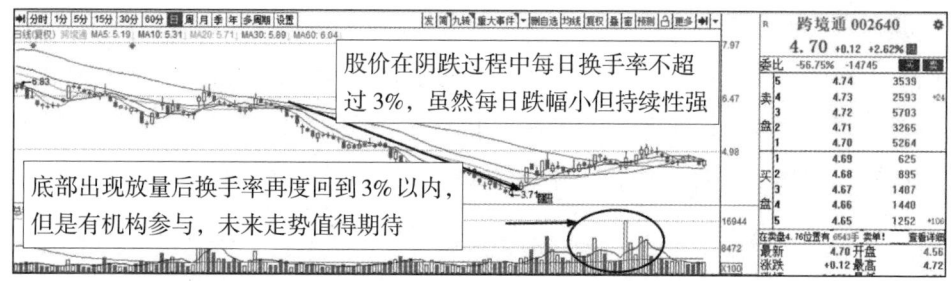

图 20

过持仓等待至少不是毫无目的和希望的。但是要注意，在股价最底部，一般首次放量后并不会马上开始一轮上涨，市值越大的企业运作周期就越长，尤其是放量一两个交易日就开始振荡，这种股票不能马上入场，至少要等到第二轮或第三轮放量时买入，这样安全性会更高一些。

还有一种情况是很危险的，就是在股价阴跌的过程中，每日换手率都很低，跌幅也不大，但是持续性很强，累计起来就会有百分之几十的下跌。很多投资者会认为下跌已经缩量了，已经没有换手率了，股价应该见底了，往往就是这种抄底行为会把自己给套住。不仅仅是我，大多数机构在出货的时候，都不可能一次性把货出完，最终都会留下一些底仓慢慢出，而且价格会相对比较低。另外，一旦股价开始下跌，散户的心态也会跟着发生变化，杀跌心理会战胜理智。当散户看到市场上每天都有表现不错的股票，那么斩仓行为每日都会上演，因为都是散户卖出，所以自然不会放量，不会有大的换手率，因为空头情绪更胜一筹，所以每日价格都会是阴跌状态。最后多说一点，像贵州茅台这种大蓝筹股，通常换手率在1%左右，甚至都不到1%，这是因为这些大蓝筹股通常都是价值投资标的，机构持仓稳定，市场流通市值比较少，每日交易的人少，自然就没有换手率。

（2）换手率3%～8%。这个范围的换手率属于比较正常的换手率，分析起来没有那么复杂，而且这个范围的换手率一般都处于上涨或者下跌的过程中。如果股价在上涨过程中换手率在3%～8%，说明是比较健康的，适合稳健型的投资者购买。此时机构的控盘度已经达到比较高的水平，每个交易日或在盘前集合竞价或尾盘集中购买一点儿，以刺激场外投资者的跟风情绪，或股价回调时适当托盘，即可维持股价的稳定上涨走势。这种走势中大盘股出现的频率比较高，小盘股一般都是急上急下的爆发式上涨，涨跌时换手率都很高。如果下跌过程中换手率在3%～8%之间，说明市场即便不是处于下跌初期，也有可能是下跌中期阶段，这时股价每日的下跌幅度也是非常大的，肯定不是抄底的最佳时机。

（3）换手率8%～16%。这个换手率范围就属于活跃区间了。10年前，换手率超过10%就算是异常换手了。但是随着市场的发展以及各类机构数量的增加，出现10%～16%换手率的个股，如果在股价启动初期能够及时发现，进场买入也还是有利可图的，但是失误的风险会增加一些，后期走势难以把握。一般大盘蓝筹股不论是上涨还是下跌，因为股东持仓比较稳定，所以一般换手率都是非常低的，很少看到这类股票出现高换手的情况，所以一般换手率超过5%以上的都是中盘股、中小盘股和小盘股。

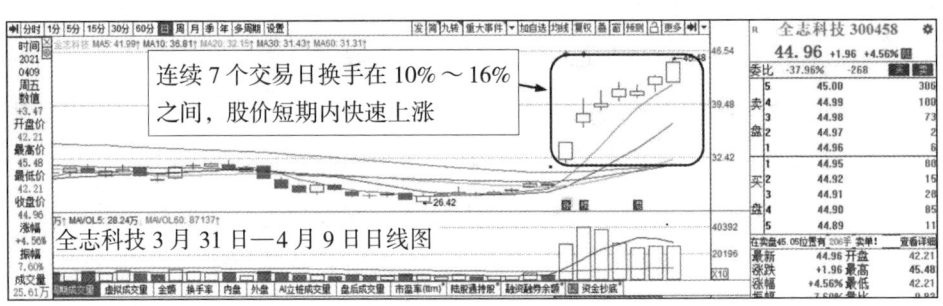

图21

以图21中的全志科技（300458）为例，这种100亿市值出头的中小盘股一旦爆发，力度会非常强，涨得快跌得也快。在上涨过程中，机构一般都是突击交易，并且上涨过程中还会伴随洗盘，所以每日的换手率都比较高。在股价启动初期把握住买入机会的话，炒作这类个股，短线利润还是不错的。但如果像这种已经连续上涨数日，前期也没有太多机构吸筹行为做"地基"，可能行情结束得就非常快，因为这是游资的常见打法。如果这时还去追高的话，一旦赶上机构开始抛售，后果可想而知。另外，这种游资或小型私募炒过的个股，一旦炒作结束，股价就像是大火烧过的庄稼一样，很长时间都不会再上涨了。所以短线波段交易的投资者可以选择那种股价刚启动、换手率大小合适的活跃股进行炒作。一般来说，在股价下跌的时候，通常不会出现这种持续性的活跃换手，一般都是下跌初期异常换手后直接变成阴跌行情的小换手。

（4）超过16%以上的换手。首先我们要知道为什么换手率会非常高，是不是说明当日交易的频率和数量特别大？刚才我们说过，大蓝筹股换手率都很小，因为机构持仓比较稳定，在外流通筹码不多。相反，如果换手率特别高，是不是就说明这只股票的筹码不集中，非常分散，所以才有这么高的换手率？上面我提到过物极必反，日内交易过于活跃，本身就是一种异常行为，异常行为就是"妖"，事出反常即为"妖"。普通投资者购买这种股票，几乎同赌博无异，因为你根本不知道机构接下来要做什么，就跟你不知道骰子在盅里是几点就敢下注是一个道理。

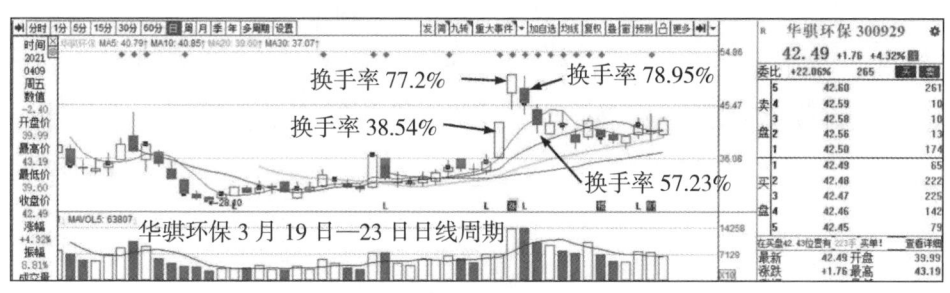

图22

我们可以看一下那些在短期内爆发的小盘股，基本都是超常的换手率。以图22中的华骐环保为例，两个交易日的涨停板换手率，一天是38.54%，一天是77.2%，然后很快出现超高换手率的下跌。如果冒险追高，很有可能在短期内就亏损超过10%。如果用量价关系来看高位放天量，一般来说涨停板放量都是机构出货、股价见顶的信号。大家可以复盘看一下，很多小盘股在上涨高位都是出现了超高异常的换手率后开始下跌的。对此，我个人的意见是股价出现这种超常换手率，无论是行情刚启动还是启动不久，都不要轻易触碰，因为游资的交易灵活多变，散户根本难以把握。如果参与这样的活跃股，一定是亏多赚少，非常不划算。

2020年初我运作的一只股票就出现了问题，同样是一只小盘股，首次购买就遇到了不地道的同行。我建仓时股价很正常的上涨，就在这时，另外一家机构开始借助我的建仓去出货，结果为了当日不出现太难看的K线，接另外一家机构的盘多花了好多资金，当天换手率超过了60%。随后2个交易日都在接别人的盘，最终成本价要比计划中高出了差不多20%，而且占用了太多资金，险些不够后期的市场运作。这次操盘折腾了差不多三个月的时间，结果整体利润勉强才超过10%。我认为这是一次非常失败的交易，虽然机构在交易的时候和其他机构撞车是一件很正常的事。由此可以看出，有些时候发现成交量异常、换手异常、价格波动异常，很有可能是遇到了机构之间的撞车行为，最终鹿死谁手还是两败俱伤很难说，就算最终有了结果，也是城门失火，殃及池鱼，散户肯定是避免不了被收割的，这也是我建议普通投资者尽量避免参与这些小盘股或者异常活跃个股的原因。

最后还要重点说明：以上换手率标准仅针对大多数情况，并非是绝对，投资者要灵活应用。另外，换手率不能作为主要参考指标，一定要结合量价之间的关系以及股价位置来分析，才能达到更高的准确率，使用时大家还要多总结经验教训。

第24问　股价低位异常放量是什么原因

首先要注意两个关键词："低位"和"异常放量"。投资者要明确一点，所有的放量行为都是机构为之，因为散户是不可能同时且集中性地进行交易的，哪怕是下跌初期，只要机构不带节奏，散户也不会扎堆抛售。

所谓"低价"，就是股价处于下跌相对底部区域，即使有所反弹，上涨幅度也不大。"异常放量"不是成交量温和地增长，也不是突然较大幅度地增长，而是直接从地量飙升至天量。突然出现大量成交，必然是机构所为，但机构的目的是什么呢？一般机构低位出货的概率不大，没有机构会轻易地在底部区域出货，除非是有内幕消息证实企业经营暴雷而且是很炸的雷，所以机构买入的概率要更大一些。但机构在大量买入的同时，也可能存在着大量的卖出。自买自卖吗？建仓初期机构一般不会这么做，所以多数情况下是两家机构同时在进行操作，而且机构之间是敌非友。为什么要说这个问题？因为我在操盘的时候经常遇到这样的问题，如果不是身在其中，也一定会对这样的走势感到迷惑，个人投资者更是会做出许多错误的猜测。

　　我们说的这种低位异常放量现象，通常出现在中小盘股上。目前国内的投资机构数量太多，但更多地是资金规模小的私募或游资。盘子比较小的股票必然是鱼龙混杂，这也是我经常建议许多新入市的股民或投资状况一直不佳的股民尽量先去交易市值稍大一些企业股票的原因。相信所有的小型投资机构在操盘时和我的观点是一样的，不怕市场不好，不怕企业不好，也不怕散户不买账，就怕遇到同行。在我制定整个交易计划时，不仅要考虑资金和市值的匹配度、建仓周期和具体计划，最重要的是判断前期持仓机构，以及预留资金以备这些更早建仓的机构"反水"。基本所有的股票都有各种机构在持仓，无非是持仓比例不同罢了，所以不要说去买没机构的股票，那是不可能的。

　　这些持仓机构的投资目标都不一样，有一些是看好企业未来发展长期持仓的，也有一些是看中短期收益，还有一些机构专门坑同行，就等着其他机构进场带动股价上涨然后抛售。我就遇到过很多次这样的事情，因为机构建仓数量再小，也要比个人多而且集中，尤其是之前波动不大、成交不多的小盘股，一定会引起股价上的波动，而那些专干"偷鸡摸狗"勾当的机构恰好借此出货。如果你没有及时反应，当日股价可以从涨停板直接到跌停盘，整个技术图形遭受严重破坏，这样一来，场外投资者必然感到恐慌，不敢轻易跟投。所以我现在也谨慎了很多，比如资金够做100亿市值的股票，我只做60亿以下的，而且长期观察场内机构的行为，保证有充分的资金接盘。如果遇到两家机构成为对手盘，一买一卖，可想而知当日股价波动会多么剧烈，成交量会放大到什么样的地步。如果不身在其中，真的很难看懂机构到底在玩什么花样，但我还是可以根据自己的操盘经验来给各位读者一些建议。

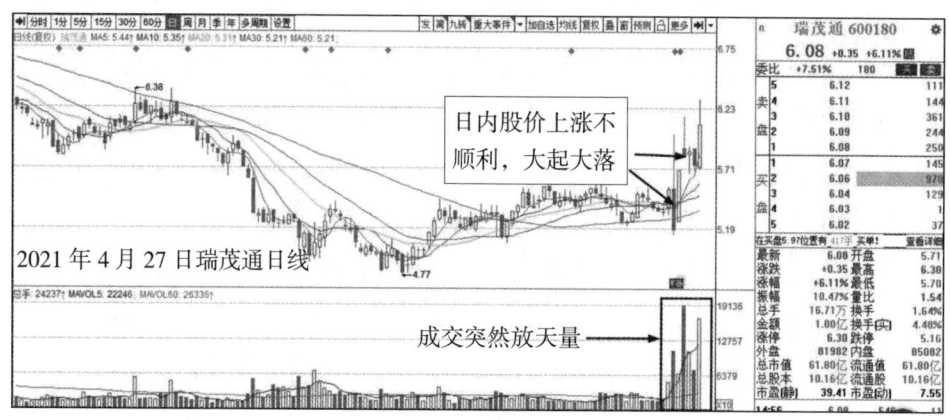

图23

如果投资者发现某只股票的价格处于比较低的位置，而且当日股价涨跌幅度很大，尤其是成交量突然从以往的持续地量突然放出天量，就要注意是不是机构之间"撞车"了。很多投资者会把这样的走势判断成主力洗盘，如果是主力洗盘的话，那么未来股价大概率是会上涨的。但如果是机构之间直接对手交易，接盘机构资金不足，无法进行后续操作，股价是很难上涨的，而且技术图形遭到破坏，导致散户出现警惕心理，短时间内也不会有其他机构接手。此外，如果新进机构发现其他机构有出货意图，一旦放弃操作，后期股价即使会上涨，也要经过很长的时间。

首先我们可以通过当日股价走势来判断，大多数机构在操盘时会把股价牢牢地钉在涨停板上，或者继续大量购买，把市场抛盘接回，保持当日收阳线、阳量。这样做一是可以增强场外投资者的跟投信心，一方面也在告诉其他持仓机构，"我很有钱，不要着急卖"。如果当日经过双方激烈交锋，最后出现的是大阴线和阴量，很有可能说明这家机构的资金实力不足，会影响场外投资者的跟风行为，即使后面还要继续做盘，也会修复很长时间。当然不排除机构借机洗盘压低股价的可能。但不论是哪一种行为，这个阶段的投资风险都是很大的，草率进场可能会殃及池鱼。

不过这样走势的股票，短线投资者还是可以放入自选关注的，毕竟可以确定的是有机构在操盘，而且股价位置不高，后面有可能会继续运作，那么股价就存在爆发的可能，所以可以保持关注。如果机构没有出货，必然会继续拉升股价，当价格与成交表现出比较正常的上涨时，就是投资者短线介入的最好时机。我们在复盘的时候可以发现，这种异常的量价走势通常会出现在中小盘上，而操盘这样股票的机构往往是资金实力一般的小型机构，所以不会持续抬高股价做中长线，大多都是短线突击后获利了结，所以个人投资者在参与的时候也要注意：小资金参与，进出果断，严格止损。

第 25 问　指标股能不能买

指标股，顾名思义就是指权重股。对于指标股，投资者的看法不一，有些投资者认为买指标股投资回报太小，而且持股时间很长才有收益。但对于稳健型投资者来讲，权重股的安全系数更高，持股风险更低，所以比较适合谨慎的投资风格。

许多行业都有指标股，尤其是金融三驾马车保险、券商、银行，以及白酒行业、电力行业等。并非投资指标股就一定持股周期长，股价涨势弱，对行业以及企业的选择，也是非常重要的考量。在考虑是否购买指标股之前，我们首先要考虑，什么样的企业或投资者会购买指标股，他们投资的目的是什么？前面的内容也提到过，通常国家队资金以及大型企业的闲置货币资金，会投资这些权重股、蓝筹股，他们主要追求的是资金的安全稳定，并在此基础上获得一定的收益，买卖价差倒在其次，主要赚取的是企业的分红。知道谁是主要的投资机构后，自然就可以知道其股价的表现，股价的振幅一定是比较平稳的，往往缺少爆发性。所以投资者若要投资这些指标股，就需要根据行业来进行选择，在指标股中选择那些具有爆发性，能在相对较短的周期获得更多收益的股票。

（1）银行股。

我基本不建议读者去买银行股，因为它根本不适合普通投资者，一是盘子太大，很少有机构会去主动撬动行情，参与机构以及股东也不允许股价出现太大波动。而且银行股更长的时间都是在进行横向的振荡盘整，牛市行情才有表现的机会。但如若牛市到来，更加稳健且有更多回报的企业会更多。最重要的是，银行的经营业务比较固定，每年的利润以及毛利率基本上都是平稳的，不需要更多的研发投入，所以银行业的成长性太低了，缺乏对未来的想象与可能性。很多人可能会说，如果银行基金卖得好、收益高，股价是不是会涨？答案是一定的，银行理财产品大卖的前提是用于风险投资的理财产品销量好、收益高，而风险投资理财多为股票基金。还是那句话，如果基金收益高，很有可能是因为股市表现强势，那么这个阶段投资者直接购买股票的收益可能会更高，可选标的也更多。所以综合来看，银行股依旧不适合普通投资者。

（2）券商股。

券商股的表现要强于银行股很多，我个人也经常会参与到券商股的投资当中。券商股整体市值比较小，更容易被一些中大型投资机构带动，更有像"第一创业"这样的小市值券商股可以选择。

金融股在股市牛市阶段扮演着非常重要的角色。在牛市行情初期，我们经常会看到银行、券商或者保险股带动指数上涨，但中小盘股的表现却比较落后。到了牛市后期，中小盘股纷纷回落时，指标股依旧表现稳定，甚至依旧有所上涨。在这两个阶段，市场上的二八分化现象往往会比较明显，大多数资金都会聚集到金融股当中。买银行股缺乏爆发性，所以一些追求更高收益的投资机构就会选择券商股，小规模的投资机构数量是最多的，所以一旦扎堆小盘券商股，势必会引发股价爆发。

图24中，第一创业的股价在2020年7月仅仅6个交易日的时间，涨幅

就高达 71.19%，可谓爆发性极强，该股也成为市场中最亮眼的券商股。我一般很少参与其他机构正在操盘且突击的股票，因为我不知道他们的具体操盘计划、具体目标位以及出货计划，所以从来不在股价已经爆发的时候去追高。这种短期突然加速爆发的股票通常强而不久，不过在出货阶段，通过股价回调抛盘情况，判断机构出货前必然还会拉升一波时，会在这个阶段参与一次，整体效果还可以，不到 15 个交易日可以有 15% 左右的投资收益。我的这种做法曾经还遭到了很多人的嘲讽，说我一个注重价值投资的人竟然也开始炒短线了。投资嘛，本来就是要灵活，谁说玩价值投资的就不能炒短线呢。

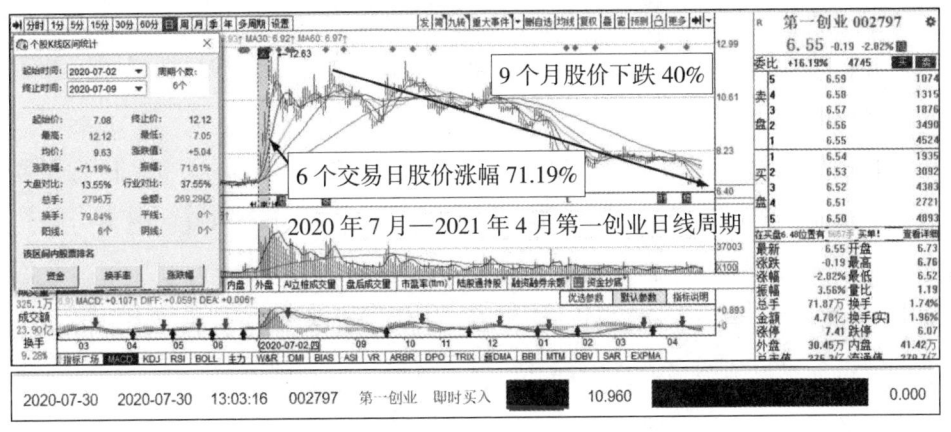

图 24

其实购买第一创业的另外一大原因，是我曾经多次交易过该股票，对这家企业的股价和股性比较熟悉，所以我也建议投资者多关注和交易曾经交易过，尤其是那些赚过钱的股票，这样反复操作，可能会更加得心应手。但是第一创业此次上涨过后的 9 个月的时间都在振荡下跌，最大跌幅超过了40%。这就是券商股的一个弊端，股价走势周期性太明显，一旦整个股票市场处于熊市或牛皮市，基本不会有什么好的表现，跟其他指标股一样，只有在市场表现相对强势的时候才会有好的表现。不过不同的是，一旦市场回暖，券商股的股价爆发也不会逊色于其他中小市值的股票，尤其是在牛市启动初期以及末期，往往会有中小盘股无法比拟的稳定性和收益空间。

（3）保险股。

保险股我操作的次数相对少一些，可能也是因为资金不够，无法控盘的原因，所以总是会自动屏蔽掉这个行业。但是我认为保险行业的位置非常尴尬，稳定性不如银行股，爆发性又不及证券股，所以每当我投资金融行业的时候，都会选择券商股。尤其是 2021 年上半年，大盘指数都企稳了，保险指数依旧处于持续下跌途中，不是投资操盘的像样标的。目前中国消费者对于保险的接受程度还是比较低的，尤其是理赔难以及各种负面新闻，更成为消费者心中的一道阴影。目前国内投资者对于理财产品的接受度有明显的提高，但是保险公司的理财产品依旧相对保守，投入时间久且收益不高，灵活度不够，所以投资者更愿意购买基金或者微信、支付宝上的短期或比较灵活的理财产品。

目前国内汽车市场前景一片大好，而买车便会买车险，这也是目前大多数保险企业主要且稳定的收入来源。以中国平安 2021 年一季度的财报为例，运营利润中，非机动车辆保险加上意外与健康保险，保险总收入还不到车险的一半。目前国内汽车市场虽然还没有饱和，但增长速度必然会逐渐由升转平，届时如果保险公司在理财产品以及寿险产品方面依旧没有突破的话，那么收益必然不会爆发，股价走势也就可想而知了。

（4）能源股。

这里我们主要说整体市值比较大的电力和石油行业，它们都是国家关注的战略行业，对于价格的调控力度是比较大的，所以价格方面通常不会出现过大的振幅，同时也不具备太大的成长性。电力行业也属于周期性行业，但即使是需求量旺季，由于调控政策，也不会轻易涨价，所以收入方面不会有太大的波动。此外，能源行业可能还会受到商品市场的影响，比如火力发电，一旦煤炭价格上涨，会导致电力企业的利润进一步压缩。石油开采也是一样，虽然原油价格会根据国际市场价格进行调整，但是油企和烟草企业都有一个特点，就是税收过高，大多数企业利润都变成税收上缴给国家了。另外，油企为了能源储备，哪怕为了一点资源，也要花大资金进行开采，或投入其他项目，所以通常收益不高，同样缺乏未来的成长性，这也是很多投资者发现两桶油和电力股常年没行情的主要原因。

（5）白酒股。

白酒企业中的指标股也很多，如贵州茅台、五粮液、泸州老窖、山西汾酒等。白酒股可以说和券商股一样，都比较适合普通投资者交易，二者也各有千秋。白酒类指标股的特点是毛利高，品牌影响大，酿酒工艺成熟，市场需求旺盛，所以企业利润增长稳定。白酒股和券商股虽然都是周期股，但是启动的周期和条件不同。如果市场炒作热点比较多，交投比较活跃，通常机构不会去炒作白酒股。如果市场处于题材的真空期，缺乏炒作热点和题材，或者市场整体表现不佳时，各机构往往会采取保守的防御性投资策略，这时候白酒行业的优势特点就显现出来了，白酒股往往会走出一波稳定的上涨行情。

除了上述行业外，医药行业也存在许多高市值的指标股，这个内容会在后面单独讲解。普通投资者并非不可以购买指标股，但是要在合适的时间购买相对应的行业。某些行业股票的持有时间成本与投资回报确实比较低，并不适合普通投资者进行投资。在A股市场，天时、地利、人和缺一不可，也就是市场环境、行业状态以及企业经营，任何一个条件没有达到良好的状态，都可能会造成投资失利。

第26问　企业与价格哪个更重要

很多比较"佛系"的价值投资者认为，只要企业的发展前景良好，不论价格处于什么样的位置都可以购买，只要持仓企业保持盈利，就会获得投资收益。这种想法是完全错误的。虽然企业质量较高，股价终将刷新高点并获得投资收益，但是如果购买价格过高，可能会出现长时间的亏损，或是持仓影响了资金的流动性。另外，买价的高低将直接决定最终投资回报率的高低，所以投资者在进行投资前，合理的购买价格也是重要的考虑因素。

如何提前计算出价值投资的回报率？首先要明确两个数据，第一个数据是这家企业一年可以赚多少钱（净利润），第二个数据则是当前的购买价格。这两个数据都可以从看盘软件中找到，然后用这家企业每年所赚的利润除以买入价，就可以得到每年的投资回报率是多少。举个例子，如果有人让你用10块钱买下一个到年底获得10块钱收益的权利，那么你的年度投资回报率就是0。如果你只付出了8块钱，在年底获得了10块钱收益的权利，那么你的年度投资回报率就是20%。这时候我们就需要去对比其他投资标的，如果其他投资标的的年回报率都低于这个数字的话，那么20%的投资项目一定是首选。所以也可以得出一个结论，就是购买价格越低，投资的回报率就会越高。

还要强调的一点就是，价值投资一定要选择那些业绩稳定的优秀企业，如果企业盈利波动很大，投资年回报率就很不稳定。比如一家企业股价为20元/股，今年每股分红5元，那么你的年回报率就是25%（5÷20=25%）。如果明年不分红，你的年收益率就是0。如果一家企业的股价为20元/股，这家企业年度每股收益（每股盈余）是3元，那么你的年度投资回报率是15%（3÷20=15%）。如果你是以30元/股的价格买入的，那么年度投资回报率就是10%（3÷30=10%），这再一次说明了股价对于回报率的重要性。在分析投资回报率时，投资者首先要考虑的是每股收益所带来的投资回报率，毕竟只有每股收益越高，企业分红且大额分红的概率才能越高。

这里列举三家上市企业，这三家企业均业绩稳定，有较高的分红率。

（1）泸州老窖：当前买价为230元/股，每股收益4.1，每股派2.5元。

（2）同花顺：当前买价为105元/股，每股收益3.21，每股派1.21元。

（3）比亚迪：当前买价为150元/股，每股收益1.7，每股派0.15元。

从三家企业表面的数据来看，比亚迪的股价较高，每股收益与分红都比较少，投资回报率是最低的。泸州老窖从每股收益来看，投资回报是率是1.78%，从分红情况来看，回报率是1.08%。同花顺的年度回报率分别是3.05%和1.15%。综合来看，如果当前进行投资的话，同花顺的价值要更大一些。

当然，这都是以表面数据来进行判断的，很多投资大师不仅会通过这些数据进行分析，还要判断一流的企业是否有一流的管理层。所以价值投资大师认为，购买的价格和企业是同样重要的，以非常一般的价格购买非同一般的企业，远比以非同一般的价格购买一般的企业有价值得多。

有长期投资价值的企业，往往具有非常稳定的盈利能力，每股收益以及每年的分红数量都相对平均甚至稳健增长。有些短期投资者以低价去购买企业的股票，可能企业短期业绩突飞猛进，但长期表现可能会非常糟糕。这种投资方法在华尔街称为"烟蒂投资法"，就像是瘾君子那样，在街上捡到一只雪茄烟蒂，短到只能抽一口，但"买便宜货"的逻辑则要从那仅剩的一口中发掘出所有的价值，就像是瘾君子想要从那短短的只能抽一口的雪茄中得到天堂般的感受是一个道理。

第 27 问　哪个季度是建仓的最佳阶段

技术分析的三大假设之一就是"历史会重演"，股票市场是有一定规律可循的，因为很多时候在同样一个时段会发生同样的事情。如果我们寻找到了这些规律，对投资者而言将会是一笔巨大的财富。在此我们说的季度不是按照新历计算，而是传统的农历，也就是春、夏、秋、冬四个季节。

江恩有一个比较小众的投资理论，可能很少有人知道，叫做"四季理论"。他把股市的周期分为四个阶段：春季是万物复苏的季节，此时股市开始出现生机，正是行情反转的初期阶段，股票市场开始由跌转升或由跌转平。夏季是成长的季节，股市开始逐渐向上运行，市场交易开始慢慢变得活跃。秋季是收获的季节，股票市场加速上涨，是利润最为丰厚的阶段。而冬季万物凋零，所有生物都蛰伏起来，股市全天的涨势结束，开始回落，是风险最大、收益最低的季节。以我多年的观察及实战来看，这套理论确实是非常符合市场规律的，投资者可以善加利用，不断总结。

（1）一季度市场行为。

一季度各大投资机构开始了新一年的工作，普遍处于观望、初步建仓、持仓的阶段，基本不会有太多的机构选择在这个季度大肆操作拉高股价。一季度也是上市企业公布上一财年年报的时间，部分业绩增长十分抢眼的企业会遭到机构的炒作，但增长并不强势的企业可能不会有所表现，因为业绩还具有一定的不确定性。此外，一季度也是政府部门孕育新一年政策的阶段，对于各大机构来讲，在没有明确的政策导向前，大家也不敢轻举妄动。对于个人投资者而言，这个阶段的股价相对都比较低，如果有看好的企业，此时可以进行初步的建仓工作。

（2）二季度市场行为。

各类型机构的初期建仓工作基本完成，这个阶段会有不断的试盘行为出现，市场整体走势也会有进一步改善，但上涨力度依旧是比较有限的。随着盛夏的到来，股市的上涨会更加明显一些，市场开始涌现出一些题材，整个交投会越发活跃。这个时候基本上可以给全年的市场定下一个调子，如果这个阶段依旧没有什么重要的利好政策出台，市场成交增长不明显，大盘还处在半死不活的境地，那么全年股市的涨幅也会是非常有限的，牛市行情希望渺茫，投资者应该降低全年的投资收益目标，进行中期的投资策略。一般来说，牛市行情在二季度就可以看出端倪了。二季度很多不错的个股股价都已经出现了一定程度的上涨，但幅度不会很大。如果一季度没有建仓的话，此时买入会多花费一些成本，不过全年的市场走向也会更加明确。此外，一季度财报公布后，可以大概判断出全年的经营状况，虽说此时买入多花了点钱，但是准确性还是比较高的。如果一季度已经建仓了，二季度量价关系或企业操作行为比较良好，企业财报也符合预期，股价表现稳定，价值投资者可以在此时二次加仓或者保持持仓状态，等待三季度的到来。二季度末，基本上重要的政策和规划都已经陆续出台了，市场也会逐渐走向巅峰。

（3）三季度市场行为。

快到秋天了，该收获了，这一年是丰收还是饥馑，基本上答案已经揭晓了。

三季度会分为两个阶段，三季度前半程是全年市场以及各个企业股价的冲刺阶段，基本到了中期就结束了。若当年是大牛市，行情最多持续到三季度末。这个阶段政策会对市场进行反馈，机构以及个人投资者全年的投资热情一览无余。各大机构开始在为全年的业绩发起冲刺，能拿多少奖金就看这个季度了。市场能涨多高，股价会走向何处，全看这个季度，因此这时也是个人投资者最后的加仓机会。若是当年走出小牛市，甚至只是小幅度的上涨行情，这个阶段投资者就要开始考虑止盈的问题了，若是大牛市，可以等待三季度的下半段。三季度下半段，各大投资机构开始逐渐获利了结，市场也开始做顶部，股价纷纷见顶回调。当然，可能部分热门概念的龙头股或利好没充分炒作的个股还会继续向上冲刺，少数个股还会给短线投机者获利机会。作为价值投资者，全年的投资行为基本接近尾声，开始逐渐获利离场。三季度最后阶段，大盘会振荡走低，概念炒作得都差不多了，开始轮动上演一日游的炒作行情，上涨持续性很差，非热门题材会直接进入调整状态，但不会加速涨跌。

（4）四季度市场行为。

政府部门在四季度都开始收尾各项工作，准备欢度春节了，散户还有啥折腾的价值？一般机构放假会比其他行业提前，所以你会发现四季度初期，整个市场和股价会加速回落，市场整体成交逐渐步入地量。如果在这个时候以价值投资的角度建仓的话，股价还没到最低位置，而且进场后等待时间太长。短线投资者如果交易机会太少，那么风险相对就大，所以不同类型的投资者最好也休息吧。四季度末，基本上是全年交投最清淡、最乏味的一段时间，往往大盘地量就是在这个阶段产生的，所以各位说这个阶段有交易的价值吗？虽然这个阶段往往股价相对比较低，但是入场后等待获利的时间太长，除非你确定这家企业明年的业绩一定会大有长进，如若不然，还是静观其变的好。另外，这个阶段建仓的机构也不多，吃进力度也不大，获利机会少得可怜，又快过年了，不如抓紧忙完手头的事赶紧置办年货吧。不过偶尔周期性的行业会在年底有不错的表现，或许是消费品也或许是白酒，因为机构总要找点什么题材炒一下，活跃一下市场气氛，比如2020年底白酒行业整体走势就非常强势。

当然，A股市场不会每年都按照这个规律去表现，所以一二季度尤为关键。投资者可以查看历年来的行情走势，一般来说，如果二季度市场还是表现得不温不火或者还在下跌，基本全年市场走势都会非常差。尤其是三季度还不涨的话，四季度基本不用抱有任何幻想。比如2006年上证指数一季度上涨11.82%，二季度上涨28.8%，前两个季度表现都如此强势，那么全年则会更加火热。至于2006年下半年之后的行情，大家都很清楚了。因为A股市场牛短熊长的特点，所以通常某一年出现一轮大幅度上涨行情后，可能未来几年时间这个理论会失效，因为市场在最初的一年会持续下跌，后面一两年会始终保持振荡走势。任何一个指标和一项理论，在使用时都需要经验加持，不可否认这套理论在很多时候非常适用，投资者了解之后，最主要的就是总结相关经验，以判断这套理论是否可以应用到当下的年份中。

第28问 筹码分布指标可以应用在哪些情况

很多投资者喜欢用筹码分布来判断操盘机构的建仓成本，也有很多专业人士说，看筹码分布对做短线没有任何作用，这一点我持否定态度。任何指标、数据都可以应用在任何地方，只要找对方法即可。

筹码分布的基本原理是基于流通盘是固定的，不论这些正在流通的筹码是如何分布的，累积量总是会等于流通盘的总量，所以筹码分布准确地讲应该是"流通股持仓成本分布"。个股的筹码分布图是和K线图在一个坐标线的，在股市中我们用于交易的股票通常称为"筹码"，所以在K线图右侧盘口区域的下方会看到一个"筹"字，点击即可看到该股的筹码分布情况。

接下来讲一下筹码分布几种主要的使用方法，若投资者从未使用过这一数据指标，则需要用心学习。

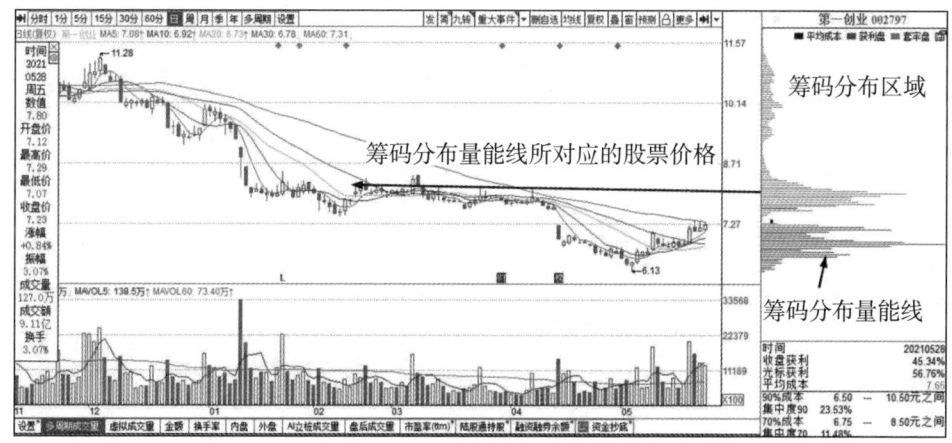

图 25

图 25 中右侧区域即是筹码分布图，个股所有的流通筹码遍布在每一个出现过的价位之上，而遍布在这些价位上的筹码数量会用横线展示（筹码分布量能线）。某一价位筹码集中度越高，量能线越长；反之，集中度越低，则量能线越短。筹码分布图就是由这些量能线汇聚成的一个个峰值组成，其运行的规律基本上就是"集中—发散—再集中—再发散"，周而复始。一般来说，筹码集中也代表着机构大量的交易行为。为什么这么说呢？还是那个道理，散户是不会突然行动一致地在某一价格或范围内集中进行交易的，投资者在使用筹码分布时，最需要分清的就是操盘机构正在吸筹还是出货。

1. 筹码在不同位置集中，机构的意图不同。

（1）筹码在低位集中。若股票的筹码始终散布在各个价位，相对分散，说明此时并无机构对其进行操盘，前期机构早已派发，后期散户减持或割肉，导致筹码十分分散。或当前价格上方较远处有相对集中的筹码，这是前期套牢盘尚未作出处理造成的。一旦这种相对散乱的筹码突然在某一时间开始在底部集中起来，形成一个单峰的时候，投资者就要开始密切关注了。世上没有无缘无故的爱，也没有无缘无故的恨，更没有无缘无故的买卖，所以必然有什么不为外人道的机会正在被某些资金关注。

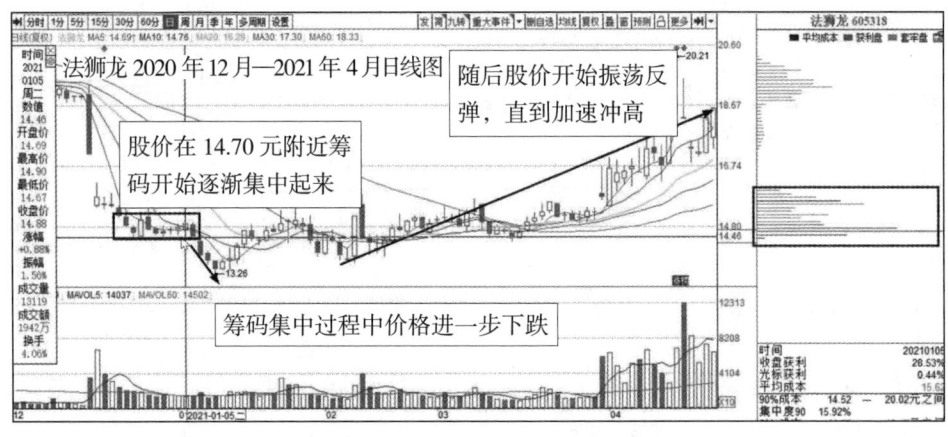

图26

如图26所示，法狮龙的股价在2020年12月底部振荡的同时，筹码分布开始于14.70元附近逐渐集中起来。投资者发现这种情况，千万不要马上购买，因为机构布局的周期是十分漫长的，盘子越大的股票，运作周期越久，所以机构初步吸筹后，往往并不会马上刺激股价大涨，除非有某些突发利好。此外，机构在布局阶段还会反复震仓（洗盘），所以我经常跟投资者讲，不要轻易去尝试判断主力成本，因为你判断出的主力成本往往比实际成本要低很多，在主力建仓洗盘过程中，股价往往还有一定的下跌空间。

投资者若要购买，可以在几种情况下进行。①筹码集中后股价再度刷新低点，进行批次布局；②筹码集中后，股价运行中出现第二次或第三次放量上涨时，买入或加大仓位；③量价突破时买入，当然也可以结合建仓。总之，不要在筹码刚刚开始集中时就买入，这也是很多投资者初学筹码分布时经常犯的错误。一旦买入，若股价没有到达目标位或跌至回撤线，或者筹码没有开始分散前，都可以持续持仓。

（2）筹码在高位集中。投资者可以想一下，为什么筹码会在高位集中？肯定不是机构在抢筹，因为他们可没那么傻，所以唯一的解释就是机构在高位将筹码派发给了个人投资者。当然，对敲给其他机构也是有可能的，但不论是哪一种，都意味着两个字——"出货"。所以投资者一旦发现手持个股出现了这样的筹码形态，就要做好随时离场的准备。

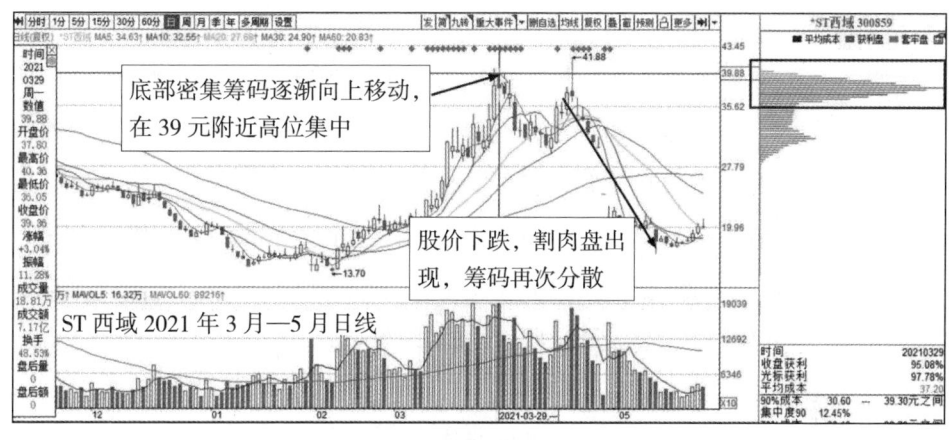

图 27

如图 27 所示，2021 年 1 月，ST 西域的筹码在 16.50 元附近开始集中，并很快开始振荡上涨，自然筹码的分布也开始逐渐向上移动。最终筹码最高峰值集中在了 38 元附近，并很快开始下跌。虽然后面价格再度上涨创新高，但是成交量并未突破（假量价突破），这是典型的二次拉高出货，所以后面出现加速下跌也是必然的。很多短线投资者可能会有这样的侥幸想法，既然机构准备出货或已经开始出货后会再有一次拉高的行为，为何不借此机会进行一轮短线的投机。千万不要有这样的想法，这无异于与虎谋皮。首先不是每一只股票在机构操盘出货阶段都会二次拉高，再者，高位博短线收益，与风险本身就完全不成比例，这是很不划算的买卖，最好不要去做。

2. 关于筹码移动。

随着股价的上涨，筹码的峰值也会逐渐向上移动。这时有投资者可能会想，机构为什么不在底部区域吸筹形成峰值，然后直接等股价来到顶部再卖掉呢？并没有这么简单，吸筹阶段只是机构把廉价筹码收入囊中，争取获得更大的控盘度。在外流通的股票越是集中在自己手里，股价走势越好控制，上方的抛压也就越小，所以会形成第一个峰值。但是随着机构的介入，很多聪明的投资者也会发现机构行为，所以也必然会进行抢筹，这样一来，在上方会形成新的峰值。股价拉升过程中，必然在某一个价格区间存在较多的套牢盘，这是一些典型的技术压力位置，股价若要突破，机构就需要花更多的钱大量购买，刺激股价一鼓作气突破压力，增强散户的信心。这个过程中成交量是很大的，不仅是机构资金，也有许多散户的跟风资金，导致筹码峰值进一步提高。况且主力在拉升过程中，也会伴随着洗盘动作。当股价接近目标位的时候，机构会提前开始减持，为后期的全面出货做准备。这样一来，散户买少卖多，也必然会有接盘和出货的散户，筹码的峰值会逐渐集聚在股价的上方，最终在股价顶部形成新的主峰。

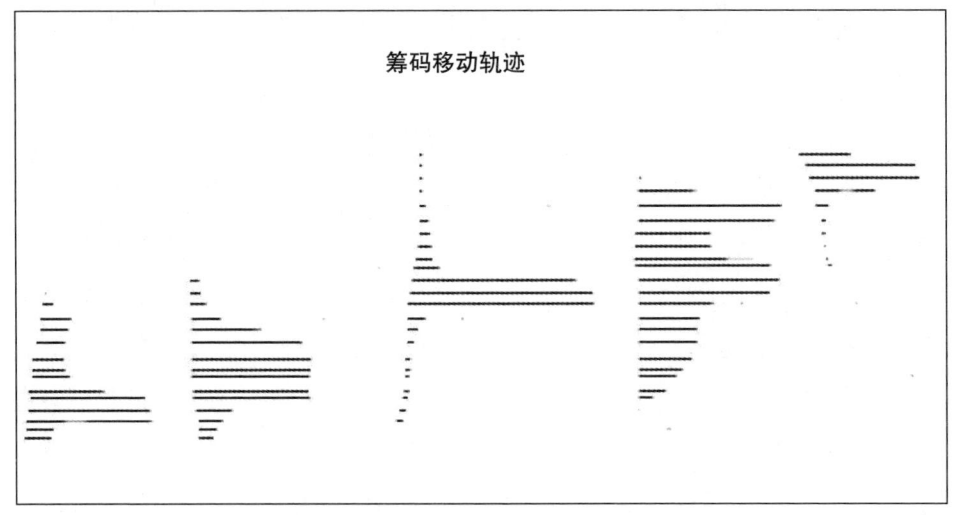

图 28

图 28 是我画的筹码移动的整个过程。如果你经常看筹码分布的话，会发现资金实力不强或吸筹不充分的机构，筹码的移动会比较明显，股价的上涨幅度往往不大。而资金实力比较强，或吸筹周期较长、控盘度很高的机构，在操盘时往往筹码移动并不明显，给人一种筹码峰值从底部直接到达顶部的感觉，这种股票往往涨幅很高，长期持仓效果更加明显。

3.筹码分布对短线投资者的作用。

筹码分布不能直接给短线投资者买卖的建议，但它确实是短线投资者交易的安全保障。当你发现一只股票的筹码在底部集中，或者正在向上移动时，至少可以判断出此股有机构正在操盘，有上涨机会，且主力没有出货，这样一来，结合其他分析方法判断短线介入价格以及收益目标，即可轻松获得短线收益。

筹码分布分析也就是从另一个角度判断机构的操盘行为。根据你对企业的研究，从量价关系判断是否存在机构的参与，再结合筹码分布，会更有效地验证未来的投资价值。所以筹码分布分析和量价关系分析真的是一对很好的"搭档"，投资者一定要多去观察和总结它们之间的关系。

第29问　盯盘需要看什么

A股市场中有很多股民是非常敬业的，每天很早就起床，股市还没开盘就打开电脑，只要还没收盘就寸步不离，最后却交出了一张张亏损的成绩答卷。在股市中，你盯盘的时间和你的收益其实应该是正相关的，但为什么很多人花费了大量时间去盯盘，却没有一个好的结果呢？这要看你每天盯盘都在盯什么了，有没有把时间和精力用对地方。就像是上学一样，所有学生每天在学校上课的时间都是一样的，但学习成绩却参差不齐。很多人在上学的时候，老师可能都跟你说过，"你挺聪明的，就是没用到正地方"。那么，到底什么是"正地方"？

1. 观察当日市场的整体状况。

其实前一个交易日就应该对次日市场做出基本分析，比如涨跌的概率，尤其是跟前一段时间的成交进行对比分析。比如下一个交易日，尤其是开盘后半小时成交达到什么样的状态，大盘走势是什么样子，全天市场看涨，交易环境安全；成交达到什么水平，全天交易会比较沉闷，应采取保守的交易态度。事实证明，市场环境好，各类型的投资机构会非常活跃，个股也会普遍上涨，这时不论短线还是其他投资策略，成功率都很高，这就是所谓的顺势为王。如果当日开盘前半小时大盘成交额同比放量，但是股价下跌，沪深两市主力资金流出明显，在这样的市场环境下，当日获利概率必然很低。如果这种情况已经持续了一段时间，就更加危险。这个时候，即使投资者准备在当日投资哪家企业，也应该静观其变，防止被市场走势拖累。要记住一点，作为一个专业的投资人，不需要时时刻刻持仓交易，而是只在安全的环境下进行交易，那些告诉你熊市也有好股票，熊市也能赚大钱的人，最好离他远一点。

2. 关注每日板块表现，发掘交易机会。

任何一个国家的股票市场都会出现蝴蝶效应，很多时候，某一个板块中的几只股票上涨，会带动其他股票一起上涨。在特定因素的刺激之下，市场很可能还会上涨很长一段时间，这就是罗杰斯的"反射理论"。其实不是所有的投资机构都是绝对的市场定价者，尤其是资金实力不是很强的机构，说白了就是一个"巨型散户"。如果一个行业非常冷门，连龙头股都不涨，其他个股的投资机构也不敢贸然拉高，不然没有散户去跟庄，股价很难拉高，主力也很难在高位顺利出货。比如2021年上半年的券商股，基本都在回调，很少有机构去逆势拉某一家券商股。但是一旦这个行业突然有大型投资机构开始运作这些领头羊，其他个股的机构也会第一时间开始跟风操作，这样"反射效应"就开始了。

当然，在整个市场交易非常乏味，缺乏投资热点的阶段，各个板块都是处于轮动阶段，有一些题材可能涨两天跌一天，一些比较冷门的股票就处于窄幅盘整中，很难有好的上涨持续性。所以市场活跃的时候要把握住机会，去捕捉那些可能在未来持续发力的板块。有人可能会说，是不是哪一个板块连续几个交易日上涨或放量，就可能会持续上涨。这个观点不完全准确，首先是涨跌方面，短暂的涨跌不代表未来一定会上涨，如果是这个板块的操盘机构整体在压低价格建仓阶段，你可能就会因此错过一个好的投资题材。主要来说，分析还是要集中于成交方面，首先是能够在底部开始持续放量，最好是3个交易日以上。很多板块突然放量一个交易日后又回归平稳甚至是下跌，所以对于短暂放量来说，后市走势有很大的不确定性。如果能够连续 3 个交易日放量，会更能说明问题，但最重要的还是大资金的增持情况。

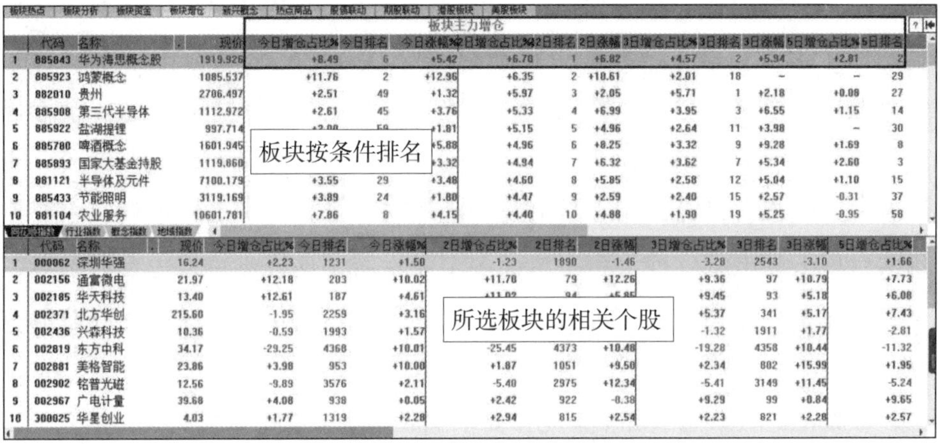

图29

以同花顺软件为例，输入快捷键代码"94"，进入到板块行情界面，行业、概念、地域等划分全部在这个页面上。然后选择上方的板块增仓，可以看到最多 10 个交易日的主力增减持的情况，并且进行排行。连续 10 个交易日增持太久，很多个股都已经快涨到天花板了，所以我个人建议看 3 日的增仓排行情况。如果你发现某个板块连续 3 个交易日都出现了较大幅度的增持，就可以重点关注，在这个板块中筛选符合买入条件的个股加入到股票池中持续观察。增仓占比多少合适？对于这个问题，仁者见仁，标准不同，大家可以多去观察，找到适合自己的判断标准。在我看来，如果 3 个交易日增仓占比 3% 以上，就可以算是达标了，可以适当关注。5% 以上算是比较活跃，8% 以上算是极度热门，这是在行情处于比较平稳的状况下的一个判断标准。如果市场处于活跃阶段，这个标准就需要适当提高一些。需要注意的是，某些板块可能连续 3 个交易日都有机构增持，但是整体指数却并没有出现太大幅度的上涨，然后增持行为开始平稳。但是过了一段时间，再度出现机构增持的行为，这就很有可能说明这个板块即将被机构重点运作，尤为值得关注。

3. 持仓与个股筛选。

建立自己的股票池以后，每日在盯盘的时候，更多的时间是在看自己股票池的股票走势表现。投资机构的交易者与决策者每日不是在看正在持仓的股票走势，就是在看准备建仓的股票走势，很少会在整个市场 4000 多只股票里游荡，他们都是在有的放矢地盯盘。如果你不想再做一个亏损的散户，就要学会像专业机构一样去做投资。如果你是一个职业的股票交易者，每天都会盯盘，用大量的时间去做交易分析，那么建议你至少要配备两台以上的电脑，或一台主机配多个显示器，这样你可以一台显示器用于查看新闻或搜集资料，进行分析研究，另一台显示器同时关注股票池中的所有股票。

股票池的股票怎么盯？首先你要了解股票池中的每一只股票，它们所属的行业、概念、企业经营状况、股东人数以及主要股东的持仓变化，是否有最新公告，业绩报表或 F10 中的所有信息等基本面情况必须都要了解。然后给每只股票设定好买入条件，比如一只股票按照当前表现，你判断大概多久会启动，或跌至哪里可以初步建仓，突破哪个价位可以增持等。如果你觉得股票池里的股票太多，自己的记性不太好，也可以做一个表格，经常更新最新的策略和观点。已经决定要购买的股票，在目标进场位设置预警提示。已经购买的股票，如果是价值投资者，定期根据量价关系以及基本面变化进行观察和调整即可。短线投资者就要每日密切关注个股的走势表现了，这时你可以使用"多股同列"这个功能，这样就不会顾此失彼，一旦盘中出现变盘信号，就会第一时间察觉。如果情况进一步明确，就可以进行相应的交易了。

怎么样？看起来是不是这样的盯盘方式很简洁也很有规律。这就是一个盯盘的流水线，每日先做什么后做什么，都按计划和标准进行。最后再次提示，每天盘中的盯盘时间，更多地是盯着你的自选股，不要到处遛达。至于收盘后应该做什么，只要盘中功课做到位，盘后想干什么就去干什么吧。

第 30 问　三日看盘法则适用于 A 股吗

　　从我开始踏入这个行业起，身边就有许多人在研究 A 股市场的各种技术分析理论，研究最多的当然是巴菲特、江恩、波浪理论还有后来本土产生的缠论，其中就包括江恩的三日看盘法则。这种分析方法多年前我便有所了解，最近发现读者群中很多人在热烈讨论这一法则，下面就来谈一下我个人对这种分析方法的观点，若大家有不同意见也欢迎加入讨论。

　　所谓的三日看盘法则，就是假如一只股票处在强劲的上涨趋势中，那么连续三天的收盘价就不会比前一个交易日的收盘价逐渐走低（连续三根阴线）。如果真的连续三天收盘价都比前一个交易日的收盘价还要低，就说明趋势发生反转，至少也是暂时性的回调。那么出现连续三个交易日下跌收阴之前，上涨行情持续的时间越久，涨幅越大，这波行情结束的信号就越明确。相反，如果股价处在下跌趋势中，绝对不会出现收盘价超过两天以上比前一个交易日高的情况。如果收盘价的确连续三天收盘都走高（连续三根阳线），就表明趋势已经反转，至少也是暂时性的上涨，后面或许有更大幅度的上涨。江恩认为，股票在交易日内能涨多高或跌多低都没有太大意义，关键是看收盘价较前一天的收盘价是上涨了还是下跌了。很多投资者认为，这个交易法则可以帮助自己从股价的快速上涨或快速下跌中获利，而且使用简单，可以洞察到股票何时会发生一些小的趋势变化。同样这种法则也可以应用在周线或月线图中，当然这就是用技术分析来做长线了，那么就变成三周看盘法则或三月看盘法则了。

　　看起来是不是觉得特别不靠谱？我也是这样认为的。我没有在美股市场应用过这样的投资方式，但是 A 股市场水更深，这样的方式恐怕难以奏效。

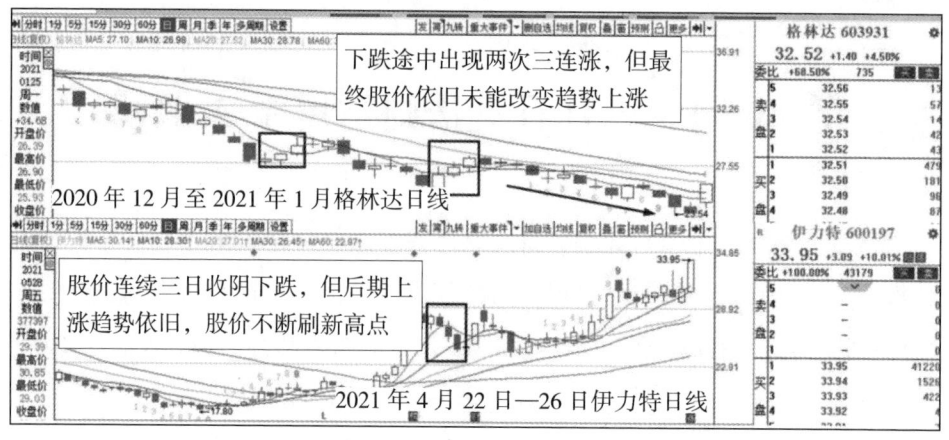

图30

图 30 中的上半部分，格林达的股价在 2020 年 12 月的下跌过程中连续出现两次三个交易日收阳上涨的走势，如果按照江恩的三日看盘法则，这应该是阶段性反弹甚至是反转的信号，然而后期走势却并没有出现这样的情况，而是继续保持振荡下跌，不断刷新低点。图 30 中的下半部分，伊力特的股价在上涨过程中，4 月 22 日、23 日、26 日连续三个交易日收阴下跌，按照三日看盘法则，上涨顶部若连续三个交易日下跌收阴，是阶段性回调乃至见顶信号，但后面的走势大家也都看到了，股价延续上涨趋势，再度刷新高点。

当然，也有很多符合三日看盘法则的案例，但失败的案例也不少。虽然我一再强调投资分析应追本溯源，化繁为简，但是过于简单且毫无科学依据的方式还是不可取的。此外 K 线这个分析指标是操盘机构的主要骗线工具，过于执着 K 线指标，岂不是自投罗网。

根据我一段时间对三日看盘法则的观察与研究，不完全统计的话，这套法则成功的概率差不多在 60% 左右。这个数据看起来很高，但是符合条件的个股后期走势具有很大的不确定性，如果进场、离场时机不能把握很好的话，准确率会直接下降至 50% 以下。我倒是建议如果哪位读者对这套分析方法感兴趣的话，不妨尝试和一些其他的分析指标结合起来观察分析，比如成交量、盘口等，或许可以成为 A 股市场的一个有效分析手段。

第31问　龙虎榜的股票可以参与吗

很多投资者在收盘后，会在当日个股龙虎榜发布后第一时间去关注，并进行"仔细研究"。可以肯定的一点是，龙虎榜中的个股均是机构强势操作的，短期内股价都会出现剧烈波动，但不确定的是上榜之后，短期内股价会继续保持强势上涨还是急转直下。这一小节我们就来说一下龙虎榜的股票能不能参与交易。

每天股价大幅涨跌甚至走出涨跌停板的个股不在少数，但是能上龙虎榜的个股也就20个，所以并不是股价涨跌幅大就可以上龙虎榜，首先我们要了解个股需要达成什么样的条件才能具备上榜资格。①股票日价格涨跌幅偏离值达到±7%；②股票日换手率达到20%；③日价格振幅达到15%；④连续三个交易日内涨幅偏离值累计达到20%；⑤当日融资买入数量达到当日该证券总交易量的50%以上。每个条件都选前几名的上榜，也就是说即使有些个股走出涨跌停板，但是不符合上述任何一个条件也是不会上龙虎榜的，所以上榜个股基本上都是"妖孽"中的"妖孽"。

证券代码	证券简称	收盘价(元)	涨跌幅(%)
600173	卧龙地产	6.77	10.05
600173	卧龙地产	6.77	10.08
600327	大东方	9.09	10.05
600327	大东方	9.09	10.05
600616	金枫酒业	10.12	7.43
600751	海航科技	3.21	9.93
600753	东方银星	41.40	3.16
600753	东方银星	41.40	3.16
600759	洲际油气	2.48	10.22
601279	英利汽车	13.45	-3.10
601933	永辉超市	5.72	0.00
601996	丰林集团	4.11	2.75
603089	正裕工业	9.47	-9.03
603196	日播时尚	8.26	9.99

连续三个交易日内，涨幅偏离值累计达20%的证券

营业部名称	买入金额(万元)	卖出金额(万元)
东方证券股份有限公司上海静安区乌鲁木齐北路证券营业部	837.65	0.00
中国国际金融股份有限公司上海黄浦区湖滨路证券营业部	784.14	0.00
金元证券股份有限公司上海东方路营业部	783.40	0.00
华泰证券股份有限公司成都蜀金路证券营业部	767.51	0.00
中国国际金融股份有限公司上海分公司	663.70	0.00

买入总计：3836.4万元

营业部名称	买入金额(万元)	卖出金额(万元)
海通证券股份有限公司上虞市民大道证券营业部	0.00	1014.76
中信证券股份有限公司深圳分公司	0.00	843.84
安信证券股份有限公司中山兴政路证券营业部	0.00	758.14
东方证券股份有限公司上海静安区乌鲁木齐北路证券营业部	0.00	578.61
华泰证券股份有限公司无锡金融一街证券营业部	0.00	578.20

图31

以 2021 年 6 月 1 日的龙虎榜为例，可以看到排名居前的这些股票都有一个共同的特点，就是流通市值极小，比如卧龙地产流通市值 7 亿元，大东方流通市值 8.85 亿元，金枫酒业流通市值 6.69 亿元，更有甚者像东方银星、英利汽车、正裕工业、日播时尚这类股票，流通市值只有 2 亿元左右。前面说过，小资金游资数量是非常多的，还有很多小资金联合坐庄的，这些超小盘股是这些小规模机构的主要操作对象。曾几何时，我也是其中的参与者之一，操作这类小企业都不需要去实地调研，也不需要去深入研究企业内在价值，是否存在潜在利好，少则大几千万，多则两三个亿，就可以游刃有余地进行坐庄操纵。当然，操作期间也不是无脑地拿资金拉板，这些小市值企业内部资金鱼龙混杂，小机构众多，一个操作不好反而被其他机构当作接盘侠是很正常的事，所以小机构一般都会先试着拉升一下，探探其他机构的反应，同时试探一下企业的市场形象（跟风力度或抛盘）。一旦发现无竞争对手或有其他机构很默契地配合，就可以大胆操作了。此后小机构就会不断利用资金做出各种看涨指标信号，吸引那些技术派以及热爱投机的人高位追涨（这部分投资者在股市中占很大一部分）。关于坐庄的方法这里暂且不提，总之投资者要记住，这些超小市值的企业一旦股价发飙，尽量不要碰，要追也是用很小的仓位试水。一旦发现情况不对，就要果断离场，这类股票往往涨得猛跌得更猛。

当然，龙虎榜上的股票也并非完全不能参与，首先，尽量选择那些市值相对较大一些，至少 50 亿元以上的企业进行关注，然后关注是否已经公布利好，是否炒作前期利好，未来是否有可能公布利好。如果已经公布利好，那就绝对不能再参与了。其次，如果股价已经涨停或大幅上涨，根据其量价关系判断是否是有风险的涨停，以及是否出现量价背离的天量或巨量，对股价走势进行综合研判。如果存在继续上涨的可能，切记所用资金不得高于股票账户中 20% 的资金，只进行短线交易，且务必第一时间做好回撤计划。

每日公布龙虎榜个股时，也会公布当日个股交易量最大的几家营业部。我认为看哪些营业部有大额交易，要比看谁上榜更有价值。不论是大型投资机构还是小型游资，或者是那些联合坐庄的小机构，想要进入二级市场交易，必须要有股票账户，所以这些机构都隐藏在各大券商的各个营业部之中。你可以记住龙虎榜上的个股都是在哪些营业部进行交易，观察的时间长了，就可以进行归类。通过长时间跟踪观察，你可以大概得出哪一个券商的哪一个营业部有多少家机构，他们大致的操盘风格，或者说喜欢操盘什么市值范围的股票，每次操盘时股价是怎么变化的，甚至可以发现一家机构的交易账户都分布在哪些券商的哪些营业部当中。有些席位显示的不是营业部而是"机构专用"，这里面涵盖的信息和机构就太多了，可以暂时忽略。这个统计工作是非常费时间和精力的，但是一旦完成，就能够更准确地判断机构操盘行为，跟着吃点肉就变成很容易的事了。比如某日龙虎榜中某只股票出现大额交易的营业部是你非常熟悉的，根据你对操盘机构的了解，当前股价涨幅并没有达到往期目标，这时就可以跟随机构的步伐买进卖出。同一家操盘机构的操盘手法基本上不会有太大变化，资金规模也不会有特别大的波动，所以往往它们选择的个股市值、获利目标、洗盘以及出货的特点都是比较统一的。如果投资者能够很好地观察和归类，自然可以看得清楚明白。

第 32 问　你适合使用"尾盘 T+0"交易法吗

　　A 股市场一直有一种投资策略，受到了很多人的追捧和学习，投资者称这种投资方式为"尾盘 T+0"交易法。这是一种更加极端的投机行为，大概方式是在股市尾盘阶段对标的股进行买入，次日开盘后短时间内卖出，是一种变相的 T+0 式交易方法。现在使用这种方法的投资者已经少了很多了，为什么呢？当然是不赚钱。大多数尝试这种操作方法的人都遭受过重创，所以现在仅有两种人还对 T+0 交易情有独钟，一种人就是所谓的"大忽悠"，他们夸张地宣传 T+0 交易的作用，用很多莫须有的案例以及交割单 P 图来刺激投资者，吸引人花钱去买他们的股票，或者还有其他目的。第二种人就是刚进入股票市场的初入者，他们没吃过什么大亏，对股市抱有很大的幻想，然后被那些吹捧 T+0 交易的"大忽悠"以及很多讲解 T+0 交易的书籍所迷惑，认为这是一个快速赚钱的好方法。很多人最开始的时候想得都很完美，尾盘买入，次日能高开，或者冲高一下赚三四个点、两三个点就卖掉，一个星期下来就会有 10% 的利润，但是却没有想过如果亏钱了要不要止损，在哪里止损。所以接下来就会和大多数短线投资者一样，短线变长线，长线变贡献。

这种尾盘 T+0 交易有两个最大的问题，如果解决不了，根本就是无用的交易方式，是骗人的把戏。

1. 能否确保尾盘买入的个股次日会上涨？

如果是市场交投很清淡的阶段，多数时间市场的热点是在轮动状态，个股是一日游的行情，续涨能力不高。市场不好的时候，大盘涨少跌多，个股普遍下跌，个股当日逆势上涨，可能下一个交易日就补跌。逆势做多本身就违背了交易原则，又能有多高的准确率呢。如果市场环境特别好，甚至是牛市行情，个股普遍都很强势，为何不进行较长时间的持仓以获取更稳定、更丰厚的利润呢，这种时候做 T+0 交易，真是丢了西瓜捡芝麻。

2. 人性是很难克服的。

如果方法得当，T+0 交易也会把握到能够获利的机会。比如价格当日跌至重要的支撑位置，或者当日量价关系良好，后期继续看涨的可能性很大的个股。如果次日赚钱了，我相信大多数投资者都会选择卖出，可能一部分人会适当地贪婪一下。但是一旦投资失败，股价下跌呢？大多数投资者的心态都是很不稳定的，无法克服人性的弱点，往往下一个交易日一旦股价下跌，所有的操作策略全部被人性战胜，大多数投资者不会卖出，要么等赚钱，要么等回本，更有甚者还会想着补仓。这就是为什么很多人总是赚小钱而亏大钱的根本原因，不是投资者的技术不行，而是心态不好。市场上多数投资者都是亏损的，只有少数人能有效地控制自己的心态，而这些少数人也就是市场中能赚钱的人。

看起来这是两个困难点，实际上里面包含了许多难题，如果你克服不了的话，那么这种交易方式就可能是导致你离开市场的毒瘤。

第 33 问　有哪些简单有效的点位交易法

虽然我认为在 A 股市场中技术分析的实用性并不怎么高，但作为辅助分析手段还是可行的。因为技术指标在散户中的使用比例还是很高的，尤其是 K 线、MACD、KDJ、均线等，所以在股价到达一些关键技术点位时，还是会造成一定的群体效应，机构也会在股民所认为的关键位置大做文章。当投资者准备投资一家企业的股票时，肯定不能当前是什么价格就以什么价格去买入。虽然价值投资不在乎短期利润，但如果能选择一个更好的进场价位，无疑会提高整体收益。那么，如何判断比较合理的进场价格或减仓、平仓的点位，一些技术手段还是可以派上大用场的，下面主要介绍三种方式。

第一种：筹码分布峰值点位法。

前面讲解了筹码分布如何使用的问题，接下来就要用到这一指标。同样是用筹码分布判断机构意图，如果稍加变通，还可以用在判断进场点位方面。下面用一个真实的案例来讲解。

我在寻找教学案例时无意中发现了友好集团，发现该股股价有所上涨，筹码集中度有一定的提高，当前价格处于比较低的位置，前期机构两次底部的突击放量也很说明问题，价格趋势也处于振荡上行状态，第一个想法就是"盘他"。友好集团的整体筹码结构也不错，有筹码支撑，有趋势，有机构参与而且还没有出货，所以我认为成功的概率是蛮高的。如果失败的话，筹码的峰值以及生命线就是回撤位置。由于没有考虑到利润问题，只是为了作为案例买入，所以也没有等价格回调，就直接市价买入。

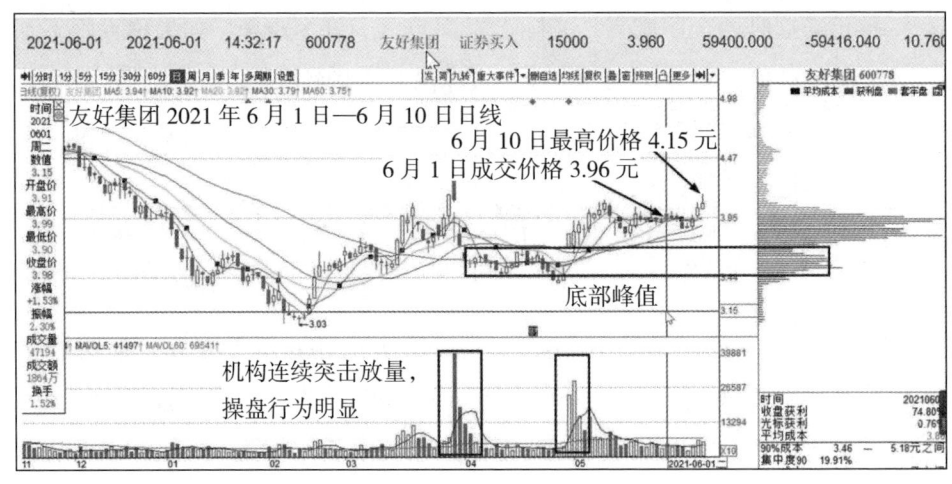

图 32

从筹码分布来看，我购买的这个时间和价位，刚好是筹码峰值最集中的位置，也就是说大多数筹码都是在这个价位附近成交的。下方筹码也有一个小峰值，应该是机构和部分投资者的底仓。由于筹码峰值还没有移动到高位，正处于移动中，所以不存在什么机构出货的问题，当然有突然暴雷的可能，但这种可能性是比较低的。从安全的角度出发，这次投资是很有保障的。之后看到随后有两个交易日的小阴线但下跌幅度很小，而且没有很大的卖盘出现，也没太关注。6月10日发现股价创新高了，赚钱了也就卖掉了。由此可以看出，用筹码分布判断进场价位和支撑性还是很强的。一般情况下，操盘机构不会把股价打到筹码峰值的下方，如果这种情况真的出现了，要么是企业突发利空，要么就是准备大的洗盘，不论如何投资者都要暂时离场，待到走势进一步确认后再进行下一步的交易。反之，如果投资者要交易的股票价格已经涨得很高了，而且筹码峰值已经移动到了最高价位置，按照之前讲解的内容，顶部随时可能会出现，要么放弃交易，有持仓就要开始计划减持或离场。利用筹码分布判断交易点位也是范围性的，任何指标都无法判断最高和最低价位，也不要执着去寻找这样的方法，这是上帝才具备的能力，你我绝不可能实现。

第二种：黄金分割线。

黄金分割线是我一直认为最好用的点位指标，不论是在国际各个金融投资市场还是国内的股票、期货市场，准确率都非常高，也是我在国际投资市场交易模型中最主要的一个分析工具。黄金分割线不仅可以判断出对价格影响比较强的支撑以及压力位置，还可以判断价格的加速节点，是一个实用性很强的指标。

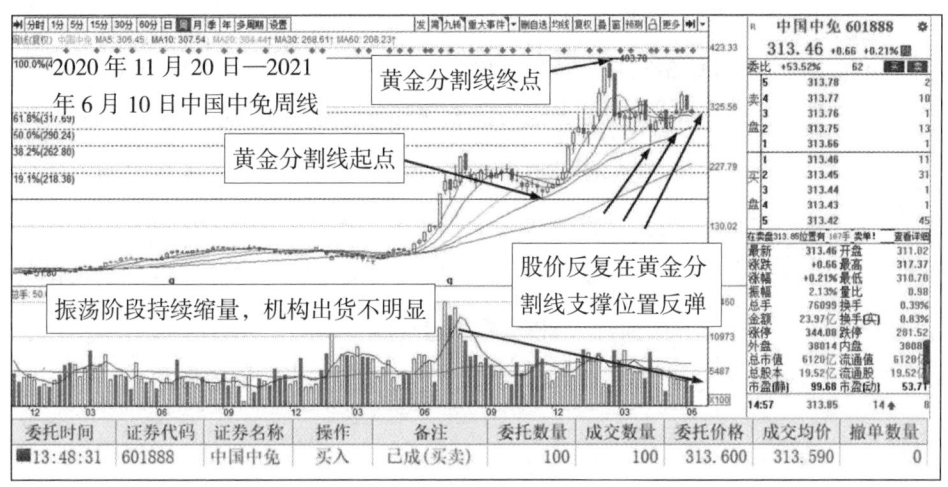

图 33

不论是因为疫情影响下国内免税的风口，还是中国中免在国内的垄断地位，都不得不承认这是一家非常优秀的企业。很多基金公司对中国中免都有不同程度的持仓，而中国中免的吸金能力也确实没让人失望。在中国中免创下 304 元/股的新高开始回落后不久，我就开始关注了，然后利用黄金分割线去寻找比较合理的进场点位。中国中免的流通市值大多都在机构手上，所以不用担心股价会爆发性下跌。

当我画了黄金分割线之后才后悔地发现，最佳的买入点位已经错过了。从图 33 中可以看到，中国中免在价格回调的时候，分别触及了 261.70 元黄金分割线 0.382 的支撑价位后反弹，6 次触及 290 元黄金分割线 0.5 的支撑位，如果能够早一点去关注它，可以做好多次波段交易。本来想一直去等待交易机会（已经等了快一个月），但是因为要写这小节内容，所以还是在 2021 年 6 月 10 日试着买了 100 股，然后做了后期操作计划，投资者可以根据我的交易计划来总结黄金分割线的使用方法。我是在比较高的位置，也就是黄金分割线 0.618 的位置，以 313.60 元/股的价格购买的，策略如下。

（1）若股价直接上涨且动能不强，在新高附近（403 元）全部离场。若量价较为强势，或者突破新高，可以考虑增持 100 股。

（2）若价格先行回调，可以在分割线 0.5 的位置 289 元附近补仓 200 股。

（3）若补仓后价格反弹至首次建仓的 313 元附近，减持 200 股确保收益，再博新高。若市场或股价较为强势，减持 100 股。

（4）若补仓后价格急速下跌，最大回撤为 270 元，这样整体回撤也就是 10% 左右。虽然购买这只股票只用了极少的资金，但是规矩还是要遵守的。如果到了最大回撤，第一次交易就宣告结束，虽然交易失败，但价格依旧在黄金分割线的振荡区间之内，可以等待机会进行二次操作。

（5）观察黄金分割线 0.382 的位置 260 元附近，以及最终支撑位 217 元附近，也就是黄金分割线 0.191 的位置，根据当时的量价关系决定在哪个位置参与，因为现在距离尚远，所以无法判断。260 元的价格在最近的 4 个月只出现了一次，而且价格很快反弹了近 20 个百分点，所以这一次应该至少会有几个点的反弹，而 217 元这个支撑从未到达，首次交易成功率还是蛮大的。如果可以购买，直接按照前四个步骤重新来一次即可，如果资金允许，交易量方面可以加倍，最终止损则放在最后建仓价下方 5 个点的位置。如果再次失利，可以暂时远离这只股票甚至是整个市场。如果真的又失败了，只有两个原因，一是整个市场开始崩溃，二是中国中免的内部出现问题，不论是哪一种原因，暂时都不具备再次投资的价值。

（6）如果观察中国中免在 6 月份的筹码分布的话，可以看到最后一个支撑位也就是 217 元这个位置的峰值是最高的，所以支撑也必然是最强的。再往下的一个峰值是 80 多块钱，如果不是大的金融危机或者企业特大利空，是绝对到不了的。

根据中免的投资案例和计划，下面总结一下黄金分割线的使用技巧。

（1）每一个黄金分割线对价格都会形成支撑以及压力的影响。

（2）放量突破黄金分割线的最高、最低价位，往往意味着单边行情到来。

（3）黄金分割线可以作为进场点以及补仓、止损点。

（4）在各个分割线低位上只做 1 次补仓，破位止损。如果从第一个分割线位置补仓到最后一个，亏损是很严重的。

（5）0.382、0.618 这两个位置是最强势的，至于具体在哪里交易，可以结合其他的点位分析方法做共振交易。

第三种：移动平均线（MA）。

我在《四维操盘》里面写的内容依旧没有过时，5 日突击线、10 日操盘线、30 日生命线、60 日决策线是机构万年不变的常规参数。现在已经很少有技术派擅自修改均线参数了，这一点需要表扬，终于不瞎折腾了。这个指标大家都会用，我也不说太多废话了，简单说几点。

（1）强势行情短线交易突击线做建仓，破操盘线做止损。

（2）振荡行情生命线做建仓，破决策线做止损。

（3）强势行情均线距离较大，短线交易下方 5 个点做止损。

（4）下跌趋势中的反弹行情，放量有效突破决策线建仓。

（5）均线与黄金分割线形成共振价格做优先建仓考虑。

（6）除了生命线和决策线可以单独做建仓参考外，突击线和操盘线必须结合其他点位指标应用，单独使用准确率不高。

支撑和压力位置只能说明价格可能会在这个位置稍作停顿或存在掉头的可能，没有任何一个指标会给出绝对的高位和低位，这一点一定要记住，所以在强劲的支撑和压力位都有破位的可能。不论应用哪种方法，提前做好止损安排并且严格执行才是最关键的，如果做不到，可能一次失误就会造成巨大亏损或长期被套。交易点位的问题就说这么多，如果投资者对股票市场的技术分析感兴趣的话，不妨看一下《孝寒点位交易法》这本书，用于 A 股市场的辅助分析还是蛮合适的。

第 34 问　大盘在某位置附近反复振荡代表什么

"横有多长竖有多高",这句话并没有错,但很多时候我们都认为结束横盘价格会向上"竖",其实也有很大的可能性会向下。造成"横"的原因无非就是两种极端,第一种是多空争夺特别激烈且势均力敌,一时间难以分出胜负;第二种则是市场交易特别不活跃,市场没有一个明确的方向,而且基本面匮乏,缺乏炒作热点,多空双方的交易都非常少。但不论哪一种极端,任何趋势走向都不会是永恒的,阴极生阳,阳极生阴,均衡的天秤也终有倾斜的一天,而这一天一旦到来,往往是洪水猛兽。

以上证指数为例,如果它在某个位置上多空开始胶着且反复,那么一定不是巧合。在投资市场就没有"巧合"二字,任何趋势走向都有其根本原因。如果我们找到了指数为何在此处盘整的原因,那么我们不仅知道"竖"何时会出现,也就自然而然地知道接下来的投资策略。在任何投资市场中,价格波动更多的时间都是相对横向运行,而连续的涨跌则是非常短暂的行为。投资者把更多的金钱和精力都放在了市场横向运行的阶段上,不仅造成了极大的消耗,也逐渐丧失了耐性,因此做出更多错误的选择。

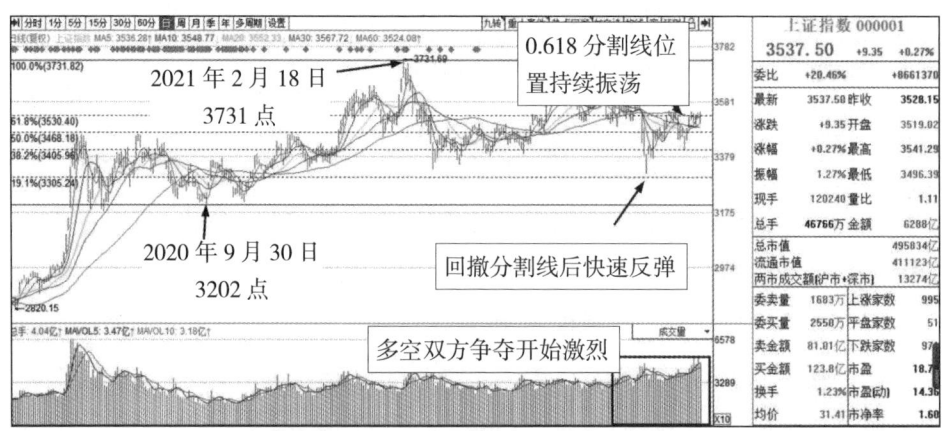

图 34

图 34 中，我在上证指数 2020 年 9 月 30 日的最低点 3202 点，以及 2021 年 2 月 18 日的最高点 3731 点做了黄金分割，此后股价一直围绕各个黄金分割点附近运行。2021 年 7 月 26 日起出现了连续 3 个交易日的快速急跌，最终止步于 0.191 的分割线支撑附近开始反弹，不过仍然保持在 0.618 分割线位置，也就是 3530 点一线振荡。在《孝寒点位交易法》一书中，我提出了"多指标共振"及"跨周期共振"两种点位分析策略，下面我们再来看一下月线。

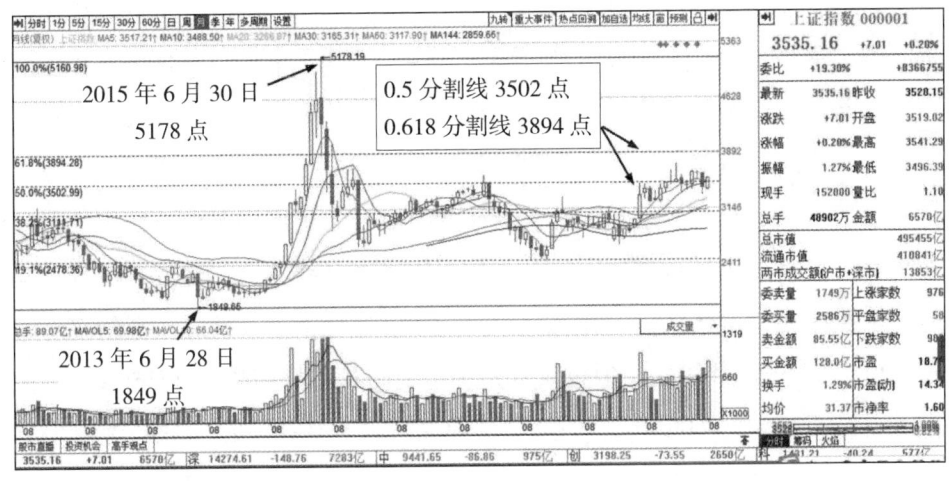

图 35

月线选取了更大的周期波段，以 2013 年 6 月 28 日 1849 点为最低点，2015 年 6 月 30 日的最高点 5178 点作为终点，进行大周期的黄金分割线。得出黄金点位中的 0.5 分割点为 3502 点，0.618 分割点为 3894 点，这样一来就十分明确了。日线小波段的黄金分割线 0.618 的位置是 3530 点，而月线大波段的黄金分割线 0.5 这个位置是 3500 点，这就符合我的跨周期点位共振的说法了。也就是说，3500~3530 这个位置是非常强劲的技术压力，也正是这个原因，导致多空双方在此处进行了激烈的争夺。为什么是争夺激烈，而不是交投清淡呢？还是回到日线周期中，当上证指数在 3530 这个点位附近盘整的过程中，市场成交情况并非是逐渐缩水趋于平淡，而是道高一尺魔高一丈的增长态势，所以说这个位置多空双方进行了激烈的交锋。

城门失火总是会殃及池鱼，在股吧中，不乏买在这个区间最高点或者是卖在最低点的投资者。在多空争夺非常激烈且没有分出胜负前，投资者很难判断最终哪一方会胜出，这时应该做的是静观其变，而不是马上选边站队。虽然提前押宝可能会带来更大的收益，但也存在相应的风险。很无奈的是大多数投资者的"赌运"一向都不好，所以更加适合较为稳妥的投资策略。而且如果你是一个无法坚定看法、容易自我否定的人，就会频繁更换你的观点，一来二去，一定会倒在黎明之前。

我们知道了市场在此处盘整是因为某个因素造成的，那么接下来要做的就是等待打破这个因素，迎来新的趋势。比如我们知道此次上证指数的盘整是因为3500~3530附近的强大压力，就需要等待有效的突破或者彻底失败。关键位置突破的唯一因素是市场买盘活跃，只要有足够的买盘，任何强劲的压力都可以一鼓作气地突破。从本小节上证指数日线的表现来看，当日内指数上涨突破3530点时，市场的成交均在6000亿元以下，随之而来的就是超过6000亿元的阴线下跌，但也仅仅是单个交易日。此前指数在3500点附近上涨，从未出现过6000亿元的成交。换而言之，如果上证指数能保持多日上涨且成交维持在6000亿元以上，即可突破这一重要压力，迎来新的市场趋势。相反，如果依旧保持买少卖多的情况，一旦反复尝试突破无果后，卖盘持续蓄势，那么这个"竖"将更大概率出现在向下的趋势上。既然做好了市场新方向的各种预期，我们需要做的就是等待趋势改变的信号，然后按照计划进行交易即可，这样就不会盲目。按照本小节上证指数月线周期的黄金分割线所显示的，3500点突破后的下一个强大压力位置是3894点，我们可以按照这个位置制定持仓计划。关于能否直接突破的问题，我暂时抱怀疑的态度，因为越是突破强大的点位关口，越需要长期的争夺和蓄势，更重要的是要市场有强大的政策、宏观利好因素的配合，否则不论个人投资者还是各类投资机构，都不会贸然地大肆做多。

第 35 问 集合竞价主力单分析法怎么不准

集合竞价主力单买入法，就是通过观察每日集合竞价 9:25 个股的集合竞价交易情况，选出日内的强势股，然后根据 9:30 开盘第一笔交易的情况做出具体判断。查看个股交易明细的方法前面已经讲到了，看盘软件个股界面 F1-F2-F1 一次点击即可。

通过集合竞价的主力单判断当日强势股的交易方式，是我在《四维操盘》一书中提出的，后来有很多人争相效仿，但是貌似效果不是很理想，主要有两个原因，第一个原因是时隔十几年，A 股市场上市企业的市值都明显增加了，按照以往几千万市值股票的计算方法肯定是行不通了；第二个原因就是其中有许多技巧和经验投资者还没有完全掌握，所以本小节主要针对这种交易方法做出一些解释，让短线投资者可以多掌握一项选股利器。

以前我把主力单划分得比较细，经过多年的总结，其实大可不必。市场现在也发生了一些变化，主要按以下三个标准进行划分就可以了，投资者也可以根据经验自行划分。

（1）10 亿市值以下，6000 手以上。

（2）10～50 亿市值，10000 手以上。

（3）50 亿市值，15000 手以上。

再来说说投资者在使用该方法时经常出现的几个问题。

（1）选的太多、太慢。如果市场表现比较好的话，当日集合竞价会有很多个股出现符合条件的主力买单，把太多的个股加入自选，一定会顾此失彼，错过交易机会。然后就是选的太慢，都 9:30 了还在选。投资者应该在 9:25 准时筛选出有主力买单的个股，标准在上涨 4%～5% 之间，若高开力度太大，当日收益较小，一旦出现风险，损失很大。筛选时间截至到 9:28，别看只有 3 分钟的时间，以我的速度至少可以筛选几十只这个涨幅区间的股票。

9:28—9:30 快速浏览走势图（这种交易方法不需要看基本面），选出趋势以及量价关系走势本身就看涨的个股，然后把筛选出来的个股二次过筛子，9:30 的时候保持自选中有 5~8 只符合条件的个股即可。因为这种交易方法要在 9:25—9:40 之间完成，刨除 5 分钟的集合竞价，只有 10 分钟的时间进行交易，而在此之前还要进行第三轮的筛选。

（2）开盘没有进一步筛选就买入。9:25 集合竞价的挂单有时候只是机构做出的幌子，还要确认最终的真实性。所以 9:30 的时候还要快速浏览你在集合竞价时筛选出的股票，看第一笔交易是不是同样为主力单买盘。如果是的话，保存下来进入下一环节，因为如果机构要高开出货，基本不会第一笔再大量买入。如果第一笔交易是主力的大卖单，先放着看看后面的交易明细。如果后面陆续出现大买单，则是虚晃一枪，如果是持续的主力卖单集合竞价，就是诱多，可以直接删除了。做完 9:30 第一笔成交的筛选之后，进入到最后一个环节准备买入。选择涨幅低于 5% 的个股，如果已经涨得很高了，哪怕当日涨停也赚不到什么钱，如果判断失误，承担的风险还很大。尽量选择趋势良好，量价关系相对合理的股票去购买。

（3）重点买入同行业有主力买单的多只个股。如果你经常关注集合竞价主力单的话，在 9:25 筛选个股的时候会发现，很多出现主力买单的个股出自同一板块，那么这个板块中的个股就要重点关注和买入，因为很可能当日整个板块集体爆发，成功率很高。

（4）再好用的投资方法在熊市也白扯。我可以很自信地讲，我在 A 股市场的投资模式基本已经形成体系，而且收益稳定，效果还是不错的，但如果你让我在熊市或股市下跌阶段强行投资，很大概率也会亏钱。不要相信那些教你在股市下跌中赚钱的方法，你会被坑得很惨。我记得有一次我在股市强势阶段使用这个方法，当日选了 8 只有集合竞价主力买单的个股，当日收盘后 6 个涨停 2 个大涨，当日大盘其实并没有涨很多。其实这个交易方法并不需要大盘多么强势，只要不跌太多，保持稳定就可以了。

这个交易方法有一个最大的弊端，就是开盘 5 分钟内就要买入，不然好的股票很快就涨停或者大涨了。但买股的时间太早，如果当日大盘突然下跌，你的股价很可能无法封死涨停，那么当日是要亏损的。不过如果这种方法你掌握得很好，选出来的股票及时，当日受大盘影响回调幅度也很有限，次日也有获利的机会。

600238	海南椰岛	500	0	26.151	26.680	13340.000	264.740	2.023			
600284	浦东建设	2000	0	7.083	7.190	14380.000	214.720	1.511			

时间	成交	现手	笔数	时间	成交	现手	笔数	时间	成交	现手	笔数	时间	成交	现手	笔数
09:24	7.06	17120↓	0	09:31	7.06	856↑	33	09:23	13.80	13294↓	0	09:30	13.80	1158↓	97
09:24	7.06	17203↓	0	09:31	7.05	805↑	52	09:23	13.80	13355↓	0	09:30	13.73	1791↓	93
09:24	7.06	17373↓	0	09:31	7.05	1567↓	46	09:23	13.80	13438↓	0	09:30	13.73	1072↓	104
09:24	7.06	17645↓	0	09:31	7.05	565↑	40	09:24	13.80	13566↓	0	09:30	13.73	1626↓	61
09:24	7.01	18725↓	0	09:31	7.03	501↓	48	09:24	13.80	13640↓	0	09:30	13.73	1903↓	148
09:24	7.01	19992↓	0	09:31	7.05	571↑	38	09:24	13.80	13666↓	0	09:30	13.77	1479↓	126
09:25	7.00	20022↑	803	09:31	7.04	409↑	29		13.77	1407↓	149				
09:30	7.00	5802↑	310	09:31	7.04	259↑	20					09:30	13.78	2215↓	166
09:30	7.01	7241↓	451	09:31	7.03	1140↓	43					09:30	13.75	1262↓	62
09:30	7.02	4612↓	271	09:31	7.01	557↓	45					09:30	13.74	2938↓	174
09:30	7.07	7403↑	313	09:31	7.03	290↓	25	09:23	13.70	14930↓	0	09:30	13.70	1189↓	109
09:30	7.06	712↑	36	09:31	7.03	2005↑	110	09:24	13.70	15676↓	0	09:30	13.75	1098↓	67
09:30	7.07	1589↓	41	09:31	7.02	429↑	25	09:24	13.70	15075↓	0	09:30	13.70	1707↑	80
09:30	7.06	905↑	54	09:31	7.01	508↑	17	09:24	13.68	15994↓	0	09:30	13.75	1203↓	110
09:30	7.06	1255↓	64	09:31	7.00	989↑	70	09:24	13.67	16059↓	0	09:30	13.76	1034↓	67
09:30	7.06	991↓	69	09:31	6.99	337↓	28	09:24	13.67	16308↓	0	09:31	13.71	2030↑	135
09:30				09:31	6.98	284↑	24	09:24	13.67	17127↓	0	09:31	13.71	3054↑	225
09:30				09:31	6.96	512↑	29	09:24	13.66	17199↓	0	09:31	13.75	833↓	29
09:30				09:31	6.96	738↑	21	09:24	13.66	17711↓	0	09:31	13.74	409↓	45
09:30	7.11	1138↑	54	09:31	6.96	671↑	44	09:24	13.66	18046↓	0	09:31	13.74	1249↓	102
09:30	7.07	708↑	60	09:32	6.96	423↑	29	09:24	13.64	18491↓	0	09:31	13.78	805↓	67
09:30	7.08	890↑	48	09:32	6.96	545↓	18	09:24	13.60	20358↓	0	09:31	13.75	1332↓	67
09:30	7.11	588↓	49	09:32	6.98	244↓	33	09:24	13.60	24934↓	0	09:31	13.72	1274↓	87
09:30	7.10	1109↓	57	09:32	6.98	695↓	36	09:25	13.60	30174↑	1342	09:31	13.72	1840↓	76
09:30	7.08	1298↓	80	09:32	6.95	453↑	32	09:30	13.65	4556↓	436	09:31	13.75	1483↑	91
09:30	7.07	1885↑	51	09:32	6.95	1192↓	52	09:30	13.61	6435↓	139	09:31	13.75	1605↓	135
09:30	7.07	951↓	67	09:32	6.95	339↓	29	09:30	13.65	6290↓	450	09:31	13.74	482↓	72
09:31	7.06	1348↓	62	09:32	6.96	203↓	21	09:30	13.73	3012↓	280	09:31	13.76	635↓	64
09:31	7.06	3542↑	116	09:32	6.96	287↑	18	09:30	13.78	1775↓	120	09:31	13.76	1306↑	125

图 36

写这篇内容的时间是 2021 年 6 月 8 日，当天我就在集合竞价前守候在电脑前，准备"以身试法"，不过很可惜，这是一次失败的经历。早间集合竞价的时候最终筛选了四只股票，分别是陆家嘴、浦东建设、海南椰岛、荣联科技。因为集合竞价时出现了很多上海自贸区概念的个股，所以我第一个购买的就是浦东建设，9:25 集合竞价主力买单是 22022 手，9:30 第一笔交易是买入 5802 手。而陆家嘴 9:25 集合竞价主力买单是 30174 手，9:30 第一笔买入 4556 手，而且后面很快出现密集的大单买入。可能是前一晚一夜没睡，脑子不清醒，没有去买陆家嘴。开盘后 18 分钟陆家嘴就封死了涨停板，而浦东建设最高涨幅 9.13%。海南椰岛 9:25 主力买单 15990 手，9:30 第一笔成交买入 2314 手，盘中最高涨幅 8%。其实本来应该是一次非常好的教学演示，但世事无常，当日午后市场开始跳水，最多跌了 50 多个点，结果把所有获利回吐了大半。所以说买入过早是一个弊端，因为一旦盘中大盘跳水，个股走势会受影响。不过只要应用娴熟，还是可以抵抗风险的。

（5）持股时间不能过长。这个交易方法本身就是短线投机的，就是跟着当日的操盘机构蹭点肉吃，所以持仓时间一定不能太久。需要注意几个方面，一是如果当日交易成功，获利 4 个点以上，次日找机会卖出。如果情况不对，少赚一点也要出，因为很多被机构"玩弄"过的股票当日成交量都高得吓人，是存在短期风险的，很多股票炒作就是"一次性"的，错过最佳离场时机，以后可能就没机会出局了。二是如果次日集合竞价股价再度出现主力买单的情况，多持有一会儿，找一个更高点卖出，不用太着急。三是当日亏钱或者赚得很少，说明投资失败，次日只要在不亏钱的位置或者亏个 1～2 个点也要在收盘前卖掉，这种操作方法就是两天行情，过期无效，拿久了风险很大。

第 36 问　如何组建自己的股票池

回忆一下你购买的股票，是在自己的自选股里选的，还是在茫茫市场中翻看时随机购买的？正常的做法应该是每次投资的企业，都是出自你的股票池（自选股），因为你对它们会更加熟悉。如果你还没有自己的股票池，应该从这一刻开始组建。不要去参考其他机构的股票池，因为这些企业为什么出现在他们的股票池中，你一无所知，而且里面还有许多陷阱。比如一些卖资讯卖软件的机构提供的股票池，首先筛选过程就存在很大的疑点，而且还有一些股票是在帮其他的投资机构出货。

"画虎画皮难画骨，知人知面不知心"，一家上市企业，可以发布虚假信息，可以弄虚作假，投资机构可以利用技术手段骗线。但是这家企业如果本身质地比较差，那再怎么美化它也改变不了这个事实。比如近期的杭州高新，企业实际控制人一直失联，杳无音讯，监事会主席和董事纷纷辞职，业绩连年亏损，这样的企业不论再怎么包装，再怎么美化，也改变不了这是一家比较差的企业的事实。如何"看清"一家企业？就像是认识一位新朋友，初见的印象并不能说明他的人品性格，一定要了解他的内心。怎么了解呢？就是天天跟他在一起，不断从各个方面去观察他。股票也是一样的，你关注它的时间越久，对它的各种特性就越是了解，这时候就需要把它加入到自选股当中。因为你不放入自选股，可能今天看过，明天、后天就忘记了。

1. 股票池中有多少家企业比较合适？

因人而异，因为不是股票池中的所有股票都需要购买，可以多去关注一些企业，但建议最多不要超过20家。因为在PC端的看盘软件中，自选股第一页最多容纳20几只股票，多了的话需要翻页，这样必然会厚此薄彼。股票池数量不在多，而在于精，每种投资策略，每一个概念，选择一两个标志性的企业就足够了。

2. 股票池的新老交替。

建立了股票池后，并不是说以后就只关注池子里的股票，还需要不时地进行替换。在你建立股票池的时候，里面的个股一定是符合初步购买条件的，或因为业绩，或因为量价关系和其他原因。并不是股票池里所有股票的后期走势都会按照你预想的轨迹运行，后期如果股票池中的某些个股已经不符合你的购买条件，或已经不看好的时候，就应该马上剔除掉，然后再去市场中寻找新的替代品。股票池中的股票最好保持一定的数量，比如你的股票池设定为20只股票，剔除掉了2只，就要在市场中去寻找替补个股。这样你的股票池可以保证全部都是符合你的初步购买条件的。经过长期观察，如果股票池中的某只个股继续向你预期的方向发展，或者出现了更明确的上涨信号，就可以第一时间购买。这样一来，投资者就不需要每天都在4000多只股票中大海捞针，结果到最后没有一个熟悉的企业。

建立自己股票池的目的，其实就是让你和这些看好的企业建立感情，建立默契。"新欢虽好"，但是往往"旧爱"才是最让你刻骨铭心的。很多人在看盘的时候，发现曾经关注的某只股票连续大涨，但你再去关注的时候，却发现只能仰望它了。建立自选股就是让你不要错过任何一个投资机会，只要每天关注你的股票池，任何一家企业的股价发生变化，你都可以第一时间发现并做出决策。

第37问　横盘阶段如何判断股票强弱

在一年的交易时间中，大盘至少有1/3的时间是在一定的小区间内横向运行，持续的大幅涨跌仅占少数时间。个股也是如此，多数个股全年横盘的时间占大多数。很多时候，投资者单纯地认为股价持续涨跌是强势的，大幅度的波动是强势的，而横向运行则是低迷的，是交易沉闷的。我在《四维操盘》中讲到过不同类型机构的建仓方式和坐庄周期，在机构开始拉升前，股价往往都需要长时间的运作，除非是那种突如其来的大利好。所以在盘整阶段，有些时候确实是因为企业经营不佳，缺乏炒作机会等这样或那样的原因，这一类企业的股价确实可以称为交易低迷期。但是也有很多企业股价的横盘是机构刻意为之，是长期运作过程中的现象，非但走势算不上低迷，反而存在很大的投资潜力。

如图37所示，武进不锈的股价在2021年4月之前形成双顶天量后开始持续下跌，自4月起开启了持续的小区间盘整行情走势。从成交量中可以看到，每个交易日成交量只有一两万手，最大振幅不超过3%，换手率不足1%，这可不是因为筹码都掌握在机构手里的原因，而是彻彻底底的交易低迷。

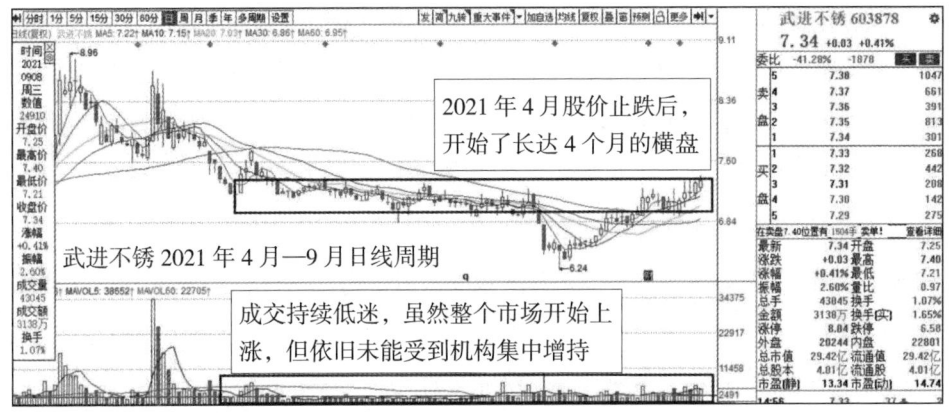

图 37

2021 年 8 月开始，上证指数开启了持续反弹上涨的行情，许多个股都借助此次难得的机会开始冲高，市场题材也比较活跃，钢铁行业更是一度受到机构增持。但这一切好像和武进不锈没啥关系，成交没有明显改善，虽然股价有所反弹，但无非是勉强涨回到了前期的盘整位置上。不仅如此，当股价下跌后涨回到前面的盘整区间位置时，企业股东和高管们似乎彻底失去了信心，集体出现了减持行为。股价在低位还没有开始上涨就迫不及待地减持说明了什么？是不是连他们都对自己苦心经营的企业都看不到未来，看不到希望了？所以投资机构更不会去蹚这个雷，股票出现这样的盘整走势，是不具备任何投资价值的。

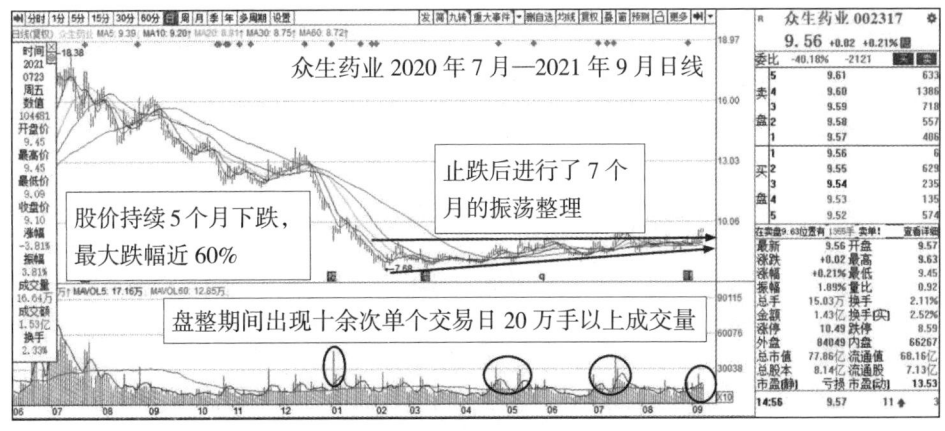

图 38

如图 38 所示，众生药业的盘整情况就和武进不锈完全不同。众生药业自 2020 年 7 月份开始从历史新高位置下跌，这一跌就持续了 5 个月的时间，股价最大跌幅更是接近 60%。随着股价逐渐止跌，从 2021 年 2 月开始进入到了漫长的盘整过程。从武钢不锈的成交图中我们看到，在盘整阶段，成交始终处于比较平均且低迷的状态，但是众生药业在盘整过程中却极为活跃。大多数交易日成交量保持在 10 万手以下，中间有十几个交易日成交量突然放大至 20 万手以上，而且放量上涨后虽然股价有所回落，但成交都不是很大，所以可以初步判定为存在机构增持建仓的行为，但无主动出货。既然有主力增持的行为，当前无利好可炒，也没有炒作不充分的利好，那就很有可能在未来存在突发利好的可能性，所以众生药业相比武进不锈有更大的关注价值及投资价值。

证券代码	证券名称	持仓数量	可用数量	成本价	当前价	最新市值	浮动盈亏	盈亏比例(%)	交易市场	币种	操作
002317	众生药业	3000	3000	9.512	9.560	28680.000	142.870	0.505	深圳A股	人民币	买 卖

图 39

我也对众生药业进行了少量的买入。当各位读者看到此处时，也可以看一下众生药业未来的走势发展是否真的强过武进不锈。

盘整后股价下跌的主要因素如下。

（1）突发利空和集中的恐慌抛售。

（2）高位时机构反复诱多出货后期。

（3）缺乏炒作题材，持仓机构丧失耐心，调仓换股。

（4）行业出现整体弱势。

盘整后股价上涨的主要因素如下。

（1）机构吸筹运作充分（未来存在利好或曾经的利好炒作不充分）。

（2）企业或整个行业突发利好引发机构抢筹。

（3）小盘股的机构试盘行为（不一定会炒作，这要看试盘阶段的市场形象和散户的接受度）。

第38问　你能分清反弹和反转吗

"反弹"与"反转"虽一字之差，却有着天壤之别。如果对二者出现了错误的判断，很可能会造成严重的损失。简单来说，"反弹"是一波下跌趋势中短暂的上涨行为，特点是幅度小，持续时间短，最终还是回到原本的下跌行情中去。如果是上涨趋势中的短暂下跌，也可称为"回调"。而"反转"则不同，它是将整个持续了许久的上涨或下跌趋势彻底扭转，特点就是持续时间长，累计幅度大。

如果我们在进场时将"反弹"错误地理解为"反转"，就可能会造成获利回吐，最终变成亏损，甚至买入后反弹结束，造成直接套牢的结果。如果是在持仓时出现了错误的理解，就会造成错过做波段的机会，或者以最小代价割肉的机会。如果将"反转"判断为"反弹"，面临的就是取小舍大、浪费利润的情况。所以我们要对二者有深刻的认识，以便第一时间做出正确的判断。下面就结合二者的特点进行讲述。

三种典型的短线反弹。

（1）无蓄势反弹。这个特点很好理解，不论是大盘还是个股，如果股价出现了上涨，但是成交量却跟以往没有太明显的变化，即使有所增加也非常的少。这种情况下我们至少先认定为反弹，如果后面至少再出现 2～3 个交易日的温和放量上涨，再逐渐提高反转的可能性，修改交易策略。许多投资者发现大盘或个股突然某一天放量上涨了，就盲目地认为要反转了，最终都被现实无情地打脸了。尤其是个股，在经历了连续的下跌后，上方会形成多道密集的筹码套牢盘，若要攻克它们，就必须要有持续性的大量买单去消化掉这些套牢盘，因为会有很多被套筹码在解套后或即将解套时选择卖出。仅仅一两个交易日的资金净买入就想完全消化掉上面的套牢盘是绝对不可能的。当然有一种情况除外，就是某只个股流通盘大多数都在机构手里，这样的话即使不需要太多的买盘和成交量，也会推动股价大涨。当然这种情况仅限于那些大庄股，但即使是这样，前期机构在建仓时也必然会出现下面要讲的无建仓反弹。

（2）无建仓反弹。机构的建仓不是一两天一两笔交易就能完成的，市值越大的个股，建仓周期就越长。通常市值较大的个股会出现长周期的建仓行为，而每一次建仓都会引起短暂的量价齐升。各位读者复盘的时候会发现，某些个股每隔1个月或者一定时间，股价就会上涨，成交就会放大，持续1~2个交易日后便再度回归平静。当这样的情况出现第三次或第四次时，主升浪行情很大概率就会出现了。所以当下跌趋势中的个股只是首次放量反弹时，一定不能马上定性为反转，除非上涨是有重大利好因素的。正常情况下一定先认定为反弹，然后观察放量的持续性和力度，如果突然放出巨量甚至天量，就完全可以认定为反弹。

（3）巨量天量无反转。成交量并不是越大越好，反而是物极必反。天量和巨量都是明显的阶段顶部或绝对顶部的动能信号，因为机构的操盘行为是急功近利的，或者说是出货所导致。巨大的成交动能柱中，可能卖盘和买盘是一样多的。出现过大的量能，后期无法形成超越，多头行情自然是走不远的。可以纵观几乎所有的大牛市个股，成交都是十分温和的增长与回落，不会存在天量或巨量的情况。为何说几乎所有而不是全部，那是因为也有特例。比如某些个股受到大利好的刺激，机构前期没有来得及建仓，所以各大机构和散户都会抢筹，洗盘也在拉升过程中进行，而且持续时间很短，就会出现连续的天量、巨量涨跌。

2021年9月7日我购买了祁连山，在此之前，祁连山的股价已经连续反弹了一定的幅度，最近6个交易日中的3个交易日都出现了放量上涨的良性走势，由此认为出现了多头启动的初期信号。此次的交易时机非常凑巧，建仓后的第二个交易日股价就出现了涨停行为，但我却在涨停板的位置将其卖出，不知道大家能不能看出都有哪些原因。

投资技术篇

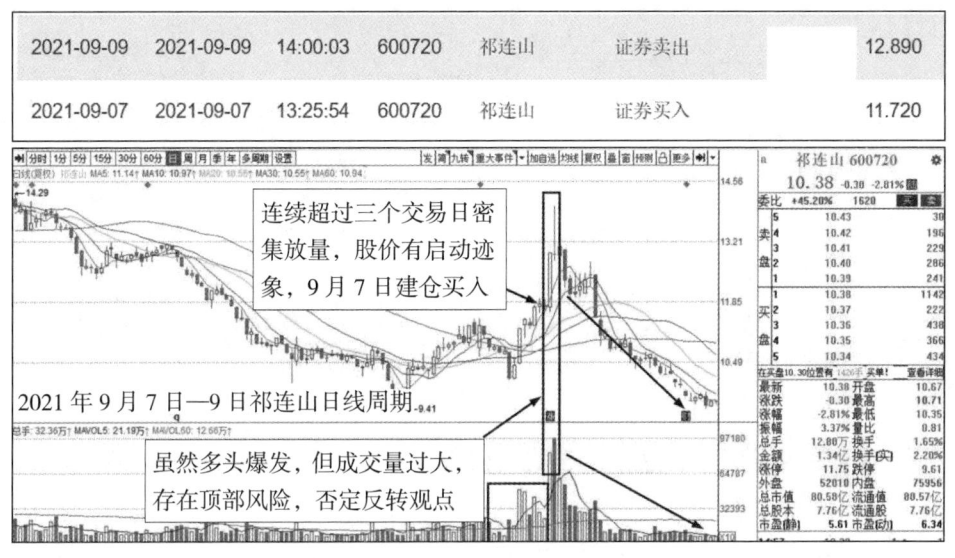

图 40

其实最主要的原因还是上涨量能过大的问题。首先主升行情的初期或中期阶段，是不应该有过大量能的，出现这种情况，只能说明有大量的筹码卖出，这一点从股价当日涨停的时间就能看出。当日祁连山的涨停时间是在尾盘收盘前的 10 分钟，前面讲到过涨停板的优劣，其中提到临近尾盘才涨停，这样的涨停板质量是最差的。这说明一是抛盘压力大，二是机构的资金有限，拉升不够坚决。我也就此完全否决了反转的可能性，虽然次日依旧有所拉升，记得当时我还有些自责（如果第二天再卖会多赚一些），但很快股价就出现了更大的成交放量回落，收出一根超长的墓碑线，随后股价一蹶不振，回到年内低点。我也觉得很庆幸，如果我依旧保持反转初期的看法，或者机构在涨停板那一天就开始出货，那这笔交易岂不是以失败告终。这个案例给大家带来的警示就是，千万不要盲目地对一只股票的走势乐观，要判断其正在发生的反转，慢慢地去验证。

趋势反转只有一种，以上三种反弹都排除的上涨行为，那很有可能就是真的反转了。其实反转很好判断，只需要一个条件，就是充分的动能。

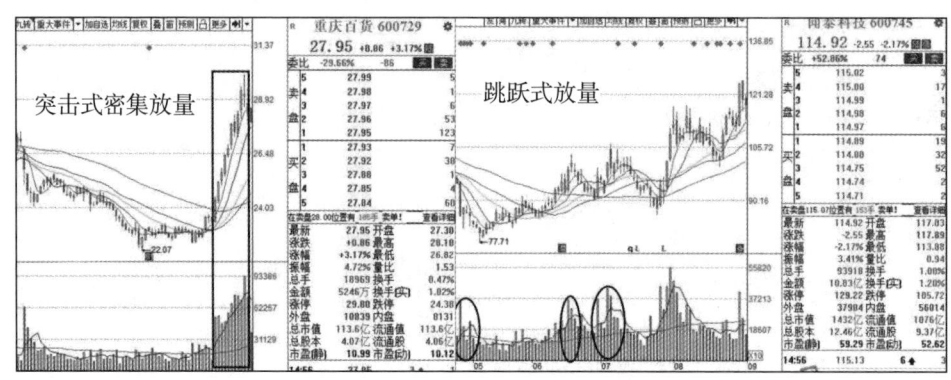

图 41

不论是像重庆百货这样突击式的密集放量,还是像闻泰科技这样跳跃式的放量,都可能会导致股价底部反转。需要注意的是,突击式密集放量带来的反转往往行情持续时间短,但是爆发力很强,短期内就会有巨大的涨幅,机构的操盘目的其实也是短期的炒作行为。跳跃式放量是因为前面机构已经多次建仓,这种情况多出现在中大盘股中。之所以机构耐心地建仓,就是为了拿到足够多的筹码,未来的上涨目标也必然不会小。所以一旦股价出现上涨,持续性是非常好的,而且呈多波段式的上涨,也是最安全的投资目标。

密集放量式的反转行情,投资者可以在三个放量上涨行情当日的下午或者次日进场。如果你发现得晚了,股价已经连续放量上涨了超过 6 个交易日甚至更多,最好就不要追了,尤其是即将到达下跌前的高点附近时。跳跃式放量反转过程中,投资者可以在股价处于底部时,第二轮放量上涨的机构建仓信号出现后,等待股价回调至本轮上涨前的低点附近进行首次建仓,然后等待第三轮放量上涨时,再观察本次上涨行为是又一轮建仓还是就此展开主升浪。不论是哪一种反转行为,需要注意的是,如果突然出现巨量甚至是天量,尤其是绿色的能量柱,就要做出判断,是否是反转变反弹,或反转结束。其次,如果出现反转信号后买入,但股价并没有反转,涨幅也不大,反而出现放量下跌,必须先行离场,因为很有可能是企业或行业有潜在的利空被机构捕获。

第39问 个人投资者用什么竞价和委托方式

这是一个基础问题，但是不论是竞价方式还是委托方式都是有选项的，有选项就会对应不同的情况，就会带来不同的结果。首先是竞价方式，竞价方式有两种：集合竞价和连续竞价。大多数个人投资者都以连续竞价为主，集合竞价却很少使用，甚至从未使用过。

连续竞价这里不多讲，主要来说一下集合竞价。投资者使用集合竞价，一定要在有特殊需求、特殊情况时，比如个股出现了问题，连续跌停已成定局，投资者可利用集合竞价卖出，避免后面连续跌停无法出逃，但是这种情况都是机构利用量优先、价优先的原则优势提前挂单，所以大多数个人投资者都难以成交或者完全成交。另外，如果判断一只股票可能在开盘不久后将快速涨停，担心无法第一时间进场，也可以使用集合竞价的方式，利用价格优先的原则进行成交。不过能判断出当日股价快速涨停，但又不会一字板涨停，且又不会以特别高的价位入场，想必对大多数投资者来说是很难的。集合竞价多是机构投资者使用的工具，对于绝大多数个人投资者并不适用，没有特殊情况和绝对把握时不要轻易使用。

然后继续说连续竞价中的委托方式，这是与所有个人投资者息息相关的。委托的方式以前只有"市价交易"和"限价交易"，现在变成了"最优五档剩余撤销"以及"最优五档剩余转限"，其实就是将以前的"市价交易"拆开两种单独细分了。简单地讲，"最优五档剩余撤销"就是投资者下单委托后，系统会在最优五档进行成交，如果无法在五档完全成交，剩余委托就会撤销。而"最优五档剩余转限"则是若最优五档成交后，剩余没有成交的部分则会转为限价委托。举个例子，投资者委托买入1000股，但是最优五档只成交了800股，那么剩下的200股或是撤销，或是以另外的价格限价买入。

限价委托是为了利润最大化而以特定价格成交，以及为了尽早进场以高价格买入，或尽早离场以比市价更低的价格卖出。如果是大资金进行大规模的交易，为了与机构及其他个人投资者抢筹，且做到隐藏个人交易信息的目的，可以使用限价交易在买二至买五甚至更高档位买入，或在卖二至卖五甚至更低的档位卖出。所有选择都是一把双刃剑，如果使用不得当，也会起到负面影响。有些投资者单纯是为了少亏一些钱或者多赚一些钱，而限定比市价稍高或稍低的委托成交价格，但是却因此错过了最好的交易机会。所以我经常会跟读者们说，交易的时候不要在乎那几分钱的成本，如果投资成功不会带来太多的利润，反之投资失败，也并不是因为这几分钱的成本造成的，也不会多亏太多的钱。

　　有些人会问，如果目标进场点位距离市价很高呢？如果真是这样，投资者就不会去进行委托了，而是等待价格接近时才会下单。如果是短线投资者发现了交易机会，其实完全可以使用市价交易，因为机会稍纵即逝。如果是中长线投资者，在布局时不用着急进场，不论是初次建仓还是后续加仓以及最后的出货行为，都可以利用限价交易以最优价格交易。但以上使用情形的前提条件是：对价格有一定的把握。

　　市价交易应该是个人投资者最主要的使用方式，尤其是"最优五档剩余撤销"，除非是自己急于全部成交，可以选择"最优五档剩余转限"或者直接采用较高成本的"限价交易"。另外，市价交易不适合大资金的一次性交易，尤其是买进，因为这样会留下太明显的痕迹。我们都知道，对于机构投资者来说，一些操盘行为都围绕着引导散户交易以及对抗其他参与机构。如果被场内机构或者准备进场的投资机构发现有大量的买单出现，那么他们会怎么做？很有可能发生自己被针对的情况。许多股民在网上发牢骚说自己是不是被机构给监控了，看似是开玩笑，但其实如果你的交易量足够大，真的会出现这种情况。我记得在十几年前，许多有真实数据的分析软件出现，许多个人投资者因此获利，当然，后来这些数据都不允许提供了。当时许多机构操盘手开始研究这些软件，哪个软件用的人多，哪个指标或者数据使用率更高，就去操作哪个。其实股票市场有时候就像是谍战剧一样，散户在明，机构在暗，投资者若不想被发现并且被针对，就要学会将自己很好地隐藏起来。

第 40 问　个股雷达是机会还是陷阱

所有看盘软件都有这样一个功能，它可以检测所有个股的异常动态，比如某只个股快速拉升或下跌、大单买入或卖出，封死或打开涨停、跌停。这个功能有些看盘软件叫做"个股雷达"，有些则取名为"短线精灵"。

许多投资者在盘中观察盘面时都会打开这个功能，以便随时捕捉市场中的短线机会。之所以说短线机会，是因为进行价值投资或中线投资的投资者是不会使用的。那么这项功能真的能帮助投资者捕捉到短线投资机会吗？在我来看，这个功能并不是鸡肋，而是根本没用。首先我们要了解个股什么样的表现会出现在这个功能里，那一定是出现了异常波动或异常交易行为。既然出现了异常行为，就一定是有机构在进行操盘，而机构正在操盘的个股风险无疑是最大的。可能许多读者可以一定程度地判断出主力的意图，但是这样刚刚发生异常行为的个股，你需要很长的时间去研究它，了解它，这样一来你便不会马上进行交易，所以这岂不是很无用吗？如果没有经过充分的研究和了解便急于进场，就很可能会进入机构为你设置好的圈套之中。每个交易日都有无数的个股被机构操盘，发生异常行为的个股数量没有一千也有几百，以投资者有限的精力又可以分辨出多少呢。

机构一切的操盘行为都是以引导散户交易为目的，而个人投资者的多数交易行为其实都是冲动交易，并没有做足功课。所以机构往往会利用个人投资者的交易心理、常用分析功能以及指标，有针对性地操盘，制造交易陷阱。比如盘中的无量冲高，五档买盘的虚假挂单，集合竞价的先买后卖，以及虚假消息面和技术指标等。当然，个股雷达也是机构制造陷阱的手段之一。

个股雷达多是给场外投资者制造一个买入机会的假象，当然，现在两融的广泛使用，对于融券卖出可能也有诱惑作用。机构就是利用盘中个股的快速上涨，或者某一个时间点的集中买入，来制造一个机构即将主升的假象，操作起来其实也很简单，只要集中利用资金交易就可以，这一点凡是有点资本的机构都做得到。而且不仅是个股雷达，盘面中也会有所反应，不论是交易明细，还是分时图与K线走势，都会出现相应的信号，这样就会产生多渠道诱多的效应。

可能有人会有疑问，真的有投资者发现股价拉升或大笔买入，就会被诱多进场吗？我可以很肯定的回答：是的，而且很多人跟风买入。有些时候我发现某只股票出现很明显的见顶或者出货信号，但是依旧有大量的人去购买，因为每个人的买入标准和分析模式都是不同的。

股市如此复杂，陷阱无处不在，散户要怎样操作才能不跌入陷阱呢？还是我教给大家的，建立自己的股票池，去买那些自己进行过充分观察和了解的股票，有计划地建仓和离场。对于突发的消息以及机构的操盘行为，不要冲动，谋定而后动。先抱着否定的态度，慢慢提高信任度直至符合买入标准。对于股票池以外的个股，若非突发大利好，不要转移自己的视线。另外，软件上的一些辅助工具也不是越多越好，因为正常的分析用不到。就拿我来说，知名品牌的分析软件什么档位的我都用过，最后还是用最原始的免费版感觉最顺手。

第41问 遇到技术支撑与压力应该如何应对

虽然很多理论包括我在内，都认为技术分析在A股市场交易中起到的作用很小，但是在交易的某些环节上，还是会起到一定的辅助作用。这主要体现在已经确定投资标的后，对增仓、减仓以及进场、离场时机的把控。我看到很多人说，如果这是一家优质企业，股价不高，只要大胆干就完了，股价最终是会涨上去的。在美国股市或许还可以这样做，但是在A股市场是绝对行不通的。如果不是在牛市行情中，再优质的企业，股价爆发往往就是那么一波行情，长期的等待和研究往往只是为了那几周甚至几个交易日的上涨。

我认为，技术分析在A股市场最大的作用就是判断股价的支撑与压力，因为不论是基本面分析，还是我说的机构面分析，都可以判断一家企业是否具备投资标准，却不能判断出价格的支撑与压力。什么价位进场，在哪里补仓，涨到什么位置需要减持或卖出，都需要相应的判断方式，否则就没有办法去制定完善的投资计划。

关于如何判断这些关键的交易点位，本书中也提到过黄金分割线以及筹码分布等方法，如果遇到有一定规律的K线走势，也可以采用画线的方式判断。如果对技术分析有较大需求，可以参看《孝寒点位交易法》一书。如果股价出现了持续的涨跌，已经到达新高或新低，该如何判断关键点位呢？如果涨跌过程存在折返点的话，可以适当参考帝纳波利点位交易法中的"黄金分割目标点等式"。

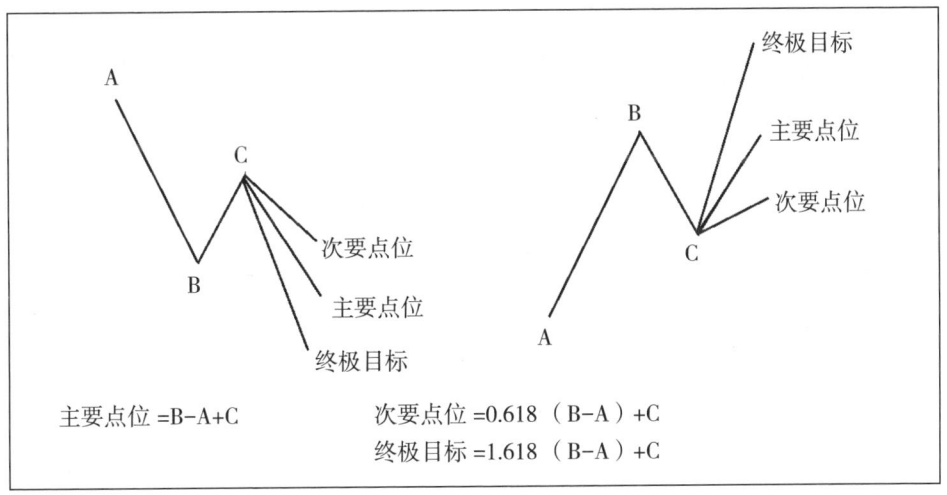

图42

这个分析方法有很大的局限性，必须要有一个A（起涨点或起跌点），以及一个趋势高点或低点，和一波回调波段的高点或低点。如果是股价盘整后直接拉升或杀跌，则目标位置难以判断，就要看机构的目的和操作目标了。

而且该方法的分析精确度不是很高，股价的支撑和压力往往不是技术指标带来的，而是市场投资心理在作祟。越是大家都能够看到的支撑或压力，就越是有效。比如一个强劲的压力位置，往往突破后股价就可以一飞冲天，而反复试探都不破位的某个支撑价位，一旦破位往往会一泻千里。就是因为所有人都知道某个价位或指数点位很关键，不敢贸然采取行动，一旦方向明确后，大家都愿意放手一搏。所以支撑位和压力位没有绝对的有效，机构往往喜欢利用这些散户们认为的强支撑或压力做盘。本小节主要不是讲述支撑位与压力位如何判断，而是要讨论一旦股价面临强支撑或压力位置应该如何处理。

大盘指数也好，行业板块指数或个股价格也罢，支撑或压力位置都不止一个。我们首先要去找到它的主要和次要位置，然后围绕这些重要价格位置做出交易计划。在此需要注意几个问题。

（1）购买标的若即将到达上方压力，不要急于购买。如果你的分析方法没有问题，就要等待价格试探压力后再做决定。或量价齐升形成突破后追涨买入，或等待压力有效股价回踩。突破后买入是为了增加资金的流动性，达到进场即获利以及扩大持仓量追求利润最大化的目的，而回撤后买入则是尽量降低持仓成本和止损线。

（2）当价格接近支撑时买入而不是已经到达时买入。很多时候在机构的操纵之下，价格还没有到达指定支撑位置便展开托盘或反攻，我在外汇和期货市场也多次吃到这样的亏，看好一个交易价位死等，但是总是价格差一点到达目标位就开始反转了，因此错过许多盈利机会。除此之外，在分析具体点位时，不论是我们的分析方法，还是市场自身的表现，都不可能做到十分精确。只要价格到达支撑价位附近就可以进场了，如果支撑是有效的，那么即使价格多回撤一些也不会有很大的损失，而如果支撑破位也不会多亏损很多，但如果因为那一点点的成本而错过一家让我们获得较大收益的好企业，就得不偿失了。

（3）止损不要放在支撑位或支撑位附近。许多投资者看到股价刚破位就止损，或者干脆把止损放在支撑上面，导致止损后股价就反弹，这是很影响心态的一种行为。不管你是专业的还是业余的投资者，都不会精准判断出价格运行的目标位置，所以也不要想着将交易做得十分精确。但是止损位和目标位还是要设置的，建议将止损设置在支撑位下方2%附近，止盈也要设置在目标位下方一点，目的其实都一样，就是守住本金，守住利润。

（4）交易从来都不是一锤子买卖，我们在制定交易计划时，一定会有补仓策略，或是向上或是向下。我建议还是要在突破关键压力位后向上追加仓位平摊成本，乘胜追击的胜率肯定是最大的。如果是向下补仓，也要等到价格到达关键支撑位，托盘比较明显时。当然，前提是你的策略中存在向下补仓的计划，而不是头脑一热的买入。

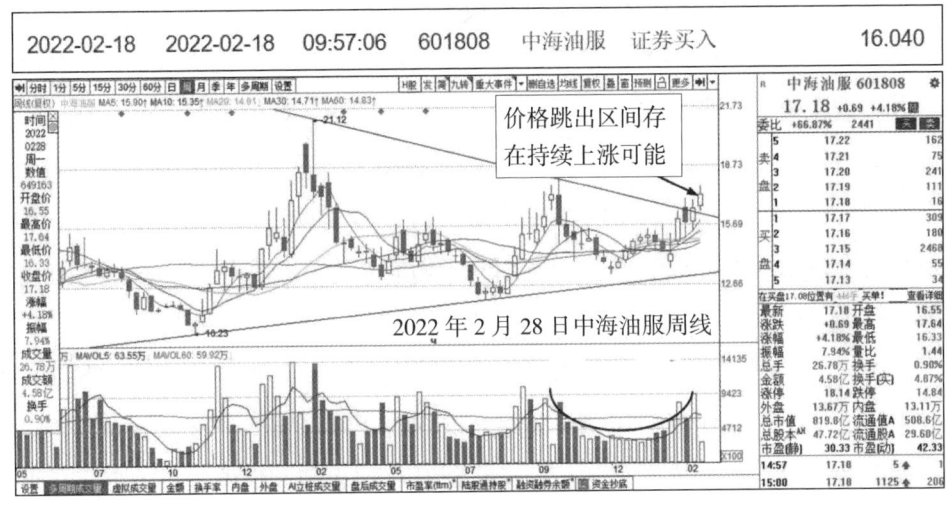

图 43

图43是我在2022年的首笔交易，可以作为案例简单说一下。2022年2月18日，我试探性地投资了中海油服，原因有很多，主要几点就是国际油价持续上涨，地缘政治因素，以及春节后"中字头"概念股机构持续增持力度较大，在最近一个月的成交中，两周出现明显放量。之所以没有重仓交易，是因为股价处于周线的旗形整理阶段，而且尝试过一次突破，却以失败告终。在未确定压力能否突破前，就算要去博突破，也要轻仓而为。2月24日股价大涨8.79%，直接突破周线压力，但是我并没有加仓，因为周线还没有收线，

压力还没有确认有效突破。其次，当时乌俄局势紧张，大战一触即发。果然，2月25日全球股市大跌，上证指数当日最大跌幅达2.45%，不过中海油服的股价最终还是收在了周线压力位的上方。按照正常的策略来说，只要2月28日（周一）没有开盘在压力位下方，甚至量价继续保持活跃，就可以认为是有效突破进而增加持仓了。

现在来看是价格突破了，投资成功了，假设压力没有突破而是下跌，我会怎么做呢？首先，这只股票的投资策略就不是中长期的价值投资，只是炒一个概念，博短期可能出现的一轮爆发，所以8%的最大回撤肯定是要执行的。一旦止损，那么我会等到价格跌至13.50元附近，也就是旗形整理形态的下轨支撑，以首次建仓的两倍数量进行买入。分析就是这样，一步错步步错，一步做对了，后面的判断也很有可能是正确的。既然压力是有效的，说明分析方法是正确的，那么支撑位很有可能也是有效的，此时再次买入，成功率会大大增加。一旦再度破位，那肯定是该止损就止损，所有交易计划以失败告终，这家企业也就失去了关注的价值。因为这说明你对这家企业的分析和判断完全是错误的，或者说你和里面的机构完全不在一个频道，继续执着下去只能是万劫不复。

（5）很多股票的走势反复振荡，价格上下方会出现许多支撑位和压力位。对于这种情况，我建议使用1～2种分析方法去判断支撑位或压力位，重点选择存在共振的位置进行交易。上涨获利时可以在多个位置分批抛售手中的筹码，但是建仓则不行，尤其是回调时低位补仓。低位补仓最多不超过两次，而且补仓区间不要超过10%。如果遇到那种支撑位很多的股票，补几次就变成重仓了，一旦分析错误，价格破位后杀跌，损失会很大，直接就伤筋动骨了。所以要么就上涨加仓一次，如果判断失败就保本离场，要么就下跌加仓1～2次，错了就认输，两头加仓一定是不可取的。

价值
投资篇

第 42 问　大股东减持与回购对股价有什么影响

每当 A 股市场上限售股解禁潮来临，或者某家上市企业限售股解禁，都会引起投资者不同程度的恐慌，因为投资者担心股东的集中或大量减持对于股价乃至整个市场造成不利的影响。在我的印象里，A 股市场出现企业大股东集中减持的行为要远高于增持回购，这也是我更加喜欢美国企业经营理念的原因之一。美国许多上市公司更加注重股东权益，对企业股价的经营也更用心些，当企业股价出现大幅度上涨时，也不会大规模地套现。这些大股东往往希望自己的企业成为百年企业或知名的家族企业，更看重未来，即使股价出现大幅度下跌，这些主要股东也会积极回购，坚定股东的持股信心，同时告诉场外投资者，自己对企业的经营及未来前景信心十足。而国内许多企业的股东则缺少归属感，更看重利润，一旦股价上涨就会高位套现，股价下跌则和散户抢着抛售。

首先我们要了解"大小非减持"的区别在哪里。首先，"大非"是指持股超过 5% 以上的非流通股，"小非"指的是持股低于 5% 以下的非流通股。判断大股东增减持对于股价的影响，主要有以下几点建议供各位读者参考。

（1）牛市行情中，各上市企业的股价都会有不同程度的上涨，这时上市企业的股东限售股解禁套现是正常行为。如果股价回调后减持的股东又低价回购，依旧说明这家企业还是具备投资价值的。

（2）了解股东减持比例，少量减持套现对股价影响不大，如果大量减持，必会对股价造成持续性伤害。

（3）非牛市行情出现大股东大量甚至集中减持的情况十分危险，这些公司管理层对企业内部问题最清楚，如果减持企业股份，就说明这家企业蕴含经营风险。

（4）有些上市企业会在年底减持，用套现资金给员工发放年终奖金。

需要靠套现股份发奖金的企业，未来的前景可想而知。

（5）现在的 A 股市场中，企业为了圈钱融资上市的情况依旧层出不穷，限售股第一次解禁就开始出现较大规模减持的企业就属于这样的企业，而这样的企业业绩往往都不怎么样。

（6）上市公司一般都会与一些投资机构有密切的联系，很多上市公司股东准备减持前，都会发布一些看似利好的消息，先让机构拉高股价，便于更好地套现。所以一旦投资者持仓的股票出现快速的上涨后转跌，公司发布股东减持公告，此时不论盈亏都应该及时离场。因为此次上涨就是为上市企业股东减持准备的，包括并不是很重要的利好消息。一旦上涨结束，股价不仅会出现大幅度的下跌，而且很长时间都不会再出现像样的上涨行情了。

（7）关于股东的增持问题，我想说的是，任何股东的增持行为都是值得鼓励的，都应该受到投资者的关注。但是投资者也要分辨出这些公司高管的增持行为是给投资者做做样子还是真心回购。这一点可以从股东增持力度来看，以及股东增持前有没有出现更大规模的减持。

投资者要格外注意 A 股市场上权重股或者是权重股扎堆的行业出现集中减持的行为，这确实会给投资者造成恐慌，对指数形成打压。2021 年五一假期结束后，超过 40 家大型上市企业发布了减持公告，大盘指数也在节后进行了连续的回调。

第 43 问　市盈率（静态、动态、TTM）的区别是什么

市盈率对于许多投资者来说并不陌生，投资者也会利用市盈率分析上市企业的估值，判断投资价值。正如一千个人眼中有一千个哈姆雷特，同样，一千个投资者利用市盈率判断的企业价值也都不尽相同，投资结果自然也不同。之所以出现这样的问题，是因为每个投资者对市盈率的理解和使用方法

都不同。很多专业人士对于市盈率的看法不一，有些人认为结合市盈率可以有效地分析企业估值，但越来越多的人认为市盈率比较鸡肋，反而容易误导投资者，虚假成分较高，尤其是在 A 股市场，市盈率的参考价值并不高。本小节我们就来讲一下市盈率，未来是否用于指导市场应用，各位读者可根据自己的观点决定。

市盈率通常分为三种：市盈率（动）、市盈率（静）、市盈率（TTM），相关数据在看盘软件中都可以查到。市盈率的计算方法也颇为简单，即市值/净利润=市盈率，只要市值（股价）增长速度高于企业净利润增速，数字便会升高。在同一时间、同一价格的情况下，这三种市盈率却完全不同，其区别主要在于"净利润"的统计方式上。静态市盈率计算净利润使用的是上一年的数据，比如现在是 2021 年 5 月份，当前时间点所有股票的静态市盈率都是按照去年也就是 2020 年的年度数据计算的，今年一季度已经公布的财报完全用不到，所以静态市盈率不免有些滞后，也不建议各位读者参考使用。

动态市盈率的计算中，净利润从历史数据值变成了预估值，比如现在是 2022 年 5 月份，上市企业半年报自然还没有公布，但是一季度报表是已经公布了的，这时就可以根据一季度报表中所公布的数值来预测全年的盈利情况。比如我的公司每个季度业绩增长很稳定，平均每季度增长 10%，而今年一季度净利润是 1000 万元，那么全年利润的预测方法则是一季度 1000 万元＋二季度 1100 万元＋三季度 1210 万元＋四季度 1331 万元＝4641 万元。但是这样的计算方式存在一个问题，如果企业每季度的业绩都如此稳定的话，自然具备参考价值，比如白酒、医药等一些业绩稳定的行业或企业。但是科技类行业或者科创板企业就不太适用了，比如中芯国际这样的企业，虽然每季度皆有盈利，但非常不稳定，有些季度小幅盈利，有些季度却呈几倍的增长，这对动态市盈率的计算影响很大，得到的市盈率也比较不稳定，但相比静态市盈率还是有更高参考价值的，所以使用的时候投资者要考虑到行业、企业的不同。

TTM 市盈率也被称为滚动市盈率，这种市盈率是比较"务实"的，也是使用最为普遍的。因为滚动市盈率的计算中，净利润既不是完全的历史数据，也不是预测值，而是当前一季度的净利润加上上一财年二三四季度的净利润。动态市盈率因为预期数值比较多，所以对某些周期性行业并不适用，无法准确预期淡季以及旺季的利润，而 PE-TTM 的统计方式要更全面一些。

市盈率被投资者称为股市的指针，但目前 A 股市场整体市盈率偏高，让人望而生畏，渐渐地，这一指标的重视度日渐下降。造成这种情况的原因主要是 A 股市场上低市值的企业偏多，而投资机构较多，监管力度略有不足，导致操纵和炒作行为严重，自然市盈率飙升。此外，新兴市场以及新兴企业的市盈率会普遍偏高，所以投资者在分析企业时，不仅要与同行业的其他企业进行比较，也要与整个市场的平均市盈率进行比较。如果一家企业的市盈率过高，说明其中的泡沫比较大，比如市盈率高于 100，其股息收益率为 0，那么投资者就可能要超过 100 年才会回本盈利，这样的企业是绝对不适合长期投资的。市盈率多少是合理位置？没有具体答案，有些人认为是 20～30，有些人认为 15 以上算高，15 以下算低，但这都不是标准答案，因为 A 股市场根本就没有标准答案。估值的范围会有摇摆，因此也被市场称为"摇摆估值"。估值的上涨其实是不封顶的，超过 100 倍估值的企业越来越多。但俗话说物极必反，不论是市盈率过低还是过高，最终都会被市场修复的，这也称为"估值回归"。

投资者不能只根据市盈率高低去判断企业是否具备投资价值。比如贵州茅台，2020 年初市盈率就已经高达 30 倍，但因为企业的一些特点，一年的时间市盈率涨到了 70，当然股价也翻了一倍。顺丰控股 2021 年 2 月最高峰值市盈率达到了 72.83，当时 2020 年第四季度净利润达到了历史最高峰 73.26 亿元，股价也达到了 124.37 元 / 股，但是紧接着股价就腰斩了，市盈率下降到 58.74 倍，这主要是因为顺丰控股 2021 年第一季度出人预料地亏损了 9.89 亿元，这就是"估值回归"。

低估值就一定是安全的、有投资价值的吗？当然不是。2017 年长安汽车年报中净利润 71 亿元，当时的市值我记得还不到 700 亿元，市盈率也低于 10，看起来远低于同行业其他友商，很具备投资价值。但如果你在 2018 看到年报和市盈率后买了长安汽车的股票，那么当年你的股价将遭到腰斩，因为整个 2018 年财年，长安汽车的净利润已经不到 10 亿元。

这三个案例的三家上市企业的市盈率都处于不同水平，却总是能走出出人预料的走势。所以在很多贴吧、论坛中，经常有人会说自己被市盈率给害惨了。过于执着市盈率不是一件好事，任何一个投资市场，都不会有哪一个指标或分析方法是可以一招鲜吃遍天的，所以我们要利用一切实用手段综合研究得出结论。当然，也并不能说市盈率就是无效的，只是只能作为分析过程中的一个环节或参考项，还需要结合企业自身的经营层面进行判断。简单来讲，一家企业业绩稳定，有足够的赚钱能力，估值高一些也可以获利。相反，一家企业哪怕市盈率再低，但是存在巨大的经营风险，业绩不稳，投资结果也未必会好。总结起来一句话，寻找那些经营能力较强、业绩稳定的企业，市盈率比较低则可以投资，市盈率过高则可以等待估值回归。

第 44 问　央行降准资金会流向股市吗

2021 年 7 月 9 日，中国人民银行官网发布消息，决定于 2021 年 7 月 15 日下调金融机构存款准备金率 0.5 个百分点，一时间成为各大新闻媒体的头条，引起金融市场、房地产等市场的无限遐想与展望。本小节就来说说央行降准对股市的影响。

下调存款准备金率是央行实行宽松货币政策的一种方式，主要目的是增加市场流动性，使商业银行可以有更强的信贷投放能力，主要还是为中小企业注入资金，更好地支持实体经济发展。在没有相关限制前，央行降准释放的资金确实有很大一部分都流向了楼市，即使中央规定"房住不炒"以及"三道红线"之后，依旧没有完全解决楼市炒作的现象。因为有很多企业不缺钱，但依旧会贷款，以隐晦的手段继续炒房，因为不论是企业还是个人，现在都知道一个道理，投资房地产的风险是最小的，增值是稳健的，即使未来资金流动性出现问题，把房子卖掉也不会有太大的损失，是一种非常优质的固定资产。而这些根本就不需要贷款的企业，占据了大量的贷款额度，严重挤占了实体经济特别是小微企业发展的信贷资源。2020年新冠疫情爆发后，央行多次降准，虽然当前管控严格，部分资金依旧还是以经营贷、小额信贷的方式违规进入楼市，成为许多大城市炒房客的"弹药库"。本来是给中小企业减负、扶持企业的资金，却被一些投机客或企业加大了炒房杠杆。

降准之后的资金不会直接流向股市，但是对股市的影响还是很大的，这些都是在侧面上予以体现的。由于当前大宗商品价格持续攀高，给很多相关企业造成很大的压力，这样一来，降准释放出的资金便可以对冲大宗商品价格上涨带来的影响，减轻企业的资金压力，同样的道理也适用于人民币升值带来的出口压力。有资金需求的企业获得了贷款，减缓了经营压力，一旦企业经营方面得以改善，整个国家的经济恢复工作有条不紊，股市是经济的晴雨表，自然对股市是有很多好处的。此外，许多投资机构的投资策略都是以货币紧缩为框架制定的，央行主动释放宽松信号，会改变许多投资机构的策略，对许多企业的抛售计划做出改变，减少股市的资金流出。众所周知，降准对于股票市场来说代表着"利好"，不论结果如何，即便从心理上说，也会对诸多投资者起到心理提振的作用。

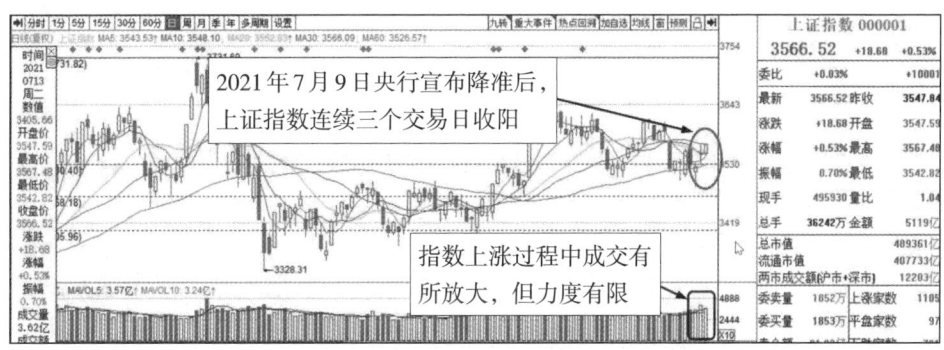

图44

从历史的角度来看，央行降准对股市的影响多为正面的，据统计，有56%的概率会促使股市上涨。单从数据来看，可以看出降准政策对股市的刺激其实并不是很大，以往股市的大小牛市也并非是由降准引发的。我认为降准对股市的影响可以说是锦上添花，刺激牛市行情进一步扩张，走得更高更远，但也只是锦上添花，不会是雪中送炭，引发牛市。

降准对于市场企稳以及提振市场信心还是有一定作用的。从图44中看到，在央行降准消息出台之前，A股市场虽然依旧保持振荡，但成交出现了明显的萎缩，指数也不断地尝试向下破位。总之市场算不得很弱，但味同嚼蜡，投资者热情不高。但是在7月9日降准消息一出，股指立竿见影地出现了反弹，我持仓的中国中免此前连续多日回调，亏损幅度一度逼近8%，结果降准消息一出，单个交易日涨幅就超过了8%，不得不说，降准对于股市短期的走向还是有一定影响的。但是我们从市场成交来看，降准消息落地后的几个交易日，增长其实并不明显，只有几百个亿。这也进一步验证了我的观点，降准可以稳定市场，但不能刺激市场。

上面所说的是央行降准消息落地对股市的短期影响，长期的影响还要看释放出的资金对于楼市的提振以及实体经济的振兴效果如何。但是从以往的情况来看，降准对于股市的短期刺激是要大于长期的。所以投资者对于央行降准释放出的信号要以平常心对待，既不可以无视对市场的影响，更不可以放大对市场的影响。应该密切关注市场投资人气的变化、机构操作策略的变化，以及受益于央行降准相关企业经营面的变化。

第45问　轻资产和重资产企业哪种更好

投资者可能在选择投资标的的时候会去考虑一些财务数据或者股东结构等方面的问题，但是很少有人去注意这家企业是属于轻资产还是重资产类型。放在十几年前甚至更早的时候，重资产和轻资产企业的差别其实并不是很明显，但是社会发展到今天，企业经营模式不断变革，这里面的差别就很大了。对于我来说，更加喜欢轻资产企业，因为本身资金实力在这儿，放到大蓝筹里面可能就会看到一朵水花，而且很快会沉入到汪洋大海之中。其次就是船小好调头，可以追求更高的利润。不过轻资产和重资产企业不能说谁好谁坏，这个要根据行业特点以及投资者的风格来决定。可能很多投资者会一头雾水，轻资产、重资产到底是个啥？下面就简单介绍一下轻重资产的经营模式。

对于轻资产经营模式，首先要走出一个误区，轻资产不是没有资产，更不是空手套白狼。轻资产的"轻"是少的意思，而不是没有。轻资产的经营模式主要是将商品制造和分销业务进行外包，自己只需要对产品进行设计以及市场推广。比如现在很多合资企业、国外企业出品牌出技术，国内企业负责组装和销售就可以了。还有现在做手机的，苹果公司就属于一家典型的轻资产企业，产品的组装都是外包的，苹果公司做什么呢？树立品牌形象，研发新产品、新技术。还有现在做芯片的，设计芯片的往往不生产，而代加工的往往不设计。还是以苹果公司为例，苹果公司负责产品的设计和研发，不进行生产，利润靠销售硬件以及应用，所以苹果公司是一家典型的轻资产企业。而下面的代工企业，因为要租厂房，买设备，扩大生产线，但是不需要研发和销售，所以不完全算是重资产经营，但是如果两家企业合并，就完全是重资产经营模式了。

对于重资产经营模式，实际上并没有具体的定义，只是对比轻资产以及边际投资收益率来判断的。比如苹果公司的收益要增加1元的净利润，需要再投入1万元，而华为公司要增加1元的净利润，需要再投入100万元，相比之下，苹果公司就是轻资产企业，而华为公司就是重资产企业。简单地理解，重资产企业从研发、生产、买设备、买材料甚至到销售，都是一条龙全通业务，或者是同时经营多个不同产品甚至是行业。

看起来重资产企业什么都做，管理起来很难，投入也很大，为什么还有很多企业采用这种经营模式呢？其实是企业自信的一种表现。大多数企业这么做都是以垄断为目的的，有核心技术，有庞大的资本支持，这样做更容易树立品牌形象，增强消费者的信心。比如汽车制造业就是典型的重资产企业。如新能源车企特斯拉，不仅每年要不断提高研发费用，设计各种相关产品，而且最近几年加速在全国架设充电站，在各个国家开设新的生产线，这都需要企业大量地砸钱去提高产能，提高性能。如果你的产品达不到预期，市场表现差，那么大量的折旧费用、财务费用、研发费用、宣传费用叠加在一起，会让企业非常难受。很多国内汽车品牌在广告宣传上的投入资金十分惊人，如果不能把这些投入转化成合理的产出，企业很难赚到钱。所以你会发现特斯拉用了几年的时间才开始盈利，"蔚小理"等造车新势力的销量已经有很大起色了，但还是年年亏损，甚至是卖一辆赔一辆，一旦资金流出现问题，企业很容易破产。

　　根据我们对轻、重资产经营模式的了解，可能会发现一些问题，重资产的经营模式更利于树立品牌以及增加信任度，但是也有巨大的风险，比如投入巨量的资金，消耗了许多资金成本。花费大量的资金购买设备，增加固定资产，一旦行业出现变动，需求下降，资源不足，库存持续增加，折旧不断增加，将会拖垮一家企业。庞大的投资却换来较少的利润，而且后续的投入规模也很大，一旦经营出现瓶颈，想要进一步实现业绩突破，还要大量砸钱，但结果依旧是花大钱赚小钱。说到这儿，可能很多投资者就知道为什么"三桶油"总是不赚钱了吧，当然这只是其中的原因之一。但是轻资产也不是尽善尽美的，其中最重要的就是品牌效应。很多知名品牌初创阶段也是重资产经营，一旦品牌知名度提高了，就开始转向轻资产。轻资产经营"品牌"至关重要，虽然品牌不产生资源，但品牌是企业核心竞争力的主要表现。你的品牌更大更知名，产品不愁卖，可以得到很多谈判资本，更低的代工费用，吸引更多用户，让你的产品不愁销量。比如现在的合资车，哪怕是代工，它还是宝马，还是奔驰，消费者依旧趋之若鹜。但是如果你没有品牌效应，要想轻资产运行，那么代工费和材料费等都不好谈，而且销量又不高，企业怎么赚钱。所以轻资产企业要么品牌知名度高，要么有行业领先的技术。如果什么都没有，轻资产经营模式将不会持续长久。

通过上面的介绍，大家基本已经可以分清楚一家企业是属于重资产还是轻资产了。这里还有一个市场上目前比较通用的方法，就是看企业分红后的盈利情况。如果一家企业把利润全给股东分了，导致经营利润停止增长或小幅缓慢的增长，就是重资产企业；如果分红后企业净利润依旧保持较高速度的成长，那么这家企业就是轻资产企业。

目前股票市场的重资产企业基本都属于大蓝筹，投入大，利润低，但是经营相对稳健，股价波动也不太大。要注意的是，不是所有的蓝筹股企业都是重资产，比如白酒行业就是典型的轻资产。所以在分析重资产企业时，要重点放在品牌的溢价以及产品的更替上，比如这家企业的产品是不是落后被淘汰了，而且还没有新的替代品，导致销量大幅下降，或者是否有影响比较大的负面消息影响了品牌价值，以及库存有没有较大幅度的增长。最重要的就是资金流，重资产企业一般融资需求比较大，会有大量的借款，所以这家企业如果偿债能力比较差的话，是很危险的。轻资产企业要注意的就相对少一些，同样是品牌问题，这个对所有企业都是很重要的，然后就是企业管理方面的问题，这个投资者很难直观地看到，只能从财务的大幅度变动上发现大概的问题，最重要的还是两个字——"业绩"。轻资产企业本身就是要小投入产生大回报，但是如果你作为一个轻资产企业，业绩表现平平，增长缓慢，这一定不是一家好企业。这里我们只需要区别轻资产和重资产企业即可，分析投资价值还需要专用的方法。

第 46 问　美国缩表加息对 A 股有什么影响

市场预测，2022 年美国会进行三次加息。对于当前美国持续增长的通胀压力，美联储官员十分担忧，所以"缩表"也是迫在眉睫。美国的就业市场表现不错，已经快达到快速达标的状态，失业率也是连续数月下降。

美国高盛集团预测美国在 2022 年至少会加息四次，并且世界上各大投行也都开始着手应对美国的连续加息，其中进行对冲做空美国国债就是手段之一，目前美国国债的下跌势头非常强劲。

美国加息、缩表对中国或者说 A 股市场有什么影响呢？美国不论在军事领域、科技领域还是金融领域，在国际市场都有绝对的主导地位，一些重要的货币或财政政策都会有极大的辐射面，当然对于中国多少都会有些许影响。就好比当年美国的次贷危机，就让欧洲吃尽苦头，中国受到的影响最小，但是也遭到了拖累。下面从美国的缩表和加息两方面来说说对 A 股市场可能会造成的影响。

"缩表"就是缩减资产负债表。企业有资产负债表，国家也是一样。2008 年金融危机之前，美国的资产负债大约是 9000 亿美元左右。但是经过这么多年一轮又一轮的货币量化宽松政策，到 2021 年 12 月，美国的资产负债已经达到了 8.76 万亿美元的水平。"缩表"的目的就是将外面的美元收回来，从而降低资产负债。

通常"缩表"的做法就是卖出资产（国债或 MBS），手上的债券自然到期不再进行购买，卖出长期债券，买入短期债券，从而缩短持有债券的久期。比如 2017 年开始，美联储就决定每个季度允许部分证券（100 亿美元）到期后不再续买，每个季度以 100 亿美元递增到 2018 年底。"加息"就不用多做解释了，下面主要说一下对中国经济以及股市的影响，并且找到相应的应对策略。

1. A 股会走出独立行情吗？

从单方面来说，美国缩表对中国的影响是要大于加息的，若同时进行且速度较快的话，影响还是蛮大的。很多股民都说 A 股会走出独立大行情，在我看来这只是自欺欺人。从历史数据来看，美国在缩表或加息的时候，A 股很少走出独立上涨行情。

尤其是 2018 年美国连续四次加息，而这一年 A 股市场全年走熊，上证指数下跌 813.27 点，跌幅 24.59%，可以说是熊冠全球，用了整整一年的时间才缓过劲来。2022 年美国又要加息四次，历史是否会重演，值得我们警惕。

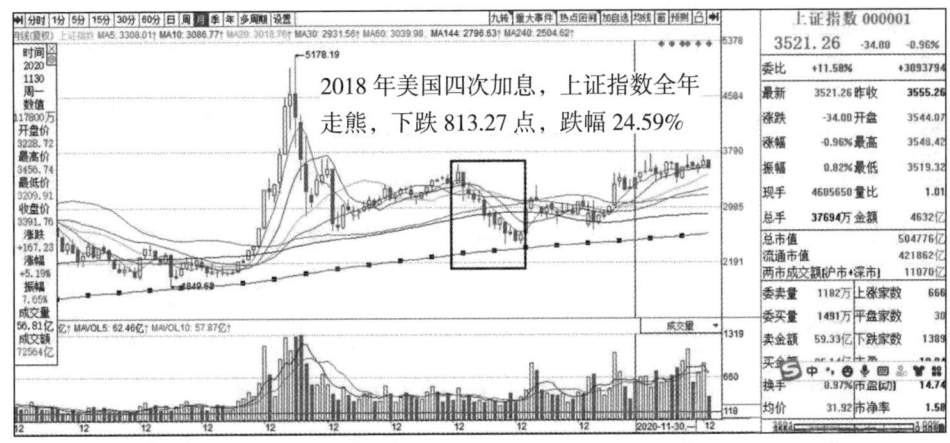

图 45

2. 加息和缩表的具体影响。

加息和缩表都是为了回笼美元，届时美元会出现升值的情况，自然就会导致其他国家的货币发生贬值。当然人民币的资产价格也会下降，从而使中国经济走弱，虽然这能够推动中国出口的增长。另外，美元走强会导致大宗商品价格下降，也有利于我们降低进口成本，但整体来看还是弊大于利的。中国经济走弱了，资本外流了，那么 A 股会如何表现，也就显而易见了。所以美国缩表加息对中国经济和 A 股市场都十分不利，不论是国家整体经济还是金融市场的投资者，都要提前做好准备，应对接下来的市场乱局。

3. A 股一定会下跌吗？

这也不是绝对的。从历史来看，美国缩表以及加息，中国的应对策略以及相应政策都是比较温和的，不会造成太大的市场波动。如今的市场格局和形势与 2018 年又有所不同。从短期来看，资金确实会出现一定程度的外流，但眼下新冠疫情依旧在全球肆虐，欧美国家确诊以及死亡人数屡创新高，唯独中国应对得当，成为最安全的国家之一。自新冠疫情横行至今，中国的制造业最先复苏，逆向增长，这无疑提高了我国整体的投资价值。

所以 2022 年直至美国结束加息及缩表之前，A 股市场都是不稳定的，如何应对，能否真的出现独立的强势行情或是和 2018 年一样走熊，这要看未来政府的相关政策。如果随波逐流，跟随美国一起加息，那么 A 股市场必将难以强势，即便没有 2018 年那么糟糕，但也不会强到哪里去。如果国家推出逆向政策，不仅不加息，反而还会降息降准，让资本继续享受泡沫，将外资留在国内，或许会出现另外一番景象。美国加息必将会有许多国家"内卷"，届时泡沫逐一戳破，如果我们借此收购海外优质资产，倒也是一件好事。

总之，未来遇到美国密集的加息缩表政策时，投资者一定要谋定而后动，先等待美国的政策靴子落地，跨过这一段的动荡时期，等待我们的对策出台，再根据当前市场反应做出交易，这是最稳妥的。通常遇到这种政策类的行情，不论 A 股是上涨还是下跌，都不会是短期的小打小闹，所以投资者不用担心机会流失，相反，如果能够"躲过一劫"，这可能会成为你一生中最引以为傲的一次交易机会。

第 47 问　市值越高的企业越好吗

得不到的总觉得是好的，这句话放在各个领域其实都是行得通的。在股票市场中，总会有一些超级大盘股和高价股，会让很多人认为这么高的市值和股价，企业一定很好，但其实市值、股价和投资价值很多时候并不成正比。

企业市值的组成其实很简单，无非是总股本 × 股价，所以高股价并不代表高市值。同样，股本多也不一定代表市值就很高。其实高股价和高市值的企业在 A 股市场并不受到个人投资者的青睐，主要是以机构参与为主，所以很多企业股价过高后，就会以除权的形式降低股票价格。这与投资者的一些固有思维有关，比如很多人认为大盘股波动小，缺乏爆发性，高股价代表高风险，一旦下跌，损失更大等。比如当前市场，只要大盘走弱，机构就会拉白酒、拉茅台。都知道茅台表现稳健，但如果真要你买的话，对于 20 万买一手茅台的情况，肯定有很多人会放弃的，一是很多个人投资者没有这么多的资金，二来则是存在股价高也跌得多这样的错误想法。

虽然投资者存在各种误解，但有一点没错，就是高市值和高股价的企业确实隐藏着较大的风险。首先，这样的企业已经相对成熟，后面的爆发力会明显不足。股价已经达到一定的高度，投资者可获得的回报就会大幅缩水。其次，高市值的企业往往会有更大的泡沫，所谓"德不配位，必受其累"。如果是一家金玉其外败絮其中的企业，那么一旦投资，后果也是不堪设想的。

这时我们就要来讨论一个问题，企业的高股价是如何产生的？其实这个问题很简单，无非是简单的供求关系。买涨的人多，股价自然就会上涨。那是什么原因会让人不断地高价买涨呢？判断一家企业的价值，可以分为炒作价值和投资价值两大类。有些人认为这家企业存在短期炒作的价值，所以股价在短期内出现爆发性的上涨。这样的企业，高股价现象可能不会持续长久，买入持有也是最危险的。但有些企业则具备长期的投资价值，买的人多且持有周期长，短线交易频繁卖出的少，所以股价往往会维持在一定的高位。一家企业的股价值多少钱，一是品牌价值，二是企业产品当前的市场影响，但现在的投资者更加注重企业未来的发展。

在此我们举三个例子，第一个就是贵州茅台。贵州茅台虽然跌了半年的时间，但股价依旧维持在每股1930元的高位，市值超过2.4万亿元。我相信很多投资者都不认为茅台可以值这么多钱，但是事实上"茅台"这个品牌加上"国酒"，还真就值这么多钱。再加上中国投资者保守的投资风格和白酒行业的稳定特性，每当市场不稳定时，机构便会抱团投资，个人投资者也是随波逐流，想跌都难。美国的投资人早已开始更偏好投资科技类企业，而中国的投资人则还是以传统行业为主。每当指数反弹，总是可以看到机构在拉银行、拉白酒，看似反弹强劲，指数翻红，但大多数个股都处于下跌状态，二八分化十分明显。

第二个例子就是恒大汽车。2020年8月恒大汽车一次性发布了6款新能源汽车，一时间成为全球关注的焦点。新能源汽车无疑是现在资本最看重的赛道，吸引众多投资人也实属正常。在没有一款量产车的情况下，恒大汽车的股价持续大涨，短短数月市值就超过了4000亿元人民币，成为中国市值最高的车企。为何资本会如此疯狂，因为都看到了新能源汽车未来的发展潜力，很多之前没有上车的资本看到了恒大这棵大树，认为自己发现了入圈的最佳时机。此外，恒大作为国内前三甲的地产商，资金以及人脉都是顶级的，而且恒大汽车也发出了未来超越比亚迪以及特斯拉，成为国内最大新能源车企的豪言壮语，自然能吸引到许多资本的附和。企业做得好，不如PPT做得好，现在许多企业为了融资不断地画大饼，使很多投资人深受其害，但这就是人性。大多数人都是感性的，或被利益蒙蔽双眼，或缺乏自主分析能力。所以恒大汽车一造势，就有许多人认为恒大未来可期，必将超越特斯拉和比亚迪，直到财务危机爆发，量产遥遥无期，才发现小丑竟然是自己。

恒大汽车的例子就完全说明了炒题材和炒价值的区别，许多投资者认为这是一个短期炒作获利的机会，这种人无疑是聪明的。一家企业的产品还没量产，没有得到市场的检验，过早下定论无疑是一场豪赌，所以那些炒未来价值的无疑是失败者。

第三个例子则刚好与恒大汽车相反，那就是比亚迪。与恒大跨界造车不同，比亚迪是一家传统车企，也是最早享受到政策红利的新能源车企。比亚迪在新能源汽车赛道中已经占有一席之地，产品销量也是屡创佳绩，与天马行空的想法相比，更具有实际性。比亚迪不仅受到了国内许多消费者的青睐，也受到了无数投资人的追捧。花旗银行在一年中多次上调比亚迪的月度、季度以及年度出货量、毛利率和股价预期。所以我们可以看到，比亚迪的高市值和高股价具有更强的稳定性，而且新能源汽车未来在技术上还有很大的创新与改善空间，所以这种高股价高市值是有很大含金量的，甚至未来还会有进一步的增长。

很多人都会怀疑，同样是新能源车企，特斯拉为何市值要更高，难道比亚迪真的就比不过特斯拉吗？其实这是有多方面原因的，比如企业的格局以及对未来一系列经营上的布局、核心竞争力等。而最重要的就是投资环境，美国资本市场的力量无疑要强大许多，尤其是现在，美国资本对于科技类企业的追捧十分狂热。美国股市的十年大牛市还在持续着，无数尝到甜头的人依旧充满信心。而反观 A 股市场，不论是个人还是机构投资者，都是非常谨慎的，甚至对 A 股市场感到绝望。这样的投资环境和氛围下，热钱进不来，股价和企业的市值自然也就难以进一步增长。

所以，在 A 股市场中，的确是不适合投资高市值和高股价的企业。即使牛市到来，也要区分出企业的高速增长是短期炒作行为还是价值投资行为。对于那些只会画饼、不做实事的企业，一定要敬而远之，如果没有在初期的炒作阶段上车，就不要盲目入局。

第 48 问　投资者能变成经营者吗

在国外的投资类书籍里，许多著名的投资人都会提到，投资者要把自己当成企业的经营者、管理者或者是企业分析师。这种说法被许多人推崇，尤其是国内许多 A 股市场的"专家、学者"，经常在公众场合说道这个问题。

如果在美国股票市场，这种做法是值得提倡的。虽然不是所有在美国上市的企业都是真实的，没有虚假信息传播，但是整体环境还是相对符合"三公"原则的。但如果应用到 A 股市场，效果恐怕会大打折扣，这主要和有效市场假说有很大的关系。

美国股票市场无疑是强势有效的市场，在强势有效的市场中，价格反映了包括内幕消息在内的所有信息，投资者无法依据内幕消息获取超额收益。这也是为什么美股许多投资人更喜欢进行长期价值投资以赚取企业分红为主要收益手段。

A 股市场则是介于弱势和半强势有效市场之间，弱势市场中价格包含了历史信息，比如成交量和价格，所以技术分析是无效的，基本面分析还可能获得超额收益，这一点是符合弱势有效市场假说的。而半强势市场中，价格反映了所有公开信息，这一点 A 股市场是不完全符合的，因为有大量企业的股价波动是在反映尚未公开的信息。而内幕消息可以帮忙赚取到超额收益，这一点是符合的，所以我说A股市场是介于弱势和半强势有效市场之间。

我经常提醒投资者，对于国外的一些投资理论不能一味地盲目追崇，这跟崇洋媚外没有关系，完全是因为市场的差异化。虽然这样说，但投资者在分析股票以及投资的过程中，还是不能忽略企业的经营问题，这是老生常谈的话题，就是要看清楚这家企业是实干型，还是纯属玩资本游戏的。

格雷厄姆就特别强调要把自己当成企业分析师，而不是市场分析师，也不是宏观分析师。投资者不仅要考察投资对象，去研究企业财报和实际价值，更要全面掌握公司高层的管理策略与经营理念。作为格雷厄姆的弟子，巴菲特也是信奉这一观点并严格执行的，所以两个人都成为了最伟大的投资者。但这种说法对于普通投资者来说并不适用，首先在信息获取渠道上就不能够完全实现。

比如你想购买一家企业的股票，不可能每次都大老远地跑去上市公司调研，去实地勘察。就算去了，人家是否接待也是一个问题。我以个人名义对上市公司进行电话调研，得到的回答多是"不清楚""请看财报""内幕信息不能透露"等敷衍的措辞，根本得不到正面的回答和有多少价值的信息。所以个人投资者若要从各方面掌握企业信息，可能性有多大？更何况是一些核心问题，比如股东何时要增减持？管理层人事有哪些重要变动？接下来的发展规划是什么？会不会联合机构进行市值管理？这些问题，有些可以通过自己的分析判断得到模糊的答案，有些是无法得知的。

既然这样，作为普通的个人投资者到底应该如何去投资呢？我认为，做一个企业的分析师或管理者，不如做一个行业的研究者。当你对一个行业有了很深刻的研究，那么一旦这个行业整体出现了业绩爆发，再去选择这个行业中受益最大、经营业绩最稳健的企业就可以了，至于什么内幕消息、是否减持的问题，就变得不那么重要了。

其次就是大盘的环境，只要我们能在市场萧条时保持谨慎，交投活跃的阶段适当激进，在有限的好行情中尽量获得更多的收益，即可抵消一部分的个股分析风险。最重要的还是对于机构动向的掌握，A股市场是机构博弈的战场，是散户的修罗地狱。想要存活下去而且还要获得一定的收益，就要有效地选边站队。还是我那句老话，自己不会分析企业不要紧，因为那些专业的投资机构已经帮你分析好了。

我们要知道，在分析一家企业或行业的时候，作为普通投资者，消息来源主要是媒体和上市公司公告，以及某些"知情人士"发布的消息。这些二流甚至三流消息，往往对我们的投资帮助不大，想必各位投资者对此也是深有感触。所以我们一定要清楚，想要靠自己的能力去获得第一手消息其实是很难的。不过我们可以从自己的身边入手，尽量自己去发现，去寻找企业的真相。还是那句老话，个人做投资，不下功夫是不行的。

第49问　如何判断一家企业是实干型还是玩资本

目前国内很少有世界级规模的家族企业或者百年企业，这和历史因素有关，但更关键的是经营理念。最近二十年是中国发展最为快速的二十年，几乎所有人或者企业都在急功近利地拼命"搞钱"。赚快钱的企业越来越多，而真正的眼光长远、实干型的企业却很少。很多企业上市的目的并不是获得融资后进一步发展壮大，取得行业领先甚至世界领先的地位，而是获得资本增值后快速获利退场。

有效判断企业的性质和目的，对投资者来说是非常重要的。如果是实干型企业，采取长期投资策略是比较适当的，短期投资效果反而并不明显，但是对于那些投资效率不高的人来说，却是非常好的选择。对于那些玩资本游戏的企业来说，可能短期投资收益明显甚至是暴利，但如果长期持有，随时都可能爆发意想不到的风险。

现在各行各业到处都充斥着资本的味道，在奈雪的茶上市前，我曾经专门针对该企业进行了分析，可以说没有找到任何投资亮点和经营优势。定位高端奶茶品牌的奈雪，上市前便连年亏损，各种大手笔的业务扩张根本就是拿投资人的钱当废纸。当面临资金困难时选择上市融资，我认为这并不是企业在给投资者一次投资优质企业的机会，反而是挖了一个大坑。果然，该股上市首日股价就跌了 13.54%，最多的一个交易日最大跌幅达 27%，企业股价上市即巅峰，上市后不到一个月就遭腰斩。

为什么企业一上市这些机构就疯抢着往外卖，就怕跑得晚了？原因很简单，因为都知道这家企业的内在价值以及未来会走向何方，这就是玩资本游戏的企业隐藏的风险。如果有个人投资者去购买这家企业的股票，不到一个月亏了百分之三四十，估计心态都崩了。

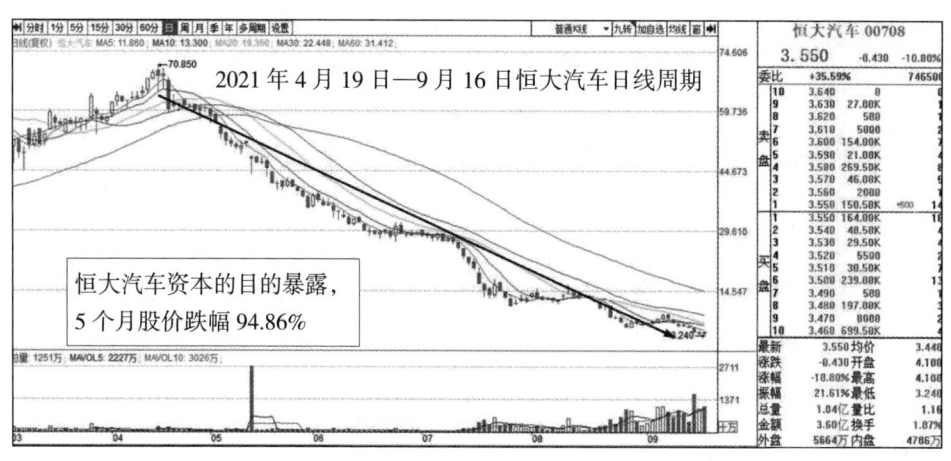

图 46

前面也提到了中国恒大的债务问题，恒大也是玩资本游戏的行家里手。2019 年恒大宣布要进军新能源汽车市场，一时间吸引了很多投资人的关注，早就应该崩溃的股价有如老树发新芽，起死回生了。一年过去了，恒大汽车没有任何音讯。当股价再度开始下跌时，2020 年 8 月 3 日，恒大汽车一次性推出 6 款车型，大有在新能源汽车市场横刀立马的意思。就在这段时间，恒大汽车市值一度高达 7000 亿元，没有一款量产车，却成为国内第三大市值的车企。企业有钱了，是不是车造得会更好，生产线是不是会多增加几条，会不会增加大量的研发经费，好好研发一下芯片、电池、智能驾驶呢？没有，投资者等到的只是多名企业高管、股东的减持公告。此时很多人也终于看清了恒大汽车的真实面目，这又是一场资本的游戏，自此中国恒大以及恒大汽车的股价陷入了无止境的下跌之中。

如今恒大面临着严峻的资金流问题，恒大金服的高管更是早早兑付拿钱跑路，让恒大的口碑跌入了谷底，网络中一片谩骂之声。当年风风火火推出的6款车型而今一款车都没有量产，在市场预测当前恒大资金流不足的情况下，恒大汽车的量产只能无休止地拖延下去，这也让许多期待恒大汽车量产上市的车友们大失所望。

说到汽车，还有一个大家非常熟悉的人，就是贾跃亭。与恒大的相似之处就是，他也是以新能源汽车为噱头进行融资，而且一款量产车都没有。当市场关注度低的时候，就开出样板车溜一圈，让媒体制造一些话题。不同的是，贾跃亭割的更多是外国友人的韭菜。同样是新能源汽车，再看比亚迪，这才是一家实干型企业，每一款新车在性能方面都有不错的提升，在国内的销量也是大幅提高。花旗银行也是连续上调对比亚迪出货量、利润、毛利率以及股价的预期。当然，实干型企业还是有很多的，比如华为、小米、美的等。

就算是实干型企业，也不能无脑投资，也要去判断未来的可能性，以及产品的竞争力和市场效应。同样是新能源汽车，有些企业可能会后来者居上，有些企业就可能永无出头之日。格力也一度涉足新能源汽车市场，但还是无疾而终。所谓隔行如隔山，如果一家药企突然有一天宣布要去研发芯片，虽然芯片是个热门领域，有炒作点，但也要考虑成功的可能性有多大。可能一时能够成为关注重点，但最终结果很大可能会和那些玩资本游戏的企业没什么区别。

传统行业一般都是实干型的，最多也就是搞搞市值管理的小手段。真正资本暴雷的企业主要还是集中在科技领域，所以投资者在准备投资科技企业时就要格外注意，这就好比是投资科创板，收益高但风险也大。

互联网时代铺天盖地的广告和软营销，不一定哪个宣传软文就让你信以为真。对此我总结了以下几点。

（1）尽量看官方消息，不知名或者个人媒体的消息一律先持否定态度。

（2）对存在可能的消息搜集资料慢慢验证。

（3）不投资看不懂或无法做出明确判断的企业。

（4）某企业涉足跨度较大的领域，持谨慎态度。

（5）过于依赖媒体产品宣传的企业，发展空间不大。

（6）上市前持续亏损、毛利率低下的企业，若无足够把握不能投资。

（7）纸上谈兵，迟迟看不到产品和销量的企业，根据情况做资本投资。

第 50 问　毛利率下降对企业的影响有多大

在分析制造业企业时，我最为关注的一项重要数据就是"毛利率"。如果一家企业的毛利率高于其他同类企业，那么这家企业无疑是这个行业的翘楚，会受到更多投资人的青睐。比如现在很多人喜欢拿比亚迪和特斯拉对比，当然，从投资的角度来讲，至少从目前来看，除了爱国情怀加持之外，比亚迪还没有跟特斯拉掰手腕的能力。特斯拉目前的股价是 753 美元/股，市值是 7543 亿美元，而比亚迪的股价是 267 元/股，市值是 7713 亿元人民币。经常有人调侃，特斯拉卖一辆车相当于比亚迪卖六七辆。当然企业的市值不是这样计算的，这只是网民的调侃。企业的估值是从企业的毛利率、核心技术以及竞争力等多个方面去考量的，在二者 TTM 差不多的情况下，很明显投资人更看好特斯拉的未来发展。话题还是回到毛利率上，特斯拉因为独特的营销和制造工业技术等原因，毛利率高达 28%，而且销售定价持续下调，而比亚迪的毛利率始终保持在 20% 以下。造车新势力小鹏汽车 2019 年的毛利率是 -24%，2020 年毛利率终于转正，但也仅有 4.6%，一直是卖得越多亏得越多。蔚来汽车一直被称为是国内的豪华品牌，产品定价比较高，但是毛利率也只有 12.7%，被调侃称每辆汽车里面都包含超过 7 万元的广告费。这样一对比，哪个企业更赚钱？如果你是投资人，会把钱投给谁，答案一目了然。

当然，企业未来还会随着品牌知名度的提高、市场占有率的增长以及技术创新、经营改革等方式提高毛利率。企业产品的毛利率越高，利润也就越高，也会有更多的投资人愿意把钱投进来，直接影响股价，同时就会像滚雪球一样，让企业更有钱，有了更多的钱才可以做更多的研发。

在这么多年对企业的研究过程中，针对毛利率我也发现了一个问题，同行业中毛利率越高的企业，越是容易成为行业的龙头，这样的企业股价也越是稳定，爆发性上涨的可能性更高，而且持续性也要更好一些。相反，毛利率持续下降的企业，股价很少有表现好的，哪怕是一时上涨，最终也会走向衰退。一旦跌下去，想要再爬起来是很难的，企业往往要经历非常艰难的改革与创新。在退市以及目前风险提示的企业中，绝大多数都是因为毛利率持续下降导致亏损不断增加，到终于决定做出改变的时候已经晚了，或者是转型失败。

导致毛利率下降的原因有很多，比如产品原材料价格上涨，同行业恶性竞争进行价格战，研发以及技术成本增加等。举个例子，前段时间我做了一期企业研究的视频节目，内容是格力和美的谁才是空调一哥，最后发现根本没办法进行对比，因为它们都在不同的维度呈现第一的位置。可以说美的和格力空调在国内的占有率绝对是霸主地位，但即使是这样，这两家企业的业绩却是接连下滑。把导致这种情况的所有原因都归结到疫情上，显然是没有说服力的。虽然当前时代技术更新换代的速度较快，但空调绝对算不上是消耗品，更新换代的速度远远不及手机或者电视以及一些小家电，所以市场饱和量也是其中的一个因素。接下来是最重要的两点，美的和格力两家企业空调产品的业务占比都很大，尤其是格力，所以为了更大的市场占有率，更多地销售产品，两家企业都心照不宣地展开了价格战，这一点我们从两家企业的产品价格中就不难发现。任何行业都怕打价格战，最终的结局很有可能是两败俱伤。就像以前券商之间打价格战，你的佣金是千分之三，我的是千分之二，后来演变成万分之二，最后谁也赚不到钱。以前券商办公都是独门独栋或是几层楼，现在变成了写字楼里二三百平方米的小屋。最后一点就是毛利率持续下降，2020 年格力电器的年报显示，空调的毛利率为 34.32%，同比下降了 2.80%，美的集团主打的暖通空调 2020 年的毛利率为 24.16%，同比下降了 7.59%。可想而知，这会让企业损失多少净利润。除此之外，这两家企业在 2021 年半年报中显示，毛利还有进一步的小幅下降，因为价格战还在继续，而产品原材料价格在继续上涨。格力空调的整体毛利率已经是连续 3 年下滑，长此以往，后果不堪设想。而企业毛利率持续下降的问题，所有投资者都可以看到，自然也就失去了投资兴趣。美的集团在 5 个多月的时间里，股价从 106.40 元跌至 61.11 元，格力电器更是连续 5 个月下跌幅度超过 35%，大盘走强都救不了它的下跌趋势。不过两家企业也一定意识到了这个问题，开始及时做出改变及应对策略，比如都开始加强对智慧家电的布局，格力更是积极与华为展开合作。作为中国的知名企业和白色家电的领军企业，我们也希望它们能及时找到新的出路，让企业更快速地发展。

想必各位投资者也知道了毛利率的重要性，希望以后在分析企业的时候也要善加利用。需要注意的问题还是要多说几句，毛利率的对比不能跨领域，比如你用汽车企业百分之十几的毛利率和互联网企业 80% 以上的毛利率进行对比，肯定是不合适的，而是要把你的标的企业与它的友商进行比较。另外，比如餐饮等行业，因为原材料价格经常变动，而且有时候变动幅度还比较大，就像猪肉价格一样，所以毛利率的变动也会比较频繁。

第 51 问　偿债能力对企业经营有何影响

上市企业存在负债是普遍现象，企业的发展也离不开社会力量的支持。但是借的钱总是要还的，当一家企业无力偿还债务时，面临的无非只有几条路可以走。第一，出售资产，收缩规模，偿还债务。第二，等待收购。如果负债规模较大，再好的企业可能也少有人会冒险收购。话说回来了，如果真的是优质企业，也不会出现偿债问题了。第三，现在许多商业银行为了能让企业继续经营下去，不至于破产，推出了换旧债借新债的方式。当然，这也是无奈之举，因为企业继续经营还有偿债的可能，如果破产，那银行的损失是极大的，但这也可能会形成恶性循环。第四，如果企业对整个行业甚至国家整体都有较大的影响力，那么会受到政策扶持，银行以及证券市场都会为其"输血"，但也要看值不值得。最后就是破产一途，至于能否破产重组，也要看其价值。所以上市企业有负债是很正常的行为，但是一家好的企业，有负债的同时也要具备比较强的偿债能力。如果无法及时还债，那么企业未来的发展就会受到影响，甚至会出现更大的经营危机。我们进行企业基本面分析时，偿债能力是一项重要的参考标准。

恒大集团一度稳居国内地产十强并处于前三的位置，却爆发了严重的债务危机。恒大集团目前负债高达将近2万亿元，其实整个房地产行业的负债都是比较高的，但恒大绝对是最离谱的那个。恒大集团的债务危机会带来哪些影响呢？债主催债，员工罢工，法院的催债单应该都可以装满一个办公室了，这样的企业员工在工作时还能有多少热情？股东们因还债焦头烂额，又有多少心思放在经营和发展上？中国恒大在港股中的每股最高价格曾经达到28.72港币，截至2022年4月，已经跌到了每股1.65港币。即使这样，也没有哪个机构敢去抄底，债权人也都不愿意股转债，因为恒大起死回生的可能性微乎其微，目前仍未找到破局之法。

作为锂矿业龙头的天齐锂业，曾经也出现过债务问题，因债务违约和股东减持，面临着不小的危机，而且连续两年的亏损不得不让人担心会进入到风险警示板。但毕竟这两年是新能源汽车爆发的阶段，所谓"一人得道，鸡犬升天"，作为新能源汽车的核心部分"锂电池"，自然也成为投资人关注的重点以及主要的投资风口。一时间凡是带"锂"的企业全部成为投资重点，宁德时代的股价更是持续了18个月的牛市，刷新了每股582.50元的历史新高。而作为国内锂电池前十强的天齐锂业，自然也不遑多让。在锂矿稀缺、价格上涨、市场供不应求的前提下，天齐锂业也在2021年二季度扭亏为盈，股价再度创下历史新高。天齐锂业和中国恒大两家上市企业都面临着负债风险，却有截然不同的二级市场表现。与后者相比，前者无疑是朝阳产业，发展潜力无限，而且负债并不严重。而后者则是巨额负债，又是传统行业整体迎来落日的夕阳。那么，如何去判断一家企业的偿债能力呢？

企业的偿债能力分为短期偿债能力和长期偿债能力。基本上我们主要分析的是短期偿债能力，一是如果短期偿债能力良好，长期也不会差；二是多数投资者的投资周期也不会那么久。分析所用的财务数据，企业财报中都有，找起来也比较轻松，少量数据需要利用财报中的数据进行简单计算。

货币现金（负债表）：货币现金是企业以货币形式拥有的资产。所谓"手中有粮，遇事不慌"，手握大量现金足够支付债务自然是好的，但是货币现金太多，也说明企业经营相对保守。"好钢要用在刀刃上"，所以货币现金适量足矣，否则过犹不及。

交易性金融资产（负债表）：企业管理和交易谋求利润的债权证券和权益证券。

流动负债合计：企业所有流动负债项总和。

现金比率：每1元流动负债有多少现金及现金等价物作为偿还的保证，反映公司可用现金及变现方式清偿流动负债的能力。计算公式如下。

现金比率 =（货币资金 + 交易性金融资产）÷ 流动负债合计 × 100%

比如中国中免，货币现金加交易性金融资产为126.76亿元，流动负债合计为158.01亿元，那么现金比率就是80%，说明该企业短期偿债能力是极好的。这个数值也不需要太大，只要确定企业没有短期偿债风险即可。一般现金比率在50%左右属于正常，超过60%算优秀，低于40%就会存在一定的偿债风险。

流动资产合计（负债表）：所有流动资产项合计。

流动比率：每1元流动负债有多少流动资产作为偿还的保证。它反映公司流动资产对流动负债的保障程度。计算公式如下。

流动比率 = 流动资产合计 ÷ 流动负债合计 × 100%

同样的，流动比率越大，代表短期偿债能力越强。如中国中免的流动资产合计为 338.41 亿元，流动负债合计为 158.01 亿元，则流动比率为 214.16%，同样验证了短期偿债能力是非常好的。流动比率可以以 200% 为分界线，200% 以上为短期偿债能力优秀，200% 以下则为偿债能力存在风险。低于 200% 越多，则短期偿债风险越大。

普通投资者分析上市企业，最主要的就是化繁为简，循序渐进，运用上述指标，基本可以判断企业的短期偿债能力。若要更加精确的分析，可以应用速动比率、资本周转率、清算价值比率等相关数据。

第 52 问　商誉对于企业有多重要

"商誉"这个词，可能对很多投资者来说非常陌生，哪怕平时也会关注基本面，也少有人留意，但是对于基本面分析高手或者专业的财务人员来说，一定不会陌生。

首先简单地说一下什么是"商誉"。商誉通常是指企业在同等条件下能在未来期间为企业经营带来超额利润的潜在经济价值，或一家企业预期的获利能力超过可辨认资产正常获利能力（如社会平均投资回报率）的资本化价值。商誉是企业整体价值的组成部分。在企业合并时，它是购买企业投资成本超过被合并企业净资产公允价值的差额。商誉能获得高于正常投资报酬率所形成的价值，这是由于企业所处地理位置优势，或是由于经营效率高、历史悠久、人员素质高等多种原因造成的，与同行企业比较，可以获得超额利润。

可能仅看定义会让很多投资者一头雾水，根本理解不了商誉的含义，没关系，我们来举一个简单的例子。其实商誉就是一家企业看不到的、隐藏起来的软实力。假如巴菲特的伯克希尔要收购我的云祈投资，而我的公司年利润是 1 亿元，市盈率是 40 倍，也就是说巴菲特只需要花 40 亿元就可以收购我的公司。但是最终伯克希尔收购我的公司却花了 70 亿元，这是为什么呢？因为这家公司的创始人是邢孝寒，有很强的投资能力、名人效应以及强大的人际关系等优势,所以多花这 30 亿元其实是买断我个人的软实力。这也意味着伯克希尔认为在未来的若干年,要靠我的软实力把这 30 亿元赚回来,那么这 30 亿元就是伯克希尔的商誉项目。但是如果伯克希尔成功地将我的公司收购,这时候我却和巴菲特的投资理念不合,撂挑子不干了,那么伯克希尔就要从利润中减去 30 亿元,这个窟窿肯定是要股东去承担的,就会出现一个新词"商誉减值"。说到这里,大家可能就对"商誉"有一个基本概念了,商誉是一家企业隐藏起来的软实力,可以是某个名人、专家、教授、技术、发展潜力等方面的专长。当然,刚才举的例子纯属虚构,完全是自我感觉良好以及美好的憧憬而已。

科目\年度	2020	2019	2018	2017	2016	2015
成长能力指标						
净利润(元)	-4.27亿	3.18亿	4.36亿	4.20亿	4.14亿	2.97亿
净利润同比增长率	-234.27%	-27.07%	3.70%	1.39%	39.65%	32.13%
扣非净利润(元)	-6.29亿	2.95亿	4.17亿	3.30亿	3.67亿	2.89亿
扣非净利润同比增长率	-313.42%	-29.39%	26.42%	-10.15%	27.10%	32.08%
营业总收入(元)	18.96亿	25.32亿	23.62亿	19.64亿	16.92亿	15.78亿
营业总收入同比增长率	-25.11%	7.20%	20.23%	16.06%	7.27%	20.57%

图 47

如图 47 所示,众生药业自上市后业绩就十分稳定,每年净利润在 3 亿元以上或 4 亿元左右,从无亏损。但是 2020 财年的数据显示,众生药业净利润亏损高达 4.27 亿元,这是为什么呢?是企业经营出现了问题吗?还是有什么不为人知的秘密?答案就在"商誉"中。

工程物资(元)	2020	2019	2018	2017	2016
无形资产(元)	2.68亿	3.28亿	3.39亿	2.54亿	2.71亿
商誉(元)	2.09亿	13.11亿	13.51亿	11.80亿	9.23亿
长期待摊费用(元)	23.24万	159.08万	103.98万	87.96万	25.27万
递延所得税资产(元)	3687.01万	5424.57万	1325.57万	551.43万	1156.43万
其他非流动资产(元)	5775.73万	5091.28万	5497.06万	1.55亿	5065.44万

图 48

从商誉中我们发现,众生药业 2019 年的商誉为 13.11 亿元,而 2020 年的商誉却下降到了 2.09 亿元。众生药业的一家全资子公司和数家控股公司,因为疫情等原因导致经营不及预期，才出现了这种商誉减值。众生药业一年的利润也就三四个亿，商誉一下子减值超过10个亿，这个窟窿肯定就需要用股东的利润去弥补，就出现了这种当年严重亏损的局面。商誉减值对于一家企业的影响是很大的，也很大可能会导致股价大幅度下跌。虽然众生药业在年报公布后就跌了10%左右，但在此之前股价跌幅已经超过了50%，机构可是精明得很，总是会跑在散户的前面。试想一下，如果年报公布后看到企业突然大幅亏损，又不知道"商誉"为何物，会不会单纯地认为企业经营出现了大问题，造成恐慌抛盘，一旦形成蝴蝶效应，后果不堪设想。

在疫情期间就有这么一家企业暴了个不小的雷，这家企业一度无脑扩张，国内不够折腾，又收购了几家海外公司。这家公司的估值一共才60多亿元，给这几家公司的商誉就是60亿元。结果疫情来了，国外更是大爆发，这几家公司不仅没有赚到这60亿元的商誉，反而亏得一塌糊涂，所以这60亿元的商誉就被严重高估了，企业要进行60亿元的商誉减值。而这家企业的估值总共也就60多亿元，一年也赚不到几个亿，一下子就要减去60亿元的利润，所以股价一下子就崩了，几个交易日跌幅就超过了30%。这时候就体现出"商誉"对一家企业的重要性了。

一家企业的商誉过大显然是不好的，要在企业能承受的范围内。有很多企业一味地搞扩张，今天收购一个同行，明天又搞个全资子公司，尤其是收购，一般都是高于估值收购的，所以收购的企业越多，商誉值就越大。这些企业未来盈利还好，一旦经营不佳，就会出现很多的商誉减值，不仅财报上不好看，一些偿债能力较差的企业风险更大。股东们一下子好几年白干了，会不会心灰意冷，失去经营信念，出现争先恐后的减持问题，这些问题都会随着商誉的大规模减值而引发。

还有一些企业会在年终这段时间考虑商誉减值，比如今年我的企业盈利大幅提高，所以商誉减值一点，为未来减轻点压力。或者我的公司今年已经亏损了，这个财年已经没有希望扭亏为盈了，干脆破罐子破摔，大幅商誉减值，为未来的利润增长铺平道路。这种主动进行商誉减值的企业，很明显要比那些被动商誉减值的企业优秀一些。

商誉也不是越少越好，商誉太少，说明企业经营相对保守，软实力不足，缺乏创造性和未来经营的成长性。我认为对于稳健的投资者来说，选择的企业商誉相对少一些比较好。比如一家企业的净资产是 5 亿元，商誉 1 亿元，那么商誉在净资产的比重就是 20%，这是一个比较合理的范围。如果商誉占净资产的比重超过 30%，风险就稍微有些大了。我们在分析企业财报时，商誉是一项非常重要的参考，尤其是一家企业的商誉过大时，要特别研究这么高的商誉来源是什么，到底值不值，能不能为企业带来更高的利润。

第 53 问　送红股和派现金哪一种分红更好

在美国股票市场中，价值投资是比较主流的投资方式，许多投资人更愿意长期持有，以企业分红的形式获得收益。但是中国股票市场在制度设计上与美国有很大的差异，也就导致了投资理念的不同。虽然我没有统计过，但多年的经验可以看出，中国股票市场不论是机构还是个人投资者，更多地是利用买卖差价来获取投资利润的。虽然许多投资者不在乎企业是否给投资者分发红利，但可以通过这一点去判断企业的优劣。

一家经常给股东发红利的企业，肯定要比常年不分红的企业具有投资价值，这一点毋庸置疑。那么，企业给股东采取分红或者配股的方式，哪一种更实惠？

首先需要纠正很多投资者的一个误区，很多人认为企业有分红配股就代表这家企业赚钱了，就是好企业。其实并非如此，通常以现金形式分红的企业可以代表企业盈利，但是不赚钱的企业同样可以利用配股转增的形式给股民分发红利，只不过这样的案例相对少一些罢了。

2007年报	2008-03-06	2008-04-30	2008-05-12	10送4股转4股派1元(含税)	2008-05-15	2008-05-16	9360.00万	实施方案

图49

首先我们要了解"送、转、派"都代表着什么。

送：是上市公司利用可分配利润转化成股本送给全体股东。

转：是上市公司将资本公积金转化成股本送给全体股东。

派：是上市公司将可分配利润以现金的形式派发给全体股东。

不论哪一种形式，送转股还是派现金，都是企业给股东的一种投资回报，但是具体采取哪一种形式，上市公司要召开股东大会进行讨论，从企业自身需求出发进行决策。不同的分红形式以及数量，对于投资者来说会有不同的影响。

高送转题材始终是投资者喜欢炒作的，其实他们对于送转本身并不在意，在意的是送转前后市场对于企业的态度。许多高送转股都会出现抢权和填权的炒作效应，即在除权前的炒作以及除权后的填权炒作，这让许多机构和散户趋之若鹜。因为凡是高送转的企业，通常业绩比较优良，尤其是在市场交投环境良好的情况下，这类高送转的企业除权后，股价往往都会有不错的表现，成为许多场内外资本关注的焦点。而除权后股票的数量增加了，价格降低了，也让许多以前舍不得买的股民有了参与的条件，吸引到更多的资金流入。而对于在股权登记日前购买、享受到送转股福利的投资者来说，虽然手中的股票总资产没有变化，如果送转后的股市表现以及股价表现都十分亮眼的话，自然间接地享受到更多的福利。但是反过来看，如果是在企业业绩并不是很好的情况下送转股，而且大盘或企业本身的股价因为某些因素持续下跌，送转股对投资者利好方面的影响几乎为零，甚至是负数。

直接对股东派发现金，对于很多个人投资者来说是更加稳健的一种收益形式。企业派发给投资者现金，其实就是另一种落袋为安的方式。如果企业未来经营不佳，或者整个股市表现不好，那么无疑是在给投资者降低风险。反之，如果企业经营良好，业绩持续增长，股价表现强劲，对投资者来说无疑也是一种损失。

许多企业已经到了成熟期，不需要进一步扩张，那么多以派发现金的形式给股东们福利。类似中国中免这种最近五年从不转股，只派发现金，这样的企业往往经营稳定，更适合价值投资。一些处于初创期或者成长期的企业，因为有大量的资金需求，另外也需要扩张企业股本，所以不会给股东派发大量的现金，而是以送转股的形式为主。通过这一点，投资者也可以判断一家企业的经营阶段，从而挑选符合自己投资理念的企业。

第 54 问　关于企业负债的几个问题

企业负债由多方面内容组成，其中借款是很重要的一个组成部分。有些人认为企业没有借款阻碍了企业的发展和扩张，能借到钱的企业都是好企业。还有一些人认为不借钱可以自给自足的企业才是好企业，因为巴菲特给股东的信里面写道："500强企业都有一个共同的特点：他们的财务杠杆非常小，一家好企业是不需要借钱的。"那么，有借款的企业到底好不好？

目前 A 股市场上的大多数上市公司都处于成长阶段，借款搞开发扩张是必须的，所以大多数上市企业多少都有短期或长期借款。不过，对于那些已经步入成熟期的上市企业来说，也确实不需要太高的财务杠杆来维持企业的经营发展。但是对于一些小企业来讲，不借钱就很难扩大规模和快速成长。简单举两个案例。第一个案例是神通科技（605228），在 2017 年之前，短期借款每年只有一两个亿，长期借款 5 千万元左右，而最近两年则一分钱借款都没有。整体负债率在 30%～45% 之间，不算很高，每年盈利都保持在一个亿多一点，十分平稳，没有爆发点，所以也很难受到投资者和资本的关注，股价现在还在发行价不远处徘徊，股性很弱。第二个案例是科大讯飞（002230），这家企业在 2014 年以前短期借款都不到一个亿甚至为零，长期借款更是没有，负债率始终保持在 20%～30%，非常低，利润也是稳定在

1～3亿元之间。但是2017年开始，科大讯飞扩大了负债，短期借款最高达到7.33亿元，长期借款达到3.98亿元的规模，负债率直接提高至48%左右，但是2020年全年净利润也增长至13.64亿元。企业利用借款大力扩张在线教育以及人工智能等领域，效果显而易见，科大讯飞从一家中小企业一跃成为许多领域的龙头企业，期间股价不仅翻了4倍，更是成为市场中举足轻重的大市值企业。

所以说一家企业好不好，不能以借不借钱进行评判。不借钱的企业也要分是什么类型，而借钱的企业也得看好钢有没有用在刀刃上。负债是一把双刃剑，太低不好，过高则风险更大。负债率的计算公式为：

资产负债率 = 负债总额 / 资产总额 × 100%

负债总额和资产总额都可以在企业财报和分析软件中找到，就不多说了。正常来说，资产负债率在40%～60%之间是比较正常的，低于这个范围还好说，如果超过70%，就算是过红线了，说明财务杠杆较大，具有一定的经营风险。如果一家企业的总资产是1亿元，负债也是1亿元，那么就是零资产，这可能会造成什么后果呢？就可能像贾跃亭一样突然之间就跑路了。所以企业的资产负债率是投资者在进行基本面分析时需要重点关注的一个项目。

说到负债，企业的负债是由许多内容构成的，要更好地了解负债，就要了解它的组成部分。

首先就是银行借款。银行借款分为两种，也就是我们在财务报表中可以看到的长期借款和短期借款。一年内需要偿还的是短期借款，一年后需要偿还的是长期借款。以大多数投资者的投资风格来说，关注短期借款（短期偿债能力）更加重要一些。

其次就是应付款，这也是负债的一种，就是企业欠供应商的货款。如果买方向卖方购买商品时不能及时打款，那么卖方就多了一笔应收账款，而买方就多了一笔应付账款，对于买方而言就是多了一笔负债。除此之外，还有一种叫做其他应付款。比如A公司周转不灵，向B公司借款1千万元，对于B公司来说是其他应收款，对于A公司来说就是其他应付款，是一笔负债。

负债有流动负债和非流动负债两大类。流动负债是一年内或者超过一年的一个营业周期内需要偿还的债务合计，主要包括短期借款、应付票据、应付账款、应付工资、应付福利费等。非流动负债则是一年或者超过一年的一个营业周期以上的债务，其主要项目有长期借款、应付债券和长期应付款。如果企业没有发行债券，则没有此项。长期应付款包括应付引进设备款、应付融资租入固定资产租赁费等。

除了以上这些主要项目，负债表中还有很多，就不一一说明了，因为其中的影响力都不大，主要还是看借款。如果一家企业借款少，但是利润还能保持增长，这绝对是一家好企业。如果企业借款越来越多，负债率提高，但是利润增长却严重不成正比，就要谨慎对待了。另外，如果应付账款持续增长，很有可能说明这是一家"老赖"企业。就像是当年的跨境通一样，行业信誉度会大打折扣，持续扩大累计下去，后果不堪设想。总之，我们了解了负债中的每一个组成部分，就可以通过其数值变化去判断企业的投资价值。

第 55 问　利润表中的四费是什么

企业从投入到最终盈利这个过程，需要产生许多相关的费用和损失。如果说资产负债表可以看到一家企业的过去的话，那么利润表就是看企业当前的状况。通过其中的内容，投资者和企业大股东们可以判断自己的投入是否有保障，是否有回报。利润表中第一项就是营业收入，但这并不是企业的真实利润，还要减去一系列的费用和损失，最终得到的才是企业的净利润。关于营业收入和净利润，都很好理解，本小节重点介绍企业经营过程中四种主要的经营费用，通过这些费用的变化以及它们之间的关系，可以判断出这是一家什么类型的企业，是否具备比较大的投资价值。

利润表中企业营业总成本第一项费用就是销售费用，销售费用包括企业在销售商品过程中发生的保险费、包装费、展览费和广告费、商品维修费、预计产品质量保证损失、运输费、装卸费等，以及为销售本企业商品而专设的销售网店和机构的职工薪酬、业务招待费、折旧费等经营费用。一般来说，以商品销售为主的企业，或者是成熟期的行业或重资产企业，销售费用往往占营业总成本很大的比例。而中国的企业往往是非常注重营销宣传的，比如汽车行业，会在各大商场租赁展台进行宣传销售，在各大自媒体平台及电视台投放广告，给车评人充值，雇佣大量网络水军造势等行为，都需要大量的费用。有些企业的销售费用会与净利润成正比，比如营销费用投入越高，净利润也出现同比例增长，甚至更大幅度的增长，这都是属于有投资价值的企业，起码说明这家企业的销售做得好，商品也不会很差。好的广告宣传往往能让一个品牌鱼跃龙门，比如"劲酒""脑白金"等，以及北京冬奥会大火的谷爱凌，更是让一众签约企业收获了巨大的利益。而对于那些广告投入很大，但利润增长缓慢，甚至回落的企业，要么说明它的营销策划不行，更严重的是产品不行，这样的企业就缺乏投资价值了。在企业财报中，主要数据出现变动，都会注明具体原因，投资者应该注意这些数据是因何变化。如果销售费用是因为维修的成本增加，就要考虑是不是这家企业的产品有较大的质量问题，可能会影响未来的品牌形象和口碑。另外，运输费、包装费等费用也是要适当关注的，毕竟一家好企业的能力也会体现在开源节流上。

第二个费用就是管理费用。一家企业尤其是上市企业，规模自然都不小，管理环节都是一环扣一环，每一个管理环节都会产生相关的费用。比如企业管理层工作人员的工资，这里就有个问题，工资不是应该在销售费用里吗，为何是在管理费用里呢？实际上，不同职能的工作人员的工资是在不同费用中计算的，销售人员的工资计入销售费用，而管理层人员的工资则属于管理费用，企业研发科技人员的工资则属于研发费用。除此之外，管理费用也包括行政开支以及办公楼折旧等。对于一些企业遍布各地的销售门店的折旧，算不算管理费用呢？这属于销售费用，只有企业办公楼的折旧才是管理费用，而生产厂房的折旧则属于生产成本，这里面的区别要注意。对于管理费用，一般来说关注点不是很多，但是一家企业能否做大做强，保持稳定经营，管理方面是至关重要的。一般经营稳定的企业，管理费用不会出现太大的变动。但是如果管理费用突然大幅减少，就要关注是不是管理层出现了问题，这很可能会对企业未来的经营造成很大的影响。另外，处于转型或低谷期的企业管理费用增加，往往是提高管理人员工资或高价引进管理人才，有时候也是可能改变企业命运的。

第三项费用则是研发费用，这项费用对于许多研发生产类或者科技类企业是非常重要的。研发费用里面包含的内容较多，如人员的人工费、直接投入费、折旧费与长期待摊费、无形资产摊销费、设计费、装备调试与试验费、委外费以及其他费用。不同行业的关注点也不同，比如网络公司、手机游戏或者无人驾驶等科技类行业，研发人员的人工费就非常重要，强大的研发团队往往会研发出优质畅销的产品。都说华为是一家好企业，那是因为华为一年的研发费用就超过了1500亿元。特斯拉销量高，那是因为它的研发费用几乎是"蔚小理"的总和。研发费用越高，企业的技术实力往往越强。但是如果研发投入大，产品销量不行，利润没有增长，就需要去寻找其中的问题所在了。像是锂电池这类生产制造类行业，虽然也需要科技研发人员去研发续航更持久的产品，但是研发费用里的直接投入费更加值得关注，因为这其中包括的材料消耗是一笔很大的费用。此外，像是医药行业，还要注重装备调试费和试验费用的变化，因为新药研制成功后，还需要大量的费用进行临床试验。如果你发现一家药企的研发费用增加，其原因是临床事业费的增长，那么很有可能这家药企的新药即将成功研发并且上市，企业未来业绩可能会大幅提高。

最后一项费用就是财务费用。在资产负债表中，可以看到企业有很多长期或短期借款，所以企业也必须承担这些借款带来的利息。另外，这些借款如果未被使用，而是存在了银行账户中，同样会得到一些利息。但是通常付出的利息要大于得到的利息，这些都会被记录在财务费用里，且通常是正数，是需要付出的费用。不过如果这些钱不是借来的，而是通过股权融资等渠道得来的，不需要支付利息，财务费用则是负数。对于财务费用的关注点，主要就是企业的借款有没有"借以致用",就是借来的钱有没有及时地用在企业的经营和研发上,从而转化成利润。否则的话,对于一些小企业来说,很有可能被庞大的财务费用拖垮,毕竟A股市场中这样的例子还是很多的。

以上利润表中的四项费用,都属于企业的经营成本,投资者要根据不同行业和企业类型的特点进行分析。这些费用并不是越高或越低越好,而是要根据企业的需求以及最终得到的结果去下定论。那些经营成本不变或缩小,但是最终利润持续增长的企业,自然是最佳的投资选择,而只要成本与利润成正比的企业,都是不差的。但是对于那些成本不断提高而利润却没有增长的企业,就需要探索更深层次的原因和投资前景了。

第56问 作为股东,你了解股东权益吗

投资者购买了一家企业的股票,就成为这家企业的股东。许多投资者认为买了股票就等着上涨赚钱、下跌亏钱就行了,对什么股东权益却丝毫不在乎。对于有这种想法和行为的人,我只能说一句:散户,彻头彻尾的散户!

随着证券市场的不断发展和相关法律的完善,小股东的权益也是越来越有保障。股东权益是衡量一家企业负债水平非常重要的一项财务指标。股东权益如果小于零,说明这家企业资不抵债。如果企业破产清算,那么作为股东可能一分钱都拿不到,这样的企业你会去投资吗?愿意成为他们的股东吗?相反,股东权益越大,企业的实力就越雄厚,成为股东后就越有获利的机会,安全度也就越高。

股东权益应该如何计算呢?其实就是我们经常说的净资产,计算公式为:净资产=资产总额-负债总额。而要更好地了解股东权益,就得了解它的四个组成部分:股本、资本公积、盈余公积、未分配利润。

首先来说股本,股本就是股东在公司中所占的权益,多用于指股票。在我国,股本必须等于注册资金。这个股本的钱是从哪里来的呢?是从企业外

而来，就是股东从企业外拿一笔钱或其他资产投入在企业里面。企业本身盈利所产生的利润不属于股本，那是未分配利润。如果股东的投入超过注册资金，这一部分钱叫做资本公积。另外说一句，如果是股份制公司，股东投入的资金叫做股本，如果是有限公司，则叫做实收资本。对于股本没什么要特别强调的，股本并不是越大越好，如果总股本很大，非流通股很多，那未来限售股解禁所带来的风险也是很大的。但股本代表的是一种法律意义，股本总额可以体现一家企业对外承担法律责任的上限，而股本的组成也确定了多个股东之间的权利义务关系。

股本的资金是从企业以外而来，那么刚才提到的资本公积也是同样的。资本公积是每个上市企业都有的，非上市企业则不一定有。比如我的公司云祈投资上市了，我发行了1亿股的股票，如果股票的面值是1块钱，那么这1亿股对应的是1亿的股本，如果每股售价是10元，那就相当于筹集了10亿元的资金，其中1个亿是我的股本，剩下的9个亿就是资本公积了。资本公积出现变动的情况有很多种，在此不多做介绍，直接说影响。如果资本公积出现增长，还是利大于弊的，首先可以使企业转增资本，这样企业本身的竞争力就会有所提升，二来就是对兼并其他公司提供帮助，最后就是抵御企业经营风险，更容易让企业高质量发展。

当企业赚了钱，这些赚的钱肯定不会都分给股东，都会留下来一部分。这部分会放在两个项目里来计算，也是个人小股东们应该关注的，分别是"盈余公积与未分配利润"。我们将这两项放在一起来说，比如我的公司云祈投资今年赚了1亿元，但是按照我国公司法的规定，赚钱后必须至少留存10%作为盈余公积。这样一来，这1亿元的利润中有1千万元是盈余公积，是不能动的，其余的9千万元我可以自由分配。但是我发现了一个非常好的投资项目，准备用5千万元来投资，只给股东分了4千万元，那这没有分的5千万元就是企业的未分配利润。盈余公积和未分配利润肯定是越多越好，因为说明企业赚钱了嘛，这也是许多炒高送转预期的投资者重点关注的指标。如果你发现一家企业的未分配利润大幅增长，却不给股东高送转，不要觉得是企业抠门不给股东分钱,也有可能是企业正在酝酿重大经营活动或投资项目,很有可能成为企业未来的一大亮点,反而非常值得关注了。

了解了股东权益,也就说明自此又多了分析企业的一种手段,在投资时对企业的状况也就更加了解了。多加利用,相信各位读者一定会在众多上市企业中发现许多不一样的东西。

第 57 问　年报行情如何提前布局

上市企业年报一般披露时间在每年的 1 月 1 日—4 月 30 日,比较集中的公布时间为 2 月和 3 月。披露年报前一般会提前进行业绩预告,但具体时间没有明确规定。有些投资年度在年报集中公布期间会出现所谓的"年报行情",许多业绩增长较快、幅度较大的企业会受到市场资金的追捧,成为普通投资者每年最为关注的投资阶段之一。

这里面就存在几个问题:市场是否会出现年报行情?什么时间段开始炒年报行情?如何选择投资标的?许多投资者都是在年报公布后,看到哪家企业净利润大幅增长就去投资,但此时发现股价已经上涨并且到达一个很高的价位。冲动之下追高进场,怎料进场后不久股价开始滞涨甚至快速调整,于是便大骂企业和操盘机构。我相信凡是参与过年报炒作行情的投资者都遇到过这样的情况,这就说明"买预期卖事实"的道理大家还是没有真正理解,A 股市场还是没有玩明白。或者说有些人明明懂得"利好出尽是利空"的道理,却总是冲动的感性心理战胜了理智。

年报行情从何时开始布局?这个问题很关键,选对了正确的时间段是成功的第一步,也是重要的一步,一步对则前路一片坦途。按照我的投资风格,肯定是在年报未披露之前就开始布局,而且是从半年报公布后就开始为年报行情做铺垫。不要觉得这个周期太久,作为一个好的猎手,学会耐心潜伏是至关重要的。十年磨一剑,只要能磨出一个绝世神兵,就是有价值的。首次建仓并不是半年报公布后,所以不需要第一时间去了解,这只是整个计划的开始。

半年报公布后,会有许多业绩增长不错的企业浮出水面,而通常半年报的炒作热度要比年报行情弱许多,所以我们可以重点关注半年报中业绩增长幅度较大、历年业绩稳定的企业。如果是半年报的公布就被市场进行了一番炒作,我认为质量是更好的,因为说明这家企业的市场形象良好,已经被许多机构注意到了,这样一来,一旦三四季度企业有更好的表现,再度受到机构炒作的可能性就会更高一些。

然后就是等待三季报的公布,如果不存在行业以及整个宏观经济的负面影响,前三个季度企业的利润都是稳健增长的,那么第四个季度环比增长,从而全年业绩增长的可能性就比较大。通过三季度业绩的公布再进行一轮筛选,就可以得到一个年报预期炒作的股票池。

最后我们进入到年报公布的周期,期间要密切关注股票池内个股的成交变化。如果哪家企业预计年报预喜,有可乘之机,机构一定会在年报披露前就开始布局运作,这时量价都会发生变化。如果发现机构有建仓或增持行为,就是投资者首次进行布局的机会。当然,止损设置还是有必要的,这是防止有些机构在炒作前洗盘力度过大。如果情况向预期方向发展,成交持续递增,即可尝试扩大持仓比例,等待年报的公布。

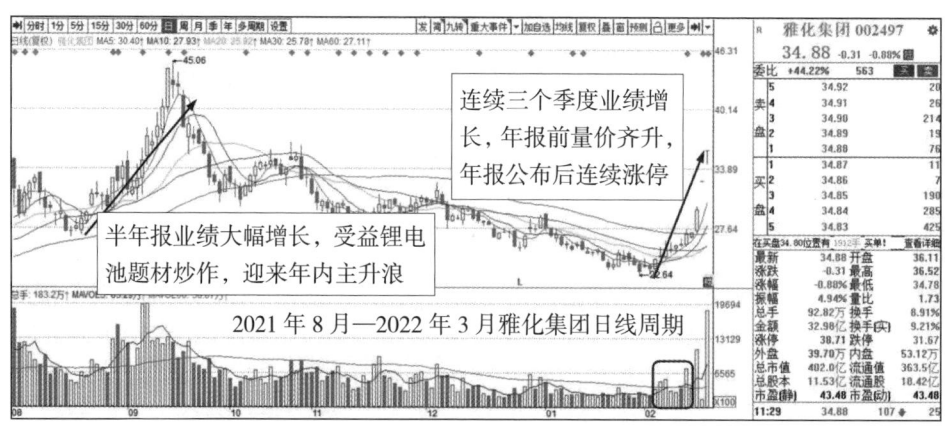

图 50

如图 50 所示，2021 年 8 月 30 日，雅化集团公布了半年度的报告摘要，其中显示营业收入同比增长 64.35%，净利润同比增长 151.01%。受到业绩大幅度增长的刺激，股价也迎来了全年的主升浪行情。这是一个电动车和锂电池炒作的元年，所以股价上涨和概念的炒作也密不可分。这也说明了一个问题，如果财报表现不俗的企业恰好是当前市场炒作的热门题材，那么股价被炒作的概率会大幅提高，而且具有一定的持续性。

之后随着报表的出炉以及锂电池炒作的降温，彻底迎来了"利好出尽是利空"的局面，股价连跌 5 个月，直接腰斩，市场成交也是一路走跌。这也符合 A 股市场上涨周期短而下跌周期长的整体特点，所以经常要提前潜伏布局几个月甚至一两年的时间，就是为了股价短周期的一波爆发。

同年 10 月 26 日，雅化集团公布了第三季度报告，营业收入同比增长 55.74%，净利润同比增长 226.06%，整体业绩进一步提高，但是并未再次受到机构炒作，这是好事情。如果三季度报告就开始炒作了，那么上涨幅度不会很大，而且年报行情也可能会缺席。既然业绩继续保持增长，就存在年报行情被炒作的可能。而此时股价还在继续下跌，这就是很好的消息了，因为如果可以一直跌到年报公布期间，投资者不就可以用很低的价格进行建仓了？所以当我们发现一家好企业时，股价当然是越跌越好，越便宜越好。

按照前几个季度的业绩情况来看，第一个季度净利润为 7801.21 万元，同比增长 1311.56%；第二个季度净利润为 2.52 亿元，同比增长 190%；第三个季度净利润为 3.02 亿元，同比增长 155.67%。由此可见，2021 年是雅化集团业绩大爆发的一年，除了首个季度起步门槛比较低，增长的幅度有些慢之外，其他两个季度都是大幅增长。雅化集团一直是一个稳健的业绩成长类企业，2020 年第四季度净利润同样出现了较大幅度的同比增长。在行业未出现较大利空和变动的背景下，可以预见 2021 年第四季度的业绩只会更好，不会变差，同比增长 100%～150% 应该是没问题的，所以全年的净利润增长预期至少也在 100% 以上。

有了全年业绩大幅增长的预期，投资者需要做的就是在年报公布前夕观察股价的变化。从图 50 中可以看到，自春节后该股股价开始止跌，并有缓步放量价格上涨的迹象。要知道，一只被腰斩的股票，在没有明确趋势前是不会有太多散户去抄底的。尤其是 2022 年 2 月 8 日和 21 日，量价的增长都出现了质的飞跃。为什么机构此时抄底？为什么机构突然加速吸筹？ 2 月 22 日雅化集团发布年度业绩报告，全年营业收入较上年同期增长 69.99%，净利润较上年同期增长 169.56%，大幅度超出了市场的基本预期。当日股价直接一字板涨停，次日也是短暂高位盘整后死死封住涨停。如果没有提前做布局，投资者是根本参与不到的。追高买吗？这样一来就会赶上乌俄冲突造成的股市大跌，无利可图是次要的，一旦股价暴跌，则又是一段悲伤的故事。

　　是否每年都会出现年报行情？正常情况下，股票市场都会出现年报行情，区别就是集中性的年报题材炒作还是零散的个股炒作。如果市场环境处于正常情况，且缺乏炒作题材，那么集中性群体爆发的可能性就比较大。如果是交投活跃的牛市行情，因为可炒作题材太多，年报这个概念就会不显山不露水，比较低调，虽然股价也会上涨，但肯定不会比当前的主流炒作概念火爆。这里也强调一下，年报的炒作只能是小范围的短期行情，不会引发整体市场牛市。但是如果当前市场处于下跌阶段或熊市行情，年报题材的炒作就会更加冷清，只有少数几家表现特别亮眼的企业会受到机构炒作，但往往是昙花一现。所以不论炒什么题材，都要看整个的市场环境。

　　如何选择投资标的？其实在雅化集团的案例中我已经提到了，在半年报或者前一财年的年报期间被机构炒作的企业是最好的，起码可以得到市场的关注。其次就是符合当前市场的炒作题材，这是双保险。概念和业绩只要其中一个亮点引起重视，投资者就有利可图。再次就是年报公布的时间越早越好，往往二三月份公布年报业绩大增的企业，股价表现都比四月份公布的要好，一来是"好女先嫁"，自信满满的企业往往不会拖拉。谁家的孩子考了第一，不是第一时间向周围人炫耀一番，发个朋友圈"凡尔赛"一下呢。最重要的就是不能光看业绩的增长，也要通过往期财报内容去了解业绩增长的原因，是经营方面的原因还是市场环境向好导致的业绩增长，或者是出现了财务造假，产生了利润虚增。

希望所有投资者都可以在年报行情的炒作方法上下一番功夫，因为这是一个可持续反复炒作的题材。每一年上市企业都会公布年报，每一年都会有一批业绩亮眼的企业，也就说明每一年的这个阶段，投资者都有从中获利的投资机会。

第58问 如何进行同类企业财务对比

当我们准备对某一概念或者行业进行投资时，就会选择相关的上市企业作为投资标的。很多投资者会遇到这样的情况，在选择具体投资标的时非常犹豫，不知道具体应该买哪一个，又不能全部买入。这时候就需要对同类企业进行对比，选出最佳的那一个。不仅要对当前股价的位置、机构操盘状态、技术面等进行对比，如果准备打持久战，还需要在财务方面进行对比。许多投资者会单纯地对比市盈率或者净利润等，但单纯的某项数据不足以完全说明企业的经营状况。另外，利润高的大企业也未必比利润小的小企业投资空间更大，具体原因是什么，我们通过一种对比方法来说明。

表1

格力电器	（单位：元）	美的集团	（单位：元）
营业收入	1681.99亿	营业收入	2842.21亿
营业税金及附加	9.65亿	营业税金及附加	15.34亿
销售费用	130.43亿	销售费用	257.22亿
管理费用	36.04亿	管理费用	92.64亿
财务费用	-19.38亿	财务费用	-26.38亿
研发费用	60.53亿	研发费用	101.19亿
资产减值损失	4.66亿	资产减值损失	7.05亿

（续表）

格力电器	（单位：元）	美的集团	（单位：元）
公允价值变动收益	2 亿	公允价值变动收益	17.63 亿
投资收益	7.13 亿	投资收益	23.62 亿
营业利润	260.44 亿	营业利润	314.93 亿
营业外收入	2.87 亿	营业外收入	3.85 亿
减：所得税总额	40.30 亿	减：所得税总额	41.57 亿
利润总额	263.09 亿	利润总额	316.64 亿
营业成本	1242.29 亿	营业成本	2128.40 亿
净利润	222.79 亿	净利润	275.07 亿

这里主要用财报分析的常用方法"同型分析法"进行分析，只要是对企业财报有一定了解的投资者，都可以有效地掌握和使用。其实这种分析方法很简单，就是列出利润表中的各个项目分别的占比，从收入到利润的整个过程中，每一个步骤消耗了多少进行计算、对比与统计。同时也可以进行资产负债表的分析，分析各个项目在资产负债表中的比重。如表1中格力电器和美的集团两家企业2020年度利润表的对比，乍一看美的集团的各项数据都要比格力电器好，但是企业的投资价值不是这么看的，我们还要去判断哪家企业更会把经营成本或者收入转化成利润，也就是谁更会赚钱。这时就需要将每一个财务项目都除以收入再乘以100%，然后再去进行对比。

表 2

格力电器	（单位：元）		美的集团	（单位：元）	
营业收入	1681.99 亿	100%	营业收入	2842.21 亿	100%
营业成本	1242.29 亿	73.86%	营业成本	2128.40 亿	74.89%
营业税金及附加	9.65 亿	0.57%	营业税金附加	15.34 亿	0.54%
销售费用	130.43 亿	7.75%	销售费用	257.22 亿	9.05%
管理费用	36.04 亿	2.14%	管理费用	92.64 亿	3.23%
财务费用	-19.38 亿	-1.15%	财务费用	-26.38 亿	-0.92%
研发费用	60.53 亿	3.57%	研发费用	101.19 亿	3.56%
资产减值损失	4.66 亿	0.28%	资产减值损失	7.05 亿	0.25%

价值投资篇

（续表）

格力电器	（单位：元）		美的集团	（单位：元）	
公允价值变动收益	2亿	0.12%	公允价值变动	17.63亿	0.62%
投资收益	7.13亿	0.42%	投资收益	23.62亿	0.83%
营业利润	260.44亿	15.48%	营业利润	314.93亿	11.08%
营业外收入	2.87亿	0.17%	营业外收入	3.85亿	0.14%
减：所得税总额	40.30亿	2.40%	减：所得税	41.57亿	1.46%
利润总额	263.09亿	15.64%	利润总额	316.64亿	11.14%
净利润	222.79亿	13.25%	净利润	275.07亿	9.67%

单从赚钱能力上来看，格力电器可以将营业收入的13.25%转化为净利润，而美的集团只有9.67%。美的集团在销售费用上占用了更大的比重，也从侧面说明格力电器的销售能力似乎更胜一筹。但是美的集团在研发上面投入的资金更多一些，而且管理费用所占的比例更高，这可能会让美的集团在未来的产品更新换代以及推陈出新上更有优势。但从利润表的数据对比来看，格力电器似乎更会赚钱，而美的集团则是潜力更胜一筹，所以从相对短周期来看，格力电器更适合短期投资，但长远来看，则是美的集团。

但真正从价值投资的角度出发，单单对比利润表是不能说明问题的，我们还可以如法炮制，去对比资产负债表，比如应收付账款的占比。这两家制造企业如果应收账款很多的话，或许说明产品不太好卖，缺乏竞争力。此外，流动资产和固定资产的占比也可以对比，如果固定资产偏高，就说明是一家偏制造业的企业。另外就是负债占总资产的比例，肯定是合适比较好。此外，哪家企业的股东权益比例更高，也是重点考虑的因素。

除了在企业与企业之间进行财报方面的同型分析对比，还可以对比一家企业往年的数据，观察这家企业历年来经营过程中发生的变化。你看最新一年的财报觉得十分亮眼，但可能和过去的历史财报进行对比后发现其实是变差了，这就需要结合实际情况去判断到底是哪里出现了问题。

可能投资者会觉得财报分析太麻烦、太枯燥繁琐了，但如果不进行各项数据的分析研究，把细节做到位，又怎能发现具有投资价值的企业呢？而且大家不觉得分析企业的基本面是一件很有趣的事吗？我个人是觉得要比每日观察价格走势更丰富多彩一些。

第 59 问 我为什么没讲 PE 和 PB

　　本书讲到了企业三大报表的分析方法及对比方法，却没有讲市盈率（PE）和市净率（PB）。很多投资类图书中都会长篇大论地对其进行介绍，什么三低一高分析法，通过 PE/PB 看投资价值等。其实我也算是一个价值投资者，但我研究的不仅仅是企业的内在价值，更多地是研究投资机构认为这家企业有没有投资价值。对于 A 股市场的普通投资者来说，在分析股票时，根本不会过多地考虑 PE 和 PB 的问题。

　　首先说市盈率（PE），这代表你投资一家企业，在其每年利润不变的情况下，多少年能收回成本。如果是美国股市，企业的平均市盈率都在 10～20 倍之间，在价值投资是主要流派的市场中，市盈率指标确实值得参考。但是 A 股市场泡沫较大，估值普遍较高，市盈率似乎就失去了它的指导作用。以 2022 年 2 月 22 日创业板平均 55 倍的市盈率来看，似乎哪家企业都不具备投资潜力了，50 多年才能收回成本的投资，傻子才会去做。而且以 A 股市场普通投资者的投资风格来说，除非是被动套牢，否则很少有人可以持仓几年的时间靠企业红利去赚利润，更何况是十几倍的市盈率。目前以近 12 个月的市盈率（TTM）来看，A 股市场所有上市企业中差不多有四分之一的企业市盈率在 20 倍以下，10 倍以下的企业也就在二十分之一左右的数量，按照市盈率最好在 10 倍左右这个标准评判的话，那大多数企业都是没有投资价值的。

　　502 倍 PE 的首都在线可以在 4 个交易日股价翻倍，而 PE 不到 7 倍的开滦股份却连跌 3 个月，然后 3 个月一动不动。这里面就有一个指标适用行业的问题，众所周知，开滦股份是煤炭开采行业，而 PE 对于周期性行业是不适用的。首都在线是互联网行业，PE普遍都比较高。所以这样算下来，真正可以用到PE的行业以及企业就屈指可数了。很多时候我们也可以找到PE的替代品，比如许多投资者说了一个很简单的道理：看企业利润比看市盈率直观有效多了，其实话糙理不糙。就像刚才说的，PE在许多行业都不适用，尤其是互联网企业那些做软件、做系统、做网络游戏的。以网络游戏和互联网金融来说，姚记科技开发的几款游戏，注册量都出现了上涨。姚记科技自从不做扑克开始做游戏后，利润大增，而且做的游戏都是博彩擦边球，属于成瘾性很高的暴利游戏。结果2019年12月股价开始爆发，1个月的时间股价上涨了将近1倍。第一创业也是一样，经纪类业务增长，注册人数增加，客户存款增加，而且债券基金的销量也不错，看起来确实是一家不错的企业，但是机构就是按兵不动，我也没有办法。不过只要企业始终保持盈利，我相信一定会有心动之人的。所以投资这些互联网公司，根本不要去看PE，没什么用，更重要的还是看企业的用户注册量和收益的稳定性，以及研发能力和产品的市场接受度。

正常来说，市净率（PB）在3～10倍都算是正常的，A股市场基本9成的企业都符合这个条件，所以也就没啥好看的了，同行业对比影响也不大。毕竟和PE一样，投资者都不会进行太长时间的投资，更何况持仓到企业倒闭破产。至少这十几年我还没听说哪位投资者买的股票破产了，如果按照我的投资方法，别说破产，买到披星戴帽的企业都不太可能。从全球股票市场的特点来看，传统行业的新上市企业越来越少，更多的是互联网科技类企业，所以PE和PB的实用率就更低了。PE更适合周期性较弱的行业，比如制造业、服务业等，对于那些亏损的企业或者周期性很强的企业，基本就不要浪费时间去研究它的PE了。而PB就比较适合周期性行业或者重组类企业，对于重置成本变动较大的企业或者没什么固定资产的科技、互联网企业就不适用了。

最后就是市销率（PS），对于那些销售类企业，特别是收入利润都比较稳健的企业，具有一定的参考价值，而对那些科技类和互联网企业、收益不稳定的企业不适用。

其实股票分析的工具和方法有很多，投资者不需要在分析股票时把所有方法都用一遍，分清什么样的行业或企业应用什么方法，对症下药才能药到病除。

第60问　机构投资研报有参考价值吗

正所谓专业的事交给专业的人来做，金融市场就是有这样一群人，投资就是他们的工作，他们是这个市场的专业人士。但所谓的专业人士，研究能力也是参差不齐的，有名副其实的，也有滥竽充数的，许多投资者从中也吃了不少亏。但是也不能一竿子打倒一群人，那些有真才实学的专业人士的投资意见，对普通投资者来说还是有很大帮助的。

在许多金融财经网站上，可以看到由各类金融机构的分析研发人员编写的投资研报，比如基金公司、证券公司、投顾公司或者信托公司等。最多的还是证券公司，因为这是它们的职责之一，其内部分析师也都有编写投资研报的任务。这些投资研报包括投资策略报告、行业研究报告、宏观研究报告。对于这些数量繁多的投资研报，投资者又该如何做出取舍，如何提炼其中的精华呢？

宏观研报——可关注度★★★

宏观研报不仅有中国宏观经济分析，还包括日本、美国等发达国家。其中最值得关注的就是机构对于美国和中国的经济环境分析内容，因为股票投资大环境是重中之重，也是投资者的准入条件，所以市场未来的投资环境，投资者还是要适当了解的。这些宏观经济的研究内容是结合当前市场已经公开的数据进行分析的，而国家未来会有哪些重要政策和行为，不仅是这些机构的分析师，哪怕是著名经济学家都只能是预测，不能肯定更不会提前知晓核心内幕。所以投资者只能对宏观经济环境有一个大概的了解，对未来市场做到心中有一个基本的预期即可。

策略研报——可关注度★★

为何策略研报的可关注度这么低？策略研报是根据当前股票市场环境给出的投资建议，其中也包括宏观分析，但主要还是对整个股票市场从交投情绪、题材炒作以及技术面等方面进行分析。证券公司不仅会将这些策略研报投放在各大财经网站上，也会给自己的客户去看，所以许多时候这里面的内容多少都会有一些私心成分。比如当投资市场环境不佳时，用行业的"套词"进行一番修饰，看起来就好了很多。因为股民在交易时产生的佣金是证券公司主要的利润来源之一，所以证券公司肯定不会大肆唱空市场，也不会是完全客观的解读。从这里可以看出，机构分析市场的角度和内容虽有可参考的内容，但对于已经掌握了市场分析方法的投资者来说意义并不大。相信大多数投资者对于大盘是否安全，哪些热点值得关注，都有自己独到的见解，所以不关注也罢。

企业研报——可关注度★★★★

上面提到，证券公司分析师在编写策略研报时会存有一定的私心，其实在企业研报中也是如此。我以前在证券公司进行分析工作时，因为当时正是2008年的熊市阶段，为了提高营业部的交易量，只能被迫推荐股票，时至今日还倍感自责。另外，证券公司作为正规的投资机构，肯定不能对企业言辞犀利、语气刻薄，一是会得罪上市企业，二来可能会产生一些纠纷。但为何我还会给企业研报如此高的关注度呢？首先，分析师不会刻意拿出一家垃圾企业费时费力地进行分析，所挑选的企业一定是有一定关注价值的。其次，不论其中有何私心，这些分析师都是专业的从业人员，在知识储备和专业能力上都比普通投资者要强，所以他们的分析角度和过程都是值得大家关注和学习的。对我来说，最大的好处就是这些研报里已经把许多重要的数据进行汇总，可以节省很多时间。许多投资者都看过分析师编写的企业研报，大多数都是以"过去、现在、将来"展开，但是内容有限，并不是特别全面，所以投资者要将研报中没有分析到的部分补足完善，再制定投资策略。

另外，每天都有许多证券公司发布自己的企业研报，投资者该如何选择呢，总不能每一个都去研究吧，这样会花费大量的时间和精力。首先，建议只关注那些知名证券公司发布的研报，最好是知名分析师编写的，比如每年的年度最佳分析师。其次，关注企业给出的"评级"，重点关注那些"维持买入评级"，说明企业表现稳定，风险更低，而"首次买入评级"通常说明企业经营有所好转，未来可能会有亮眼表现。最后就是关注研报中的一些行业"套词"，比如"有所改善、不及预期、略有下降（回调）、等待转型、危中存机"这样的措辞，背后的含义自然是当前情况不容乐观，所以看企业研报时抠字眼是很重要的。但是对于普通投资者来说，最重要的还是从企业财报中学习专业人士的分析思路以及过程。当然，投资者也要有自己的观点和看法，不能被里面的内容带偏。

行业研报——可关注度★★★★★

之所以给行业研报如此高的评价，是因为这些分析人士对行业的分析是最客观的，几乎不会有太多的个人因素在里面。另外一个重要原因是，股票市场上大多数行业都是普通投资者不了解的，即使去搜集资料也是隔行如隔山，也不会分析得特别深入。而这些行业分析师都是在某一领域有较深的研究甚至是专家，可以让投资者更快地了解某一个行业。另外，市场上的投资机会往往都是由某一个概念或者行业引爆的，所以提前了解这些行业的动态和环境，有助于投资者把握住未来的投资风口。例如之前提到的猪肉概念股投资案例，就是因为我提前了解了行业状态，才把握住了那一轮的投资机会。

还是那句话，所有的分析工具对投资者来说都只是起到辅助的作用，最终的决策是由我们自己来完成的。所以我建议，阅读这些机构的投资研报，要在你具备了一定的分析能力和独立判断能力后再去使用，否则你会觉得里面说什么都是对的，越看越觉得有道理，最后完全按照别人的观点进行交易，这样的话对投资者的能力成长是毫无帮助的。

第61问　如何规避企业财务造假

上市公司财务造假问题在A股市场屡见不鲜，也是导致广大普通投资者亏损的"元凶"之一。因为投资机构普遍有比较高的财务分析能力以及公关能力，相对来说不是很容易中招，所以上市企业财务造假影响最大的还是个人投资者。当然，也不是说机构就一定能够完全避坑，毕竟机构被上市企业造假坑杀的情况也是有的。但是散户则完全不同了，大多数散户对企业基本面分析知之甚少，更是对内部问题全然不知，基本都是用简单的技术指标进行投资，看看企业财报中的盈亏、PE、PB就顶天了，所以那些财务造假的上市企业就是作假给市场上的散户看的。

财务造假的手段也是多样的，有些做得很隐晦，有些则是明目张胆到和糊弄傻子一样。我们先说两种没有技术含量的造假手段。第一个代表企业就是獐子岛，自2014年首次以扇贝遭遇"冷水团"跑路为由，解释业绩的巨额亏损，在6年时间里，獐子岛的扇贝频频"跑路"，不知道坑了多少散户。因为扇贝这种产品的库存很难统计，也无法肉眼可见，所以多年的造假问题都没有被查处。那些年像是"扇贝跑了""扇贝饿死了""扇贝热死了"等官方说法层出不穷，但第二年公司却公告称一切正常。不过天网恢恢，疏而不漏，在科技的加持下，任何作假都将无所遁形。官方根据獐子岛捕捞船的卫星定位等手段还原了真实数据，结果也是大快人心，2020年6月23日证监会向獐子岛发送了《行政处罚决定书》。

第二种粗制滥造的类型，就是没有利用太高的财务造假手段，完全就是乱写一通，反正散户又无从调查，只要官方不查就没事，其中的代表就是金亚科技。2014年金亚科技发布了年报，其中说明账面资金为3.45亿元，但核查后实际资金仅有1.24亿元。应收账款1753万元，实际上却有2.53亿元，3.1亿元的流动资产被查后却只有48万元。将本来用于支付其他企业的3.1亿元预付款变成了流动资产，最后的结果自然会受到相应的处罚。

上面两种都属于不入流的造假方式，下面介绍的就是稍微利用了一些财务手段的常规做法。比如以虚假销售做财务收入，这个做法很简单，就是上市公司将产品卖给子公司，再由子公司卖给第三方公司，最后由另一个公司从第三方公司购回，这样就确保了上市公司合并报表中的收入和利润达到了操纵的目的。这个做法看似是合法的，其实是违法行为。

阴阳合同也是造假的常见手法。比如上市公司合同上的货款是 1 千万元，但是秘密合同上的货款金额却是 500 万元，那另外的 500 万元就是虚挂，这样企业报表上就多了 500 万元的收入，这在许多关联交易中十分常见。其次就是提前确认收入，这个方法在某些行业比较普遍，比如房地产行业，很多时候这类企业会把预收款纳入销售收入。另外就是建筑工程类行业，这类行业的收入都是按施工进度收钱，很多工程的进度划分十分详细且种类多样。比如挖个隧道，1 号斜井、2 号斜井、支护、衬砌、辅助坑道、附属洞室等，完成一个进度支付一项费用，但是很多工程企业会将未完成进度的利润提前纳入到收入当中，这样就会导致这一财年上市公司的报表很好看，但是下一财年的报表就会差很多。最后就是递延企业收入，这种情况其实也不能算是违法行为，企业当前财年的业绩已经很充分，为了防止下一财年利润下滑，就会把当年的部分经营利润递延至下一财年或季度当中，这样就可以确保上市企业有连续的华丽财报。

其实企业财务造假的方式还有很多，以上是经常出现的一些行为。其他没有提到的方式对投资者来说影响不大，就不一一列举了。下面来说说如何去规避。其实要想彻底规避掉上市公司财务造假的坑确实挺难的，有时候真是防不胜防。想要最大程度的规避，不仅要学会什么"毛利分析法""现金流向分析法""子公司分析法"等，还得有上市公司真实的原始数据，这些对投资者来说都是很难实现的。那我们为何还要讲这一节？当然，如果各位投资者有兴趣学习这些企业财报的分析方法自然是最好的，即使难以学习和理解也没有关系，我们可以另辟蹊径。

对于普通投资者来说，对于这些财务造假或者疑似企业，秉承"宁错杀不放过"的原则就可以了。首先就是连续两年亏损即将 ST 的企业，为了不被风险警示，上市企业很有可能会采取财务造假的方式改变真实利润，所以这类上市企业要重点规避。

其次就是业绩特别不稳定的企业，有些企业的利润一年暴涨，一年又大幅亏损，这很有可能是机构配合上市公司财务造假制造的业绩炒作行为，也叫市值管理。出现这样的业绩炒作，短期跟风喝点汤可以，绝对不能长期持有。其次就是那些看似业绩很好，但是股价却很低也一直不涨的企业，虽然没有导致严重的亏损，但一直横盘也让人十分头疼，涨少跌多，食之无味，弃之可惜。话又说回来，既然业绩这么好，为啥没有机构看上，这都是有内在原因的。

投资者尤其要注意以往出现过财务造假负面影响的企业，正所谓"一次不忠，终生不用"，有了第一次的恶劣行为，就很有可能有第二次。我国对于财务造假的处罚力度是比较轻的，有些企业根本就不在乎，罚完了钱接着造假。就像是花心男人，不管如何责备和教育依旧无法改变本性是一样的。所以有过不良记录的企业，投资者应该永远拉进投资黑名单中。

最后说说上市圈钱的企业和重组企业，这两种企业也是财务造假的重灾区。很多企业上市明显就是为了圈钱而来的，上市前很有可能已经面临破产了，比如 2021 年 IPO 的奈雪的茶。很多 IPO 企业前 3 年的业绩看起来不错，但大多数都是伪造的，都是人为的模拟业绩，水分是很大的，尤其是那些净资产收益率超过 15% 的企业，更要小心。重组的背后往往是证券欺诈和资本炒作，很多时候企业通过置换进行重组，往往置换出去的资产都是有问题的，而置换进来的企业可能也不会太好。目前来看，重组成功让企业乌鸦变凤凰的企业很少，大多数重组企业上市后短期内表现抢眼，但是很快就会被打回原形。

虽然很多时候我们不能得到内部信息和一手资料，无法完全规避上市企业财务造假带来的危害，但是我们可以了解哪一类企业最容易出现问题，从而去规避掉，正所谓惹不起躲得起。但即使是这样，常在河边走，还是会湿到鞋子，所以如果恰好自己投资的企业爆出了财务造假问题，应该第一时间做出处理，并且永远加入到黑名单中，不能有被同一块石头绊倒两次的可能。

第 62 问　如何防止企业退市

现在 A 股市场的开放程度已经快和高铁一个速度了，科创板上市没多久，北交所又来了。许多中小企业想登陆 A 股市场上市融资，也没有以前那么困难了。但这必然会衍生出很多问题，比如一些金玉其外败絮其内的企业，会给投资者带来大量的损失。尤其是科创板和创业板，近些年来退市的企业数量也是大幅度增长。所以投资者若要开通科创板和创业板账户，不仅要有一定的投资经验和资金，还要对自己的投资风险承受能力进行评估。但这种评估多是一种形式，投资年龄以及资金门槛虽然可以筛除一些小资金投资者，却无法从根本上降低市场存在的风险。

在创业板推出前，退市的企业或许比较少，哪怕投资的企业被退市，被借壳买壳的可能性也是相对比较大的。但是现在科创板和创业板以及北交所的出现，让企业的上市难度降低。一旦企业退市，被借壳或买壳的可能性就大大降低，"壳资源"也就没那么值钱了。而且创业板和科创板的退市特点就是更快更严格，所以未来退市的企业数量可能会像纳斯达克一样多，投资者遇到自己购买的股票被退市的可能性就会增大。

平时有读者问我一些他们持有或者看好的股票时，只要有时间我都会进行解答，唯独带有风险警示的个股，我不止一次地提到，已经"披星戴帽"的企业不适合普通投资者。如果想从这些存在退市风险的企业中获得巨额回报，就一定要对企业的内部问题有深入的了解，比如企业是否转型，成功与否，能否扭亏为盈，是否存在被收购或者借壳等利好。如果你一无所知，那与赌博毫无区别。

上市公司退市前都会进行风险警示等特别处理，所以只要我们不去投资ST个股，就可以从根本上杜绝被退市的风险。如果自己持有的股票突然被ST了，怎么办呢？遇到这种情况的人很多，包括我也是一样，曾经购买的中国服装，持仓的第四个交易日就停牌，然后便成为ST中服了。不过幸运的是开盘后该股虽然连续跌停，后来却出现了更多的涨停，最终卖出还略有获利，这是纯粹的运气所致，大家千万不要抱有这样的侥幸心理。

一般上市企业被进行风险警示，就说明当前企业的经营已经出现问题。最后结果也无非只有四个，要么企业进行改革扭亏为盈，这需要企业管理者具有极大的改革决心和信心，而且周期漫长，最终也不一定会获得成功。要么出售资产保持盈利状态，但这种做法无疑是饮鸩止渴，不能从根本上解决企业的困难。当资产卖无可卖的时候，还是要退市的。第三就是卖壳，刚才也说了，现在很少有企业为了上市去买壳，除非是非常优质的壳资源，否则企业经营者不会为了上市去给别人收拾烂摊子的。最后一种结局就是破罐子破摔，申请破产了。问题企业的管理者实在找不到破局之法，又融不到资金的情况下，还能怎么办呢？而且通常企业面临破产风险时，管理层却已经赚了很多钱，想让这些管理者把钱吐出来填补企业的窟窿，往往是很难的。

所以不仅普通投资者尽量不要去触碰已经风险警示的股票，对于那种上一个财年已经亏损，且当年一二季度继续亏损的企业，也不要轻易触碰。一旦所持有股票的上市企业突然被风险警示，投资者最好能够尽早壮士断腕，因为被风险警示后的股价基本上会出现连续跌停的走势，所以要根据情况在3～5个跌停板内，在集合竞价阶段挂跌停板的价格卖出。如果等待跌停结束，股价可以再度出现连续的涨停板，那么可以在涨停打开当日卖出。如果经历的跌停数量较少，打开跌停后的两个交易日内没有出现涨停，就需要考虑马上撤出。

为什么我建议个股被风险警示后马上离场呢？纵观A股市场所有被风险

警示的个股，通常情况下，在重新复牌后股价一年半载的时间都会保持下跌后的低位横向运行，所以不要期待刚被风险警示的股票马上就出现大涨的行情，这种概率是微乎其微的。做任何投资，侥幸心理都是要不得的。

投资经验篇

第 63 问 哪一个交易时段最为重要

虽然每个交易日沪深两市仅有 4 个小时的交易时间，但每个时间段市场都会有不同的表现，不论是个股还是整个市场大盘指数，都有交易的活跃时间段以及平淡时段。作为投资者，当然是要尽量全天关注市场走势，而一些特殊的时间段和时间点要格外留意。一般机构操盘手的主要工作时间段就是集合竞价以及开盘后的一小时和收盘前的一小时，所以投资者可以看到，不论是整个市场还是个股，在这个时间段的表现都是最为活跃的，我们也可以根据这些机构操盘手的行为判断出未来市场或者个股股价的走势。

对于大盘指数，我非常注重的是开盘后 30 分钟的量价表现。我也经常说，开盘 30 分钟基本可以为全天行情定下调子。如果当日准备实施建仓行为的话，最安全的方式就是开盘 30 分钟后确认市场安全，然后再进场交易。首先，这个时间段是操盘手的主要活动时间段。其次，当日市场若有什么重要的基本面影响因素，都会在开盘 30 分钟甚至更短的时间内充分体现出来。具体就是看开盘 30 分钟大盘指数的量价表现，主要有以下几种判断方式，或许这些判断方式不会 100% 有效，无法判断盘中的突发情况，但多数情况下还是非常适用的。

（1）若开盘后第一根 30 分钟周期 K 线为阳线，且成交量较前一交易日第一根 30 分钟周期的 K 线有所放量，那么当日市场整体相对强势，至少是比较稳定的状态。

（2）若开盘后第一根 30 分钟周期 K 线为阳线，但成交量却较前一个交易日第一根 30 分钟周期阳线 K 线缩量，那么说明当日买盘回落，机构对于日内行情缺乏交易兴趣，日内大盘冲高回落甚至尾盘跳水的概率比较大。

（3）若开盘后第一根 30 分钟周期 K 线为阴线，而且成交量也较前一个交易日第一根 30 分钟周期 K 线放量，那么当日大盘走单边下跌的可能性就会很大，不适合进场交易甚至要及时撤离。

（4）若开盘后第一根 30 分钟周期 K 线为阴线，但成交量较前一个交易日第一根 30 分钟周期阴线缩量，说明市场沽空情绪减弱，卖盘下降，大盘止跌企稳甚至午后反转向上的概率很大。

（5）若开盘后第一根 30 分钟周期 K 线为阳线，但前一个交易日的第一根 30 分钟周期 K 线是阴线，而且当日是缩量的，说明当日虽然买盘更多，但没有弥补前期的流入，日内虽然市场企稳，但后市继续走弱的概率较大。

（6）若开盘后第一根 30 分钟周期 K 线为阴线，但前一个交易日的第一根 30 分钟周期 K 线是阳线，而且当日是缩量的，说明当日虽然卖盘更多，但资金流出量没有前期的流入量大，日内虽然市场会有所调整，但后市继续保持上涨的概率较高。

其实这种研判方式的核心就是判断开盘后机构对于市场的主要态度，使用上既可以在大盘保持盘整时以波段交易寻找市场相对的高低位置，也可以在持续上涨或下跌的过程中判断反弹与反转。

个股的主要交易时间段相对多一些，首先就是我一贯非常重视的集合竞价，这是因为操盘手每天第一件要做的事就是争夺定价权。当然不是所有的操盘手都会这么做，只局限于那些当日有操盘计划的。可以说，几乎所有日内出现较大幅度高开或低开的个股，机构都正在进行着强势操盘，通俗地讲就是机构要开始搞事情了。这个阶段股价的波动是很大的，也是投资者需要密切关注的。一般集合竞价阶段比较活跃的个股，开盘后半小时内的走势表现会非常精彩。所以集合竞价和开盘后半小时是每个交易日第一个重点盯盘时段，建议投资者在这个时间段内不要"左顾右盼"，要重点关注持仓个股以及准备建仓标的的盘面表现。

操盘手也不是一直在交易，否则操盘个股的成交量会达到一个天文数字，而且资金也不允许一直买卖，只要将日内的交易目标完成即可。所以在 10:30—14:00 这两个小时的交易时间里，基本上市场会保持一个比较平稳的状态。当然，每只股票的主力操盘风格会略有不同，但整体上基本是这个样子的。

在《四维操盘》这本书里我提到过，每个操盘手都是心理学专家，他们擅长把握股民的心理和弱点。下午2点左右的这段时间，是投资者最疲倦和散漫的时间段，所以许多操盘手会选择在这个时间段打大家一个措手不及，突然对股价进行强力的打压或者是拉升的动作。投资者会看到，许多个股都会在14:00甚至是14:30开始直线拉升或者砸盘，投资者此时盯盘不像开盘时那样专注，所以交易也会相对迟缓一些。这种做法在十几年前是这个样子，现在从市场表现来看，依旧没有发生太大的变化。出现这种异动的个股通常盘子都不太大，小机构居多，所以也就代表着股价的涨跌都不会很强势，不会有持续性。大型的投资机构是不屑于用这种小伎俩的，所以投资者在尾盘这一小时也一定要打起精神，关注市场变化。

第64问　中美股票市场有哪些差异

前面提到，技术分析中的大多数分析指标都是由美国人发明的，应用在A股市场有许多不妥之处。下面就来详细介绍一下两个国家的股票市场有何不同。

美国股票市场历史非常悠久，最早可以追溯到1792年。而中国的上海证券交易所成立于1990年，晚了将近200年。美国华尔街最早的投资家早在荷兰就累积了大量的投资经验，加上美国人开放的思想和丰富的创造力，很早就总结出了许多先进的投资理念和分析技巧。目前几乎所有中国投资人应用的投资理念以及分析方法，都是借鉴美国华尔街的投资大师。哪怕是国内的金融专业高校，几乎所有的教学内容也都是由美国人创造然后加以修改的。从这方面来看，美国的股票市场自然更加成熟，而美国的纽约交易所也是现在全世界知名度最高、市值最大、IPO数量第一的交易所。目前美国股市已经是比较成熟的强势有效市场，而中国股市还处于从弱势向半强势有效市场转换的过程中。

很多人说 A 股是政策性市场，其实这么说也对也不对。A 股市场确实是政策性市场，但是全球几乎所有国家的股票市场都是政策性市场。股市与国家经济挂钩，仅凭这一点就可以认定股市一直受政策的影响很大，只不过这一点在 A 股市场表现得可能更加明显一些。其一是几乎每一次 A 股市场的大牛市都与政策推动有关，比如 2007 年的股改，当年经济腾飞和房价飞涨，以及 2010 年的 4 万亿投资政策等。反观美国股市，即使是总统更替期间，股市依然屡创新高。其次，很多时候国家一些对股市影响比较大的重要政策，大都是在股市收盘后或当天很晚的时候公布，让投资者无法做出交易上的反应，因此也被称为"半夜鸡叫"政策。而美国股票市场的重要数据以及重要人物的讲话，大多时候是在股市开盘期间公布的。即使重要数据和讲话在开盘前一小时公布，美国股市还有盘前交易，如果有政策风险，投资者也可以进行对冲或作出其他处理。根据政策，美国大多数券商都可以开通盘前交易。

从投资者类型占比来看，2018 年的数据显示，美国股市机构投资者持股比例为 57%，而中国股市机构投资者持股比例为 13%。简单来讲，就是美国股市机构多，散户少，而中国股市则刚好相反，散户多，机构少。这其中的原因有很多，在美国，个人进行股票交易的相关费用比较高，而且投资机构数量多且相对成熟，投资者更愿意把钱交给专业的投资机构进行打理。而中国股市中个人投资者进行交易所需的相关费用是很低的，而且很多股民认为中国的投资机构投资收益太低，风险也很大。很多朋友可能会在影视剧中看到香港或者美国的股市，投资者开户存钱后直接委托证券公司或者有资质的投资公司进行交易，这一点在中国是不允许的，国内投资者只能购买投资机构发行的基金或者相关理财产品进行投资。股票市场上如果散户太多，资金就会过于分散，整个市场或者企业股价涨跌的持续性就会差很多。如果股票市场机构很多，资金相对来说就比较集中，而且机构对市场走势的观点也相对比较一致，更喜欢报团取暖，所以牛市一旦开始，各大机构都统一做多，那么整个市场的上涨力度和持续性都是非常好的。最近两年中国的投资者更加年轻化，投资理念也发生了很大的变化，基金的销量越来越高，投资机构也多了起来，这是一个非常好的现象。

　　最重要的差别就是中美两国股市的市值组成有很大不同。众所周知，A股市场上周期股太多了，A股市场周期股市值占比为39%，美股是19%；A股市场消费股占比为26%，美股为35%；A股市场科技股占比为13%，美股为29%；A股市场金融股占比高达22%，美股为17%。周期股数量过多会对市场产生什么影响呢？就是行业具有周期性，一旦经济不景气，整个市场就会如同嚼蜡，而且对周期股、消费股、金融股来说，这些行业业绩比较稳定，通常泡沫不大，缺少了对于未来的想象空间，投资者缺少了一点投机性。而科技股数量比较多，就可能会滋生更多的泡沫。现在是科技迅猛发展的时代，总是能给投资者带来无穷的幻想，投机性强，所以市场更有活力。最终的市场表现就是A股市场很多年才出现一次牛市行情，而且来也匆匆去也匆匆，熊市长牛市短，更多地是在振荡。而美股则是牛市长熊市短，牛市能一次性维持10年，熊市一年半载就过去了，整体走势大开大合，而且特别不喜欢振荡。

　　除了上述差别，还有IPO政策以及境外流入资金比例等，这里就不一一列举了，以上几点是最为主要的。市场性质的不同，也导致了投资者的投资策略不同。美国的投资机构或者个人投资者更喜欢价值投资，一只股票拿个一两年甚至八九年、十年以上都是很正常的。而A股市场的机构尤其是个人投资者则更喜欢投机，希望在短时间内就可以有投资回报，毕竟上证指数在3000点这个位置晃悠了10年，一般人还真等不起。

　　在企业的经营理念上，美国企业尤其是家族企业对经营是很用心的，也注重对投资者利益的保护，每当股市下跌或股价下跌，上市公司股东都会积极回购，增强投资者的持仓或投资信心。而很多中国的上市企业股价涨了就会减持，跌了怕跑得慢了也要减持，对企业发展的信心不足，对股民的保护以及重视程度不够，或许这就是中国缺乏大型的百年企业或家族企业的原因吧。不论怎么样，我对中国经济的发展以及金融市场的发展还是很有信心的，就像巴菲特说的那样，永远不要做空自己的国家！

第65问　应该什么时候参与炒作热点与利好

机构炒作有三个时机：利好公布之前，出现突发性利好，前期利好炒作不充分。大多数个人投资者对于市场的政策利好以及上市公司的利好公告往往都是后知后觉的，而利好公布之日，往往就是机构出货之时，所以大家都知道的消息，也就没有什么价值了。不过废品还可以回收再利用呢，市场上的这些利好消息也一样，如何变废为宝、回收再利用呢？

很多投资者偏执地认为"追题材，死得快"，为什么会有这样的想法呢？就是因为很多投资者都在炒题材的过程中追高被套过，归根结底还是不清楚如何利用市场的这些利好。市场上的利好消息种类还是很多的，比如政策性利好、下调印花税或者利率、投资建设开发等；也有周期性行业的周期利好，比如很多投资者都认为春节前后白酒股会涨；或者行业政策性利好，某个行业受到了国家政策的重点扶持和补贴，比如新能源汽车或芯片国产系统等；企业利好包括业绩大幅增长、兼并重组收购、新产品或技术研发等。不同的利好，机构以及市场的重视程度不同，炒作的周期和力度自然也不尽相同。

政策性利好往往会使市场孕育大牛市行情，但是政策力度要足够大才行。银行利率双降已经无法刺激市场做多情绪了，在熊市行情于事无补，牛市行情也仅为锦上添花，本身不会对行情造成太大的影响，所以炒作的价值不大。只有那些用真金白银拿来投资或者搞开发建设的政策，可以刺激多行业发展，从而刺激整个国家经济增长，这样才能让市场的炒作题材百花齐放，推动市场走出大牛市行情来。比如2010年的4万亿投资，雄安新区开发及高铁发展，以及一带一路建设，都给A股市场带来了莫大的好处和大量的投资机会。所以当有力度的政策刺激到股市的时候，往往会形成持续且力度较大的上涨行情，这时投资者随时可以入场，大家都有钱赚，选择政策利好对应的行业题材股就可以了。但是也要注意一点，如果进场特别晚，还是要轻仓并做好止损，毕竟在 A 股市场，再大的牛市行情也难持续超过半年。

　　周期性行业的利好炒作比较复杂，也很难把握。比如煤炭概念正常情况下每年三季度末到四季度都会有一波上涨行情，国际天然气价格每年 10 月份开始就会涨价。2020 年 A 股市场自免税题材炒作过后，基本上就处于热点的真空期，由于国内芯片行业频频暴雷倒闭和跑路的企业层出不穷，所以一段时间内从市场最关注的热点突然变成冷门。在市场缺乏炒作题材的前提下，机构和投资者都在寻找投资风口，同时机构们会采取防守策略，抱团开始投资周期性的白酒股。贵州茅台的股价最高时达到了 2627.88 元 / 股，让各大白酒基金赚得是盆满钵满，很多投资者也得到了实惠。

　　投资者在利好周期投资时购买这种周期股，一定要注意市场的状况，因为往往大家都知道的利好其实投资价值并不高，如果当时市场的新热点概念比较丰富，那么这只周期股的表现是不会太好的。也就是说，如果 2020 年白酒股疯涨的这个阶段，但凡有其他的热门题材，白酒股都不会涨这么多。市场更加喜欢新热点、新题材，因为新热点、新题材往往有更大的想象空间和可能性。如果周期性行业来到利好周期的时候市场无其他热点，股市也死气沉沉，那么机构就很可能利用这个利好周期来做出一波行情，这时候投资者一旦发现整个周期性行业大多数个股都出现了底部放量，有机构建仓时，便可以大胆跟进了。机构抱团的投资行为，一旦形成上涨，幅度和持续性往往都是很不错的。

　　同样还是那句话，等你发现机会时，股价已经接近翻倍了，已经晚了很久了，这个时候宁可错过机会，也不要追高冒险了，因为一旦机构达到上涨目标，或一旦市场出现新的热点，那么股价下跌的速度和幅度同样是很猛烈的。2021 年茅台的炒作降温后，3 个交易周股价就跌了 25%。一旦我们参与了这样的题材炒作，若市场突然出现新的热点，你持有的个股或行业普遍都出现了下跌和机构调仓行为，那就不要心存侥幸了，赶紧跑路才是第一要做的。

　　对于行业利好，我个人还是更喜欢左侧交易，提前对行业进行研究，然后提前布局。比如我对猪肉市场价格上涨的判断，就提前了几个月进行布局，后来果然猪肉价格持续大涨，猪肉概念整体走强。其实只要各位投资者平时注意周边行业的变化，细心观察研究，都会找到这样的机会。比如现在互联网已经非常发达了，电商行业趋于饱和，所以不太具备投资价值。现在很多资本和商家都瞄上了跨境电商，现在做跨境电商的人其实并不是很多，规模也都不算太大，正是投资的好机会。就连世界第一电商股亚马逊都开始加大跨境电商业务的招商工作，大力度开发国际市场，推出 0 货源开店的业务，在抖音、头条、新浪等各大国内知名互联网媒体投放广告。国内京东、淘宝每年的跨境电商销售额也在逐年增长。2019 年以及 2020 年，跨境电商概念都出现了一轮很大幅度的上涨行情，初创期尚且如此，随着跨境电商的竞争逐渐白热化，龙头逐渐显现，业绩进一步增长，自然在未来几年还会有很大的炒作价值，在市场缺乏热点和炒作题材的时候，这很有可能是个机会。投资就是比谁的脑子转得快，谁的眼光独到，谁对机会的把握更敏锐。天天对着盘面看图形，固步自封，坐井观天，是永远不会提前发现投资机会的。提前发现，早些布局，低价买入，最终获利的幅度一定比追高要大，风险要更小一些。

企业利好的情况就比较多元化了，也是最难把握的，需要投资者对企业具备一定的了解和分析能力。比如重组，大多数投资者都认为企业重组是利好，确实企业重组也会受到机构的炒作，有些企业重组后股价连续一字板涨个不停。但也有一些企业重组后复牌第一天涨停，第二天就开始下跌，甚至重组后复牌首个交易日就开始下跌。所以对于企业重组，一定要对企业进行认真分析，分析此次重组对企业未来的业绩是否有提振的作用，是否能提高市场竞争力、占有率以及业绩收入。有些企业重组后不仅现金流少了，负债多了，就连净利润也下降了，所以企业重组也未必都是利好。一般来讲，上下游企业间的重组，利好情绪可能会更强一些。

还有一些企业公布年报后，业绩出现了大幅度的增长，很多投资者认为营收净利润增长了，每股未分配利润增长了，就会被机构炒作。事实来看，每年年报公布后业绩增长百分之几百甚至一两千的有很多，但是很多业绩大幅增长的企业，并没有被机构炒作或出现好的股价表现，所以投资者要自己分析企业业绩增长的原因是什么。如果确实是因为企业经营改善，或推出了新的技术以及受市场欢迎的产品，或库存大幅减少等因素带来增长，那确实是利好，值得投资。但如果是因为出售固定资产或抛售其他企业股份以及投资行为等与经营主业没有关系的因素导致营收或利润增长，那么这种业绩增长毫无价值，因为企业本身的经营没有任何改善，未来依旧没有太大的发展前景和投资价值。

所以任何利好都是有两面性的，可能会使你获得高额收益，也可能会把你套在高位。投资者在炒题材追题材的时候一定不要头脑发热，多用一点时间来判断题材的真假与价值。如果发现自己不适合炒题材，就不要勉强，可以做一些平时比较稳健的行业或个股。

第 66 问　牛市行情有哪些特点，如何判断

说到牛市，不得不感慨一番，A 股市场的牛市真的是太少，持续时间太短了。我从事证券交易 15 年，就遇到过一次 2007 年的大牛和一次 2015 年的小牛市。至于 2009 年的大幅上涨，虽然指数也涨了将近 2000 点，但也实在算不得牛市，也就是一次超跌反弹而已。

很多 A 股投资者都遇到过这样的问题，当牛市来临的时候，总是会变得特别谨慎，结果错过了最佳的进场时机。反而在市场到达高点时，因为再也无法淡定从容地看着市场上涨，被迫高位买入。这种行为用专业名词来说就是"反卷"，造成这种情况的主要原因，是投资者对于牛市行情的特点不熟悉，不确定股市的上涨是属于牛市行为还是短期的技术反弹，所以不敢在上涨时轻易买入。这就要求我们要了解牛市行情在各个阶段的不同特点，然后当牛市行情到来时对号入座即可。

说到牛市行情的特点，首先要讲的就是彼得·林奇的"鸡尾酒会理论"。鸡尾酒会对应的是牛市行情的四个阶段。之所以要讲这个理论，因为它不仅仅对美国股市、中国股市有效，对于全球任何一个国家的股票市场，都是值得借鉴的。

第一个阶段（熊市末期、牛市初期）：彼得·林奇说，在第一个阶段参加鸡尾酒会的人，宁可找牙医谈论牙齿护理的问题，也不愿意去找股票从业人员谈论股市。这个阶段股市依旧处于熊市阶段，指数虽然有所上涨，但上涨幅度不大，交易量不多，趋势未出现明显改变。此时A股市场的特点是大盘企稳，指标股托盘，中小盘股开始活跃，题材轮动。此时的交易策略应该是短线交易中小盘股，或提前布局蓝筹白马股。

第二个阶段（牛市启动）：彼得·林奇说，第二个阶段参加鸡尾酒会的人开始愿意和股票从业人员讨论股票，但是更多的话题还是跟牙齿护理有关。在这个阶段，指数已经出现了明显的上涨，但并未形成整体的上涨趋势。A股市场此时主要是权重股带动指数上涨，市场二八分化明显，赚钱效应不强。此时的交易策略应该着重布局中大盘权重股、蓝筹股，并且坚定持仓，不要频繁换股，或进行投资组合。

第三个阶段（牛市中期）：彼得·林奇说，在第三个阶段参加鸡尾酒会的人，都会围绕股票从业人员谈论股票的话题，连牙科医生都开始参与到讨论中。在这个阶段，股市的牛市行情已经全面爆发，各类股票都开始出现不同程度的上涨走势，市场成交逐渐走向顶峰。此时的交易策略应该是继续持仓待涨，已经启动的获利丰厚的个股可以适当减仓，购买一些尚未启动或涨幅相对落后的企业，轻仓尝试补涨行情。

第四个阶段（牛市末期、熊市初期）：彼得·林奇说，此时参加鸡尾酒会的人依然围绕着股票从业者，但已经不再关注资讯或讨论，而是给专业的股票从业者推荐股票。这个阶段往往是股市最后的疯狂阶段。在牛市末期我们可以看到，权重股已经开始滞涨或回调，整个市场的成交已经出现缓慢回落，但是中小盘股依旧比较活跃，市场明显为八二行情，赚钱效应还在，之后彻底进入到熊市行情。此时 A 股市场的交易策略应该主要以减仓、出货为主。当发现权重股开始滞涨回落时，持仓的蓝筹股应该先行减仓，一旦连续回落且有较大量能时彻底离场。激进型投机者在指数滞涨时可以转移到中小盘股进行短线的投机交易，一旦指数开始放量连续回调，则彻底离开市场，等待牛市彻底结束。

牛市的四个阶段对应的不同特点，如果投资者可以举一反三，仔细观察，相信当下一次牛市行情到来的时候，一定会比更多的人做得好。最重要的是能尽量避免在高位进场，出现重大亏损。

最后要说的是，A 股市场是典型的政策性市场，牛市行情的启动也必须要有政策的配合。如果市场消息面平淡，是很难有好的走势表现的，即使上涨，幅度也是有限的，属于技术性的上涨或修复。比如当年的 4 万亿投资、雄安新区规划、一带一路的建设等，所有的牛市都是国家政策引起的，所以当发现市场开始上涨，判断是否为牛市行情，只需要了解当前国家政策是否极大地有利于主要行业和企业发展，从而刺激股市发展就可以了。

第 67 问　熊市行情有哪些特点，如何应对

其实 A 股的熊市行情本来没什么需要着重讲解的，因为不像牛市阶段那样有许多交易方式和策略。熊市对我来说只有两个字——"空仓"，但是现在有了"两融"，就可以做很多事情了。

我在熊市行情中基本上是空仓的，因为以目前的实力，没有办法在熊市行情中逆势操盘，持续做出黑马股效应，吸引散户跟风交易。一旦运作失败，可能会导致无法全身而退，损失的不仅是资金，还有时间成本。很多投资者不论 A 股市场是牛市还是熊市，都固执地进行交易，这是不对的。太多的人遇到熊市行情后，不仅将以往的利润回吐，反而出现负利了。

上小节讲到了牛市的四个阶段以及特点，其中牛市的第一个阶段对应熊

市的末期，牛市的第四个阶段对应熊市的初期。所以当股市处于狂热状态时，熊市行情便会随之而来，正所谓行情在恐慌中爆发，结束于疯狂。很多投资者倒在了牛市的末期，其实这并不是能力不及，而是牛市的结束确实很难判断，包括专业投资人以及专门的投资机构。不仅A股是这样，美国一旦爆发熊市，也有很多机构后知后觉躲避不及，所以只能尽量去避免。在此我给各位投资者几点参考建议。

（1）市场出现狂热状态，指标股已经滞涨的情况下，就要开始逐渐降低仓位，进入到锁定利润的阶段。

（2）一般牛市行情中的技术回调幅度有限，如果出现3次以上当日上证指数下跌超过100点的情况，或累计跌幅超过500点，哪怕没有反转，也是一波大幅度的深度回调。

（3）跌破生命线减仓，跌破决策线基本可以全部抛售。这种走势即使不是熊市行情到来，也是牛市行情的结束。

（4）交易量很重要，没有持续正常的交易量就难以推动指数进一步上行。高位无量上涨，连续超过10个交易日没有刷新本轮上涨成交量峰值，是非常危险的信号。

（5）牛市末期如果出现政策干预市场，连续出台利空股市的政策，说明市场将会强制性见顶，此时可以看到很多国家队的持仓开始下降。

这5点方法有提前预判的，也有延迟判断的。提前发现市场的反转行为属于左侧交易，提前进行离场可能会因为判断错误导致利润损失，但是不会伤及本金。右侧交易在已经反转时虽然趋势更加明确，但是此时股价必然已经有所回调，同样会损失利润。所以我建议一波上涨或牛市行情，普通投资者掐头去尾取中间的一部分利润即可，没有必要去抓绝对顶部。所以大家完全可以在获利后提前离开市场，等待风险释放。离场后，哪怕股市依然保持强劲升势，也不要轻易再度进场，因为此时已经获利，这就足够了，过于贪婪往往会得不偿失。

和牛市行情不同，熊市或者是一轮幅度较大的下跌行情，不一定是由政策利空导致的。很多时候因为指数位置到达机构预期，这时机构会出现集中减持抛售行为，尤其是在市场出现超出预期的上涨时。比如机构预期上证指数的上涨目标为 5000 点，但是由于持续的牛市行情所引发的蝴蝶效应，上涨一发不可收拾，刺激散户持续地疯狂做多，导致市场涨幅超过预期。这时机构就会加大减持力度，政策上也会进行干预。比如当年 530 行情，央行上调存款准备金率已经释放了利空信号，国家队随后率先减仓，加上股市持续上涨所引发的通胀日渐明显等综合因素，导致了牛熊间的转换。

最后就是在熊市行情中，合理利用两融的融券功能进行沽空交易。需要注意的是，在没有确认市场真的开始进入熊市或可能出现较大幅度持续下跌的行情时，不要大量融资，做出大规模的沽空行为。此外，融券卖出的标的不要选择指标股，以及业绩很好的蓝筹白马股和防御类行业股票，因为这类企业的下跌幅度可能不大，企业经营利润也不会很高。因为融资是有利率的，如果选择那些业绩平平却曾经是市场热点概念或行业遭受过机构大力度的炒作，这类企业通常机构出货力度大，股价下跌速度快，沽空回报要更高一些。而且可以融资融券的股票，企业的业绩一般都是比较稳定的，所以投资者可以重点观察融券余额，那些余额比较少的股票说明此前有很多投资者看好，一旦市场转熊或大幅下跌，这些投资者很可能会出现集中性的抛盘，这时股价跌幅会比较大，所以这类股票可以融券来做空。

第 68 问　分红配股的企业是否值得买入

很多投资者因为企业高分配才选择投资，其实多数投资者大可不必对企业的分红配股过于执着。在美国股市中，大多数投资者都是以价值投资为主，机构也是如此，他们长期持有一家企业的股份，目的就是为了获取企业的利润分红。A 股市场的国家队、北向资金以及大型公募基金和其他机构也是如此，他们长期持有贵州茅台、中国中免这样的大蓝筹，就是对企业长期经营前景看好，然后希望通过持股获得企业分红。但是普通投资者可以想一下，自己可以像机构那样每次持仓一年或者几年的时间吗？这里面其实有很多复杂的东西，比如企业在分红配股后股价都会除权，这钱并不是白送给我们的，只有长期持有，等待股价除权后继续上涨或者填权甚至填满权的过程中才能够获得价差收益。

其实中国的上市企业很不喜欢分红配股，每年给股东分发红利的企业非常少。很多投资者在这方面有一个误区，认为高分配的企业就是有价值的，就是值得投资的，不分配的企业就是不好的。其实这也要分行业来看，并不是绝对的。比如科技类企业，创业板、科创板的中小企业，它们大多数都处于成长期。这些企业为了抢占市场，必须要发展业务，研发更高端的技术，使自己在行业中占有更多的市场份额，技术方面处于行业先列甚至领先地位。对于这样的企业，其实不对股东进行分配是好的，如果把大部分利润都分给了股东，那么企业在销售方面以及研发方面投入的资金必然会受到限制，这会极大地阻碍企业的进一步发展。在这个阶段，企业把大多数经营所得的利润用来发展企业会更有价值。企业发展良好，业绩稳定，技术领先，自然不缺少有实力的投资者。

什么样的企业会经常给股东分发红利呢？就是那些周期性行业企业，或者企业已经到了成熟期，已经达到了行业龙头或领先的程度，不论是市场占有率还是技术以及每年的经营利润，都比较稳定。没错，就是一些蓝筹股和白马股，这类企业可能不会像中小盘股那样具备股价上涨的爆发力，但是投资人会获得比较稳健的收益。

如图51所示，酒鬼酒从2016年开始连续4年向股东派发现金红利。尤其是白酒这种行业，给股东派发红利是经常性的。首先，白酒行业的整体毛利率都很高，绝对是一个暴利行业；其次，中国的白酒酿酒工艺已经非常成熟，不需要每年投入太多的资金用于研发，所以他们的股东未分配利润通常是很多的。贵州茅台2020年的股东未分配利润是1375.94亿元，五粮液2019年的未分配利润是516.34亿元，而这两家企业每年投入在研发上的费用还不超过 1 个亿，就算多给股东分点钱，也完全不影响企业经营。

而中芯国际这种科技类企业，2020 年的净利润一共才 43 个亿，未分配利润 80 亿元，每年投入到研发上的资金就达到差不多 50 个亿。如果把利润都给股东分了，拿什么去建设 12 英寸晶圆的生产线，拿什么去争取更多的订单呢？给股东分发红利反而阻碍了企业未来的发展。

报告期	董事会日期	股东大会预案公告日期	实施公告日	分红方案说明	A股股权登记日	A股除权除息日	分红总额	方案进度	股利支付率	税前分红率
2020中报	2020-08-27	--	--	不分配不转增				董事会预案	--	--
2019年报	2020-04-17	2020-05-10	2020-06-06	10派2元(含税)	2020-06-11	2020-06-12	6498.58万	实施方案	21.7%	0.39%
2019中报	2019-08-21	--	--	不分配不转增				董事会预案	--	--
2018年报	2019-03-27	2019-05-10	2019-06-04	10派1.50元(含税)	2019-06-11	2019-06-12	4873.93万	实施方案	21.89%	0.63%
2018中报	2018-08-10	--	--	不分配不转增				董事会预案	--	--
2017年报	2018-03-09	2018-04-02	2018-05-08	10派1.50元(含税)	2018-05-14	2018-05-15	4873.93万	实施方案	27.68%	0.6%
2017中报	2017-08-14	--	--	不分配不转增				董事会预案	--	--
2016年报	2017-03-29	2017-04-28	2017-05-17	10派1.10元(含税)	2017-05-22	2017-05-23	3574.22万	实施方案	32.91%	0.59%

酒鬼酒连续四年派发现金

图 51

第 69 问　市场不好时要投资防御行业吗

当整个股票市场表现不佳，甚至处于熊市行情时，很多财经媒体以及一些业内人士都会建议投资者进行防御类投资。投资者也逐渐形成了这样的意识，每当股市下跌，就会想到去买白酒或者医药行业的股票。白酒行业就不提了，这里来说说医药行业。医药属于逆周期行业，没有特别明显的淡季，而且企业的毛利率也比较高，最主要的是具有刚需的特点，以前经常有人讲"三个劫道的不如一个卖药的"，可想而知医药行业是多么赚钱。

当整个股票市场处于下行阶段时，许多机构以及个人投资者会考虑购买医药企业进行防御型交易。对于机构来讲，这样可以保持净值稳定，因为清盘是不现实的；但是对于个人投资者来讲，这种做法就值得商榷了。很多投资者在股市环境不佳的情况下购买医药股，一方面是为了避险，但更多地是期盼医药这种防御类行业能逆势走强，从而获得差价利润。

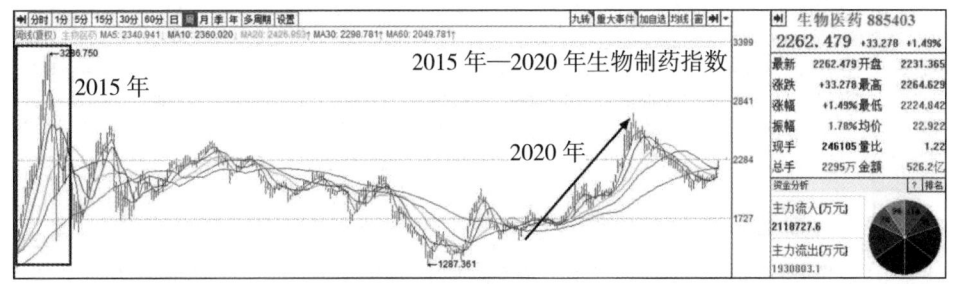

图 52

如图 52 所示，2015 年生物制药行业整体走出了一轮较大幅度的上涨行情，但这并不是独立行情，因为同年整个 A 股市场都处于上涨阶段。如果对比其他行业或概念，你会发现医药行业整体涨幅是落后的。随后的 2016、2017、2018、2019 四个年度，医药行业并没有逆势走强，依旧随着整个市场的回落而下跌。直到 2020 年医药行业才跑赢了市场，走出了一波行情。为什么会涨？因为新冠疫情爆发了，作为直接受益的行业，被持续炒作而出现上涨是正常的。如果没有新冠疫情的刺激，医药行业是不会有这种逆势上涨的整体表现的，而且当时许多与新冠治疗药物研发无关的医药企业也并没有太大的涨幅。许多经验丰富的投资者也会发现，医药行情跑输大盘的情况也是时有发生的。

在此我想告诫各位投资者，当市场环境不好的时候，医药行业如果没有特别突出的利好，想要逆势获得投资收益是很难的，逆势做交易本身承担的风险就远大于收益，所以根本没有必要在熊市阶段持有医药行业股票。另外就是有医药抗跌想要避险想法的，如果股市下跌甚至处于熊市，系统性风险是无法规避的，最好的避险方法就是空仓。明知市场不好为何还要去持仓、去购买呢？股票这个东西，你没必要每个月、每一年都要买，都要持仓，有时候少亏损也是一种获利。留得青山在，不愁没柴烧。只有守好自己的本金，在市场转暖或开始走强的时候，才能让利润最大化。有多少投资者熬到了牛市行情到来,却因为没钱进场而无法扩大收益,有些人在牛市来临时,甚至自己的股票还没有解套。

2008年,我曾经陪一个朋友去参加一个炒股比赛,当时的市场环境就不多说了。这个朋友每天都在看盘,一个月的时间里交易了十几笔,最终亏损25%。我当时只买了一只股票,仅获利5%,但是系统显示超过了86%的参与者。

讲这件事也不是说要投资者一味地空仓观望,而是好钢要用在刀刃上,就像罗杰斯的价值投资理论说的那样,只有具备比较大的把握时再出手。大多数投资不利的人,往往在投资环境、行业发展前景以及标的的选择上都是错误的。所以各位投资者在今后交易的时候,多去考虑一下各种因素,比如现在的市场环境是否适合股票交易,行业是否具有发展前景,企业是否有潜在的成长空间,以及是否有合适的标的,你考虑的问题越多,成功的概率就越大。

第70问 软件上的主力单有参考价值吗

几乎每一款股票分析软件都可以查看到上市企业股票每日的成交明细,这是投资者每日盯盘非常重要的数据之一。

如图53所示,在看盘软件中的个股界面,按下快捷键F1,可以看到个股的历史成交明细。再按下F2,可以看到当日成交的量价分布,比如当日各个价位的买卖数量以及成交量占比等。再按下F1,就可以看到逐笔的成交明细了。在成交明细中可以看到某时间点当前价格的成交情况,通过交易数量,可以发现许多机构操盘的信号。很多投资者认为盘中出现较大的买单(红色),就是机构正在吃进筹码拉升股价,是买入信号;出现较大的卖盘(绿色),就是机构开始抛售出货,是卖出信号。如果真的这么简单就可以判断出机构的操盘行为,那么投资者发现有较大买单时跟着机构买入,然后躺平,不就可以一劳永逸了？事实远没有这么简单，其实许多盘中的巨大成交也是机构故意释放给投资者的信号，这里面真真假假，若不能清晰地分辨，很有可能会掉入机构设置的圈套里。

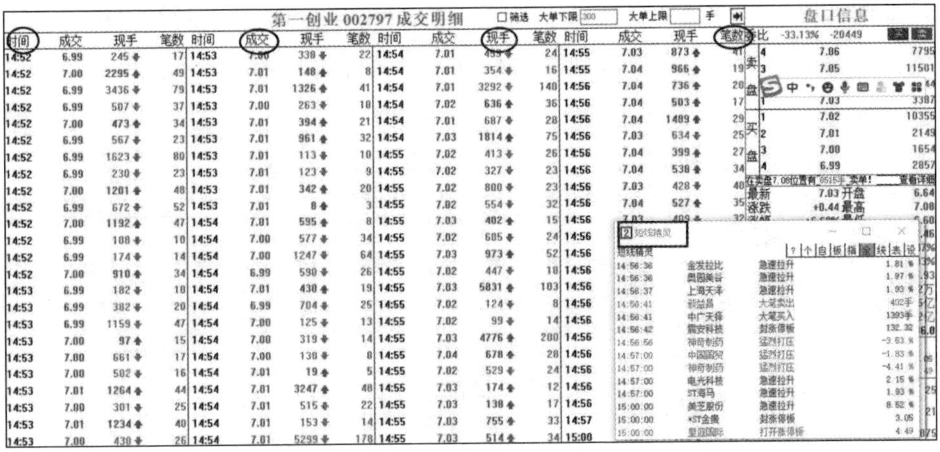

图53

（1）大单并非是一笔交易完成。我们可以看到，基本上成交明细中出现的每一笔大额买卖成交，都是由多笔交易所组成的，可能是多个人同时买卖，也可能是同一账户多笔成交完成的。比如在当前时段某一价位有一笔大的委托买单，需要有相应或者更多的卖单才能够一次性成交。如果当前价格的卖单都成交了，就需要等待其他的同价位卖单出现才能够继续成交。那么这些大量的卖单或者买单是谁来购买的呢，当然最多的还是机构购买或者资金规模比较大的个人投资者，也会存在少量跟风的散户。总之，资金比较小的散户是不会在同一时间和价位集中进行交易的。所以发现大额交易的情况，可以初步说明有实力较强的投资机构正在交易，投资者是有进一步关注的价值的。

（2）大额交易要具有持续性。连续的大额交易更能说明机构操盘的目的，如果投资者仅凭一笔大额买单就冲动买入，或者被一笔大额卖单吓到离场，这是很错误的行为。上面提到，大额买单可能是机构为之，也可能是某个资产比较大的个人投资者为之，要知道，现在中国股民的整体素质都在提高，百万资产的股民不计其数。我个人的交易账户进行购买的时候，哪怕只用3成仓位购买，都会在成交明细中出现大额交易。比如一只每股价格7元的股票，购买1000手是70万元，但这样的交易在成交明细中是非常显眼的，卖出亦是如此。所以大额交易只有具备持续性才能说明问题，如果当日连续出现多笔甚至是集中的大额买单，这样的个股才更值得我们去关注、去购买，卖出也是如此。

图 54

如图54所示，天威视讯在2021年5月19日集合竞价时出现9418手的主力卖单，相信很多持仓的投资者看到后都会捏一把汗，认为当天走势要完了。9:30开盘后，第一笔成交又出现了1756手的大卖单，而且股价也出现了一定的回调，这是一种很典型的主力洗盘手法。虽然我不是参与者，但我相信在这段时间一定会有许多散户投资者被诱导离场，而后果就是错过了又一个涨停板。所以投资者发现当日出现较大的主力单，先不要着急跟随交易，做好交易准备即可。若后面成交平稳，不再出现主力大单，就保持观望，若出现连续的买入或卖出主力单，顺势交易即可。

（3）主动成交与被动成交。委买档成交会被计入内盘（买盘），委卖档成交会被计入外盘（卖盘）。一般机构在买入或卖出的时候不会去挂单，主要是怕被其他机构或个人投资者发现而捷足先登,这对后期的运作会有很大影响。比如机构在吸筹阶段,往往会在委卖五档直接以相对高一些的价格支撑位买入,这样显示卖盘成交价格还会继续下跌,可以隐藏自己的吸筹目的。若扫货量不够或为了拉升价格,才会去按市价或限价购买。此时成交明细会先出现连续的大单卖出,然后开始连续出现主力买单。反之,若机构想要暗中出货,也会以相对高一些的价格直接在委买五档直接卖出,数据显示买单成交价格上涨。若要继续出货,会在委卖五档或市价卖出。

最后还要说的是,股市的操盘方式本身就是灵活多变的,股票不是你运作的,那就要看机构的脸色。主力操盘的方法给大家讲明了,但很多经验性质的内容还需要自己领悟,相信这些内容通过各位读者长期看盘总结,一定会有所领悟。

第71问 如何从广告中发现投资机会

平时我们在看电视或者各种视频网站时,都会看到大量的广告。可能很多人都不喜欢看广告,但是我认为,其实广告中也可能蕴藏着巨大的投资机会。广告投放是企业产品最好的推广方式,也是许多电视台、传媒公司利润的主要来源。某一种产品如果在主流媒体投放大量的广告,就很有可能带来销量的巨大增长,从而带动企业的净利润、市值、股价都出现不同程度的提高,这对投资者来讲是非常好的投资机会。

广告的影响力度是巨大的。当年劲酒在央视大力投放推广广告,使其一度成为药酒的领头羊,几乎所有人都可以说出劲酒的广告语——"劲酒虽好,可不要贪杯哦"。在我陪孩子看电视的时候,经常看到一则广告,总是唱着"妙可蓝多,妙可蓝多,奶酪棒",慢慢我发现,电视台、主流视频网站甚至是电梯广告都有妙可蓝多,这家企业还请了著名影视明星孙俪做代言。于是我也在超市买了一些(根据调研,各类超市均有销售且消费者众多),孩子吃了以后非常喜欢，成为长期食用的产品。妙可蓝多奶酪棒不仅有鲜奶味，还有 Q 弹软糯的口感，最重要的是其中含钙量丰富，对儿童有较高的营养价值。我认为这款产品的销量以及企业的利润会出现明显提高，企业的股价也必然会跟随上涨。随后我在分析这家企业时发现，上一财年（2018 年）妙可蓝多的净利润同比增长 148.69%，毛利率为 26.96%，奶酪销量平均每年增长超过 20%。现在人们的生活水平提高了，对于子女的生活质量也是格外重视。为人父母的朋友应该都深有体会，每月给子女购买各种零食、玩具的支出十分庞大，加上妙可蓝多大量的广告宣传，我认为这家企业非常具有投资价值。

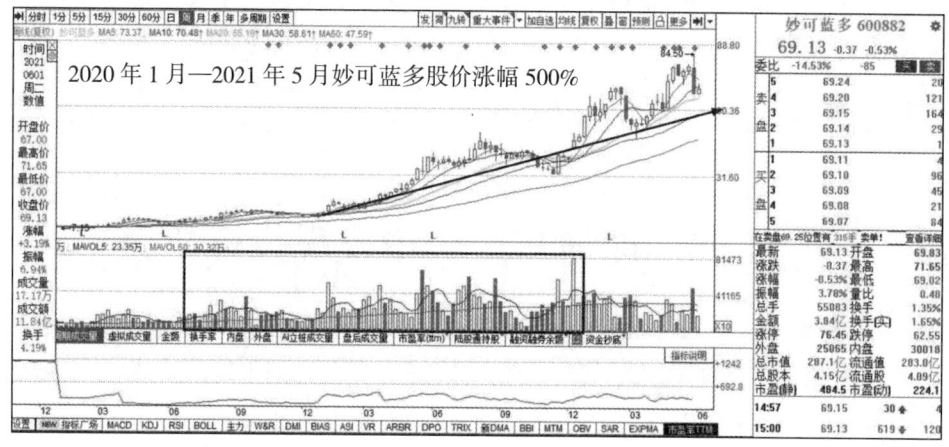

图 55

虽然我确实把握住了一家优秀的企业或者说是一种产品，但是这次投资却并不能算成功。2019 年下半年，我以 16 块多的价格买入妙可蓝多，持有了 3 个月左右，在接近 20 元的价格卖出。但是 2020 年才是其业绩及股价爆发的一年，从 2020 年 1 月开始，一直到 5 月，该股股价创下了 84.50 元的新高，最大涨幅超过了 500%。要么说人千万不要过于自信或自满，投资路上学无止境，那时候感觉自己依旧稍欠火候，还要继续学习进步啊。

但是也并不是说所有大量投放广告的企业都是好企业，都具有投资价值。首先，投放的产品要相对成熟，具有较强的竞争优势，而且产品的毛利要比较高，不然销售成本过高，可能销量增长但净利润却未必同幅度增长。最近这几年手机市场的竞争开始降温，而新能源车企的竞争却愈发激烈，相信很多人在刷抖音的时候，经常可以看到各类车企的广告和测评，其中最普遍的就是小鹏、蔚来、理想、R、比亚迪汉。拿"蔚小理"来说，即使现在是新能源汽车销售的爆发阶段，截至到2021年Q1财年，它们的净利润依旧呈亏损态势，而且毛利率普遍不高，核心竞争优势不明显，但是广告投放量却很大，各大城市的各大商场展位也很多，销售网络越铺越大，但用在研发上的投入却始终不高，我认为这不是健康的发展模式。2021年战火升级，恒大、小米、华为纷纷杀入新能源造车市场，和华为合作的小康股份，股价在30个交易日内上涨180%，北汽蓝谷的股价上涨了135%，这给未来新能源汽车市场又增加了许多不确定性。我始终未曾涉足这个行业的投资，乱世出英雄，但是亡魂更多，看不到或者看不清未来的企业前景或产品前景，还是谨慎为好。

上面提出了正反两个案例。我们身边的广告中确实蕴含着许多投资机会，其中有星光大道也有无底深渊。广告是一个让我们认识一家企业或一个产品的渠道，是否值得投资，还得依靠自己的智慧进行判断。

第72问　刚上市的新股可以买吗

每天都会有读者问我对一些股票的看法，基本上我都会按照自己的观点给出答案，唯独两种类型的股票我很难给出一个令自己满意的答案，一种是ST股，一种就是刚上市的新股。ST股倒是还好，至少可以通过企业管理和经营业绩以及公布的财务数据，对未来发展做出一些判断。但是ST股的主要价值一是摘帽，二是重组，而后者如果没有深入调研，没有内部消息，是很难知晓的。最让我头疼的是新股，因为只要不是新股的操盘主力，就很难从历史操盘情况去判断机构的行为和意图，也不了解里面机构的操盘风格和特点，实在难以给出有价值的指导意见，除非是那种非常知名的上市企业。

我基本不会去操盘新股，因为风险太大，不确定因素比较多。如果各位读者觉得我讲得有道理的话，以后也可以谨慎一些。大概是 2007 年的时候，新股上市后普遍连续大涨，只要能追进去就能赚上一笔。但如今不同于往日了，上市后短期破发的，当天就下跌收阴的，涨一天就结束的新股比比皆是。这里面有一个很明显的规律，就是股市行情好的时候，新股上市后的表现也会比较强势，但如果市场比较平淡或者呈下跌趋势，新股上市后就很难有比较好的表现。话又说回来，行情好的时候为啥要去追高买新股呢，能赚钱的股票一大把。

下面来说说不同情况下新股应该如何对待。

（1）上市第一天就收阴的股票，可想而知企业差到了何种程度。纵观有过类似情况的个股，绝大多数后面还会持续下跌，即使反弹，幅度也非常有限。

（2）一个涨停板都没有。上市首日收阳，然后一个涨停板都没有的股票，说明这家企业缺乏更大的投资价值，机构都是吃一口就赶快跑路的。这种新股也非常普遍，要么就像东瑞股份一样开盘第一天上涨，后面连续下跌，最终股价被腰斩，或者股价虽然也有所反弹，但始终无法突破开盘首日开盘价的。

（3）连续涨停开板的。大家可以去复盘，虽然没有完全统计，但根据我的观察和经验，至少 90% 以上连续涨停板的新股，只要开板就是顶部。不要以为开板了是给你赚钱的机会，其实是机构赚你的钱的机会。当然，也有极个别的新股一字板打开后又出现一两个涨停，但是凤毛麟角，而且你要考虑为追这一两个涨停板要承受多大的风险。

是不是看完上面的内容发现新股根本就不能买？想拼一下也是可以的，有一种新股走势，如果遇到的话可以适当尝试一下，就是去做新股第一轮上涨结束回调后的第二轮上涨行情，但不是所有二次上涨的新股都能买。

如图 56 所示，以百龙创园这只新股为例。与很多新股走势一样，该股上市首日上涨后，开始连续走出一字板涨停，根本不给散户买入的机会。开板后股价马上见顶回落，与此同时，和很多高位出货的股票一样，成交放量下跌。随后成交量开始逐渐萎缩，但缩量持续时间不久，成交便再度活跃起来，股价也止跌回升。随着成交的不断递增积累，股价也是不断地刷新高点。出现这样的情况，或是机构的一次高位减持，进行了一次波段操作，或是有其他机构进场接盘，总之机构还没有跑光就是了。如果投资者想要参与新股交易并提高成功率，不妨去寻找这些出现第二轮放量上涨的新股。很多新股在下跌的过程中成交量是持续萎缩的，哪怕再有反弹，成交量依然没有明显变化，这样的二次上涨行为就比较危险了，千万不能买入。

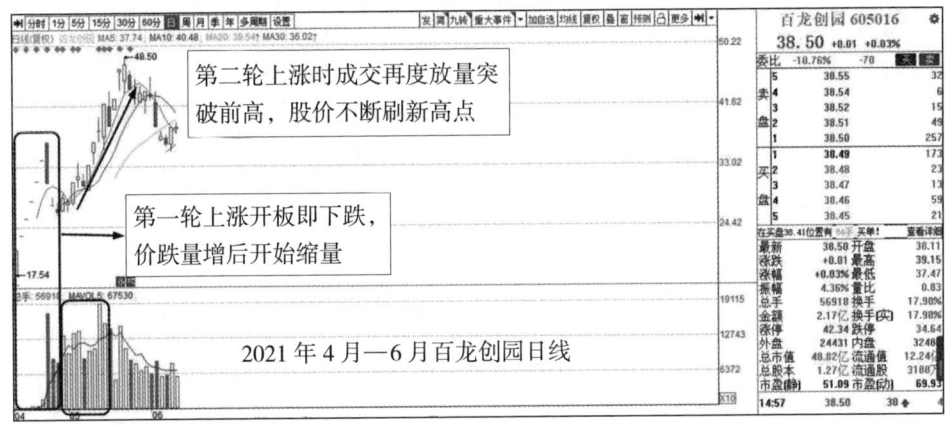

图 56

还有一种新股可以考虑购买，就是知名企业。这些知名企业的品牌效应往往较高，产品质量及销量都比较稳定，更容易受到机构的炒作。比如现在随处可见的功能型饮料"东鹏特饮"，已经连续走出 8 个一字板了，因为这家企业业绩好，产品销量逐年提升，相关测评也几乎是一边倒地叫好，这种有成熟产品和市场销量的企业，哪怕是新股，也会有很多人去投资的。还有财达证券，上市后连续走出 11 个涨停板。再小的券商也是券商，金融类企业完全不愁没有投资人，所以会涨得很强势。但是现在的新股更多地是一些科创板或创业板的小盘股，业绩非常不稳定，也缺少品牌效应。尤其是一些科技类企业，可能一季度还是赚钱的，二季度就严重亏损了。这种情况也说明了一点，买新股还是买企业业绩好一些、市值高一些的股票，这样买入会更加安全。

第73问　股市可以和哪些市场组合投资

我不建议投资者将所有可用于金融市场投资的资金全部投放在股市里，因为一旦遇到系统性风险，那么孤注一掷地投资股市无疑会损失惨重。此外，强扭的瓜不甜，如果你确实不适合投资股市，那么更换投资市场或许也是不错的选择。

大多数投资者的投资主体是我国的A股市场，在这个前提下，应该如何与其他市场串联起来呢？首先我们要知道A股市场的一些基本特点。

（1）交易时间4小时，下午3点过后，除了适当复盘看新闻，基本无事可做，价值投资者甚至复盘都可以省略了。

（2）受宏观经济影响较大，一旦中国乃至全球经济不景气，甚至出现严重的金融危机，那么A股市场的投资风险是巨大的。

（3）A股市场的操纵性是很强的，而且A股市场目前中低市值的个股数量较多，虽然监管力度略有增强，但是股价操纵等内幕交易行为依旧屡禁不止。

（4）A股市场的收益和风险几乎是比较中性的，若想获得更高收益，即使利用两融工具，杠杆力度也是有限的，很难获得超额收益。

（5）想要获得超额收益，就需要进行短线交易，而A股市场的交易机制并不支持T+0双向交易，这无疑是告诉投资者A股不是一个好的投机市场。

（6）正因为操纵性的存在，所以技术分析基本无效，这对很多技术派来说是非常不友好的。

基于A股市场以上特点和不足，若要进行跨市场投资组合，就要根据自己对收益与风险的需求进行组合。

（1）A股+债券、货币基金。从一个专业的股市投资人角度来看，如果自己股票做得还不错，就没有必要去购买股票型基金，自己动手丰衣足食即可。对于保守型的股票投资者而言，通常会选择在股票市场进行中长期的价值投资，但把所有资金都投资于股市，也是存在较大隐患和风险的，所以建议投资者把一部分资金用于购买一部分债券或货币基金，这样会给资金和收益加一个双保险，稳定性会有明显提高。

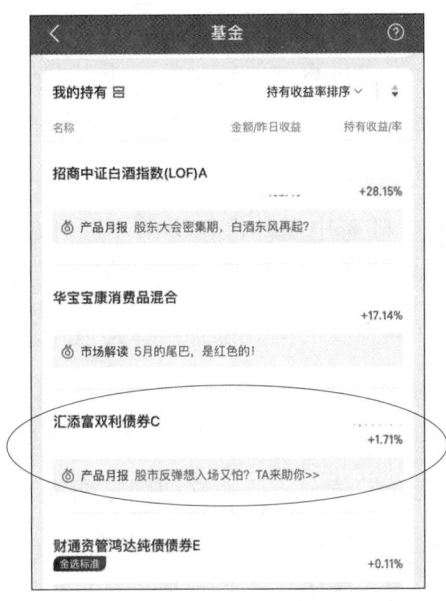

图 57

在我写这本书的时候，几乎没有时间进行短线交易。所以我用一部分资金持有一些蓝筹股，一部分资金购买了股票、债券、货币基金，获取稳健的收益。千万不要觉得非股票型基金收益率就比较低。以债券基金来讲，并不是完全进行债券投资，也会配置一部分股票，可以说是稳中求胜。如图 57 所示，以我购买的这只债券型基金来讲，最大回撤只有 3%，往期年化平均收益率在 10%（比有些私募基金还高，但风险却低很多），买了 1 个月左右的时间，已经有接近 2% 的收益了。如果资金规模足够庞大，每个月哪怕只有 1% 的稳健收益，也足以应付每月的开销了。

（2）A 股 + 期货。投资者是否可以将 A 股和期货组合进行投资，主要取决于投资者的风险接受程度，以及 A 股市场的投资策略。如果投资者在 A

股市场进行较长期的价值投资,就不需要一直盯盘,时间相对充裕,完全可以在期货市场进行各种策略的投资。但如果投资者在A股市场主要以短线交易为主,就需要把更多的精力用于盯盘上,如果同时交易期货的话,精力会捉襟见肘。如果要进行期货交易,建议交易开放夜盘的国际商品,如黄金、白银、原油等,或者直接开通国际期货账户,这样白天交易A股,夜间交易期货,时间不冲突,技术派也有发挥的余地。不过期货市场相比股票市场的风险要高很多,投资者可以根据对两个市场的熟悉程度、成功率以及风险承受能力等因素,合理地分配资金和精力。

(3) A股+外汇。随着中国外汇市场的不断开放,许多境外的外汇交易商纷纷涌入国内开展经纪及资管业务,尤其是最近10年左右的时间,外汇交易发展极为迅速。熟悉我的读者都知道,A股市场环境好的时候,我每天的主要工作是A股市场交易,一旦A股市场开始疲软走弱,便会以期货或者外汇、美股交易为主。不论投资者在A股市场是进行价值投资还是短线交易,都可以和外汇交易或黄金、原油这种国际期货组合投资,因为这些市场主要的交易时间段是美盘阶段(美国开盘期间),亚洲以及欧洲盘阶段价格波动并不是很大,只有在美国开盘后交易才是最为活跃的。但是由于这些国际投资市场的交易杠杆比较高,风险较大,所以即使投资者有意投资,也不要投入太多的资金,建议投资者将可投资资金中的20%投入到国际期货或外汇市场即可。如果投资者对外汇交易有兴趣,也可以学习一下我出版的《外汇交易精解》(中国宇航出版社出版)一书。

当然,可以投资的金融类产品还有很多,比如私募基金、信托产品、理财保险等,但投资这些产品要么会使资金的流动性下降,要么收益过低,都不太划算。存在银行收利息也是一种方式,但收益也比较低。最近几年"币圈"非常火爆,从最开始的比特币到狗狗币等,互联网上也经常出现某个币种暴涨暴跌的新闻,但我个人始终对于数字货币不太感兴趣,首先就是它的投资价值,其次是可以研究分析的内容过于匮乏,感觉就跟赌博一样,完全是靠运气。另外,各种数字货币的杀猪盘层出不穷,虽然可能会让一些人一夜暴富,但更多的是在一夜之间成了"负翁",所以想要进入"币圈"的投资者,一定要三思而后行。

第74问　怎样培养投资心态

在我的每本书中,几乎都会提到"交易心态"的问题。在金融投资方面,我认为这更多的不是心理问题,而是人性问题。比如你发现自己持仓的一只股票连续走出2个跌停板或者业绩不佳存在退市的风险,你会恐惧、慌乱,甚至夜不能寐,总是在补仓和止损之间纠结,这就是人性问题。凡是正常人,血汗钱遭受损失,都会下意识地担忧。

其实大多数投资者交易失败的主要原因不是技术问题,而是被恐慌的心态控制,导致正确的策略赚不到钱,错误的策略亏大钱。其实这是正常人都会出现的问题,所以才有二八定律,那些金融市场的成功者都不是平庸之辈,都有一颗强大的心脏。当我用自己的账户进行交易的时候,不论盈亏如何,基本都能淡然面对,但是一旦有投资项目的时候,手握几个亿甚至更多的资金,在交易的时候也会感到莫名的紧张。我以前经常说紧张是不自信的表现,是对自己能力的质疑,但现在我不这样认为了,其实这是对未知的恐惧,是条件反射。因为股价的未来是未知的,不论我们用什么样的手段去分析研究,都只是对未来的一种猜测,哪怕是企业高管,对于当前下半年的业绩或是下一财年的经营情况,我相信也是无法完全确定的。就是因为不确定,才会导致交易心态的变化,所以投资心理不是学出来的,而是培养出来的。

那么,作为一个合格的投资人,应该具备什么样的心理特征呢?最重要的一点就是可以有效地执行你的投资计划,买入卖出价、回撤线、投资资金比例,一旦定下来就要严格执行,不要存在侥幸心理。其次是可以正视盈亏,胜不骄败不馁,不要见到利润就想逃跑,也不能一亏损就心疼,想着去补仓回本的问题。最后就是要有耐心,做投资就要静若处子,动若脱兔。一个投资人大多数的时间都是在伺机待发，只有极少数时间是在交易。关于这一点，很多投资者恰恰相反，只要看到比较不错的股票就忍不住去买，而只要在看盘，就总能发现让你冲动买入的股票，这样做肯定是不对的。

做投资，企业分析研究是第一步，而等待好的买入机会也是非常重要的。天时地利人和，缺少任何一样都可能导致投资失败，你要等待合适的市场环境，等待并寻找合适的题材，然后寻找合适的企业，等待最佳的投资时机。2020 年 5 月下旬我准备重新投资中国中免，但是当时的价格以及成交情况和市场环境我认为都不是较佳的，所以一直在等待。接近 6 月时，中国中免的股价有所上涨，但我认为上涨力度不够，上方的主要平台难以突破，所以依旧保持观望，随后整个市场开始回落，也影响了中国中免的走势。如果当时冲动交易，做短线的话或许还有三四个点的收益，一旦持仓稍微多一些，那么现在就是处于亏损状态，一下子从主动变为被动。等待不代表"怂"，而是任何一分钱都要花得有价值，任何一次投资都要慎之又慎，不要被外界影响心态。现在几乎每个行业都会利用人的冲动心理进行各种推销活动，股市中的操盘机构利用投资者容易冲动交易的特点，利用资金优势做出一些看涨的指标形态、放量上涨的形态、巨额的盘口等。现在几乎所有直播带货的平台也在利用人们冲动消费的心理激情营销，让你马上下单。冲动购物可以退货，冲动交易面临的则是亏钱。如果你意识到了投资心理的重要性，目前又做得不太好，就要从现在开始培养了。

下面我把自己培养交易心态的一些经验和各位读者分享一下，我个人认为还是非常有效的，大家可以适当借鉴。

（1）琴、棋、书、画。这四件事都是慢工出细活，非常考验一个人的耐性和毅力。没有平和的心态弹不出好曲子，也写不出好字，也走不出一步好棋。纵观古今，凡好琴、棋、书、画者，少有浮躁之人。尤其是下棋，还可以锻炼思维的灵活性。

（2）垂钓。钓鱼真的是可以让人从一个急脾气短期内变成一个慢性子，当然不是让各位在交易时变成个慢性子，而是做到不急不躁。当你一条鱼都钓不到却能安静地坐七八个小时，而且连续数日如此的时候，你的性子基本就磨得差不多了。而且在垂钓过程中，你可以安静地想清楚许多交易问题。

（3）收藏刮刮乐。不知从什么时候开始，我喜欢去彩票店买刮刮乐了，每次路过彩票店都会去买几百块钱，虽然也会刮出点奖金，但整体从未赚过钱。但是从中我发现一个问题，所有买刮刮乐的人都会迫不及待地在现场刮开兑奖，有过购买刮刮乐经历的人都会感同身受吧。如果有喜欢买刮刮乐的朋友，可以尝试一下买了以后不刮开，看能否在家放一周时间，我想这对心态一定是一种考验。

（4）盯盘不买。大多数人在看盘的时候发现好股票，只要账户资金充裕，很大可能都会去购买。你可以试试连续盯盘一个月，去发掘那些有投资价值的股票放在自选股里，每天盯着，但就是不买。如果你能忍得住，那么这一关也就过了。不要担心错过机会，只要交易所不倒闭，就不会缺少投资机会。

（5）看直播带货不买。这个比较适合女性投资者，虽然没有做过统计，但我觉得看直播带货购物的应该很大一部分都是女性消费者。据说女人看直播带货时大多都会冲动地买、买、买。所以对于女性投资者来说，每天刷带货直播却什么也不买，持续一个月，心态一定会有所变化。

以上只是个人的经历和建议，大家也可以去寻找适合自己的方法来自我修炼，但是千万不要忽视投资心态的问题。当你觉得自己的心态已经是一名合格的交易员的时候，不妨做出一个交易计划，如果你能有效地执行这个计划，那么恭喜你，最大的问题解决了，未来只需要提高自身的投资分析能力即可。如果还是无法完成或者某一次交易又开始出现心理问题，那就还需要继续修炼。旅行也是一个很好的方式，我每次交易不顺利的时候基本都会去旅行，放空一下自己，调整好状态后再继续交易。如果你发现不论怎样就是克服不了交易的恐慌，依然会被心态或情绪左右，那么我想你应该考虑是否放弃独立交易，去购买基金、信托、保险等产品。

第 75 问　可转债有必要申购吗

随着申购制度的改革，投资者基本都具备了申购条件，可能只有少数人还缺少科创板的开通资格，无法申购科创板股票。我发现很多投资者对可转债并不是很了解，在每日申购时仅申购新股，而会主观地取消对新债的申购。

可转债，简单地讲就是债券持有人可以按照发行时约定的价格将债券转换成公司普通股票的债券。投资者可以直接在股票账户上购买或申购上市企业的可转债，如果债券持有人不想转换，则可以继续持有债券，直到偿还期满时收取本金和利息，或者是在二级市场出售变现。如果持有人看好发债公司股票的增值潜力，在宽限期之后可以行使转换权，按照预定转换价格将债券转换成为股票，发债公司不得拒绝。

债券代码	债券简称	相关	申购日期	申购代码	申购上限(万元)	正股代码	正股简称	正股价	转股价	转股价值	债现价	转股溢价率	股权登记日	每股配售额	发行规模(亿元)	中签号发布日	中签率(%)	上市时间
113059	福莱转债	详细 股吧	2022-05-20 周五	783865	100	601865	福莱特	44.09	43.94	100.34	100.00	-0.34%	05-19	2.3570	40.00	05-24	0.0033	-
127064	杭氧转债	详细 股吧	2022-05-19 周四	072430	100	002430	杭氧股份	28.48	28.69	99.27	100.00	0.74%	05-18	1.1560	11.37	05-23	0.0018	-
123146	中环转2	详细 股吧	2022-05-06 周五	370692	100	300692	中环环保	7.14	7.47	95.58	116.01	21.37%	05-05	2.0389	8.64	05-10	0.0029	05-26
113648	巨星转债	详细 股吧	2022-04-25 周一	754477	100	603477	巨星农牧	19.82	25.24	78.53	116.34	48.15%	04-22	1.9750	10.00	04-27	0.0022	05-17
110086	精工转债	详细 股吧	2022-04-22 周五	733496	100	600496	精工钢构	4.44	5.00	88.80	117.39	32.20%	04-21	0.9930	20.00	04-26	0.0067	05-23
127063	贵轮转债	详细 股吧	2022-04-22 周五	070589	100	000589	贵州轮胎	4.15	4.60	90.22	100.00	10.84%	04-21	1.5686	18.00	04-26	0.0060	-
113647	禾丰转债	详细 股吧	2022-04-22 周五	754609	100	603609	禾丰股份	8.43	10.22	82.49	113.26	37.31%	04-21	1.6640	15.00	04-26	0.0037	05-18
127062	傘知转债	详细 股吧	2022-04-21 周四	072398	100	002398	傘知集团	6.37	7.82	81.46	150.00	84.14%	04-20	0.5502	3.96	04-25	0.0012	05-20
127061	美锦转债	详细 股吧	2022-04-20 周三	070723	100	000723	美锦能源	11.43	13.21	86.53	100.00	15.57%	04-19	0.8406	35.90	04-22	0.0244	05-30
123145	药石转债	详细 股吧	2022-04-20 周三	370725	100	300725	药石科技	80.35	92.98	86.42	126.26	46.11%	04-19	5.7586	11.50	04-22	0.0030	05-18
127060	湘佳转债	详细 股吧	2022-04-19 周二	072982	100	002982	湘佳股份	36.81	42.56	86.49	100.00	15.62%	04-18	6.2819	6.40	04-21	0.0020	-
113646	艾迪转债	详细 股吧	2022-04-15 周五	754638	100	603638	艾迪精密	17.42	23.96	72.70	111.74	53.69%	04-14	1.1880	10.00	04-19	0.0043	05-12
113645	永吉转债	详细 股吧	2022-04-14 周四	754058	100	603058	永吉股份	6.89	8.76	78.65	348.02	342.48%	04-13	0.3510	1.46	04-18	0.0004	05-17
123144	裕兴转债	详细 股吧	2022-04-11 周一	370305	100	300305	裕兴股份	11.66	14.24	81.88	118.70	44.23%	04-08	2.1262	6.00	04-13	0.0021	04-27

图 58

投资者可以通过看盘软件中的可转债板块，查看企业可转债价格涨幅以及正股价格等信息。通过软件或各大财经媒体查看可转债申购日期等信息，最终通过交易软件交易，与正常的个股交易一致。下面讲一下为什么要申购可转债，怎么做到利润最大化。

首先说说可转债存在哪些风险。最大的风险就是企业存续风险，如果企业经营不善破产了，这些企业债自然难以偿还。不过监管部门对企业债发行的要求是很高的，所以虽然风险大，但出现的概率也是很低的。其次，债券可能被企业强制赎回，如果此时投资者还没有转股，可能会造成一定的损失。最后就是发债企业股价下跌，此时若投资者购买的可转债转股价高于正股现价，那么此时投资者转股将无法得到高收益，这也是我只建议去申购可转债而不建议在二级市场购买的原因。因为现在很多懒得分析股票的人都购买可转债守株待兔，所以可转债的价格普遍都高于100元，投资收益并不乐观。整体来说，申购可转债的风险是极低的，所匹配的收益也是有限的，但我们可以利用一些方法来使得利润最大化。

第一种方法是折价转股套利，这种方法的原理是可转债可以按照合约价格转股，当正股价格高于转债价格时，持债者转股卖出完成获利。

利用这种获利方法，要先了解下面几个计算公式。

转股价值 = 面值100元 / 转股价 × 正股价

转股溢价率 = (转债现价 − 转股价值) / 转股价值 × 100%

转股溢价率为负，有套利空间，转股溢价率为正，则不存在套利空间，至少转股溢价率大于1%才可以考虑转股，不然股价波动和手续费就可以磨平套利空间。例如，转股价是11元，当前转债价格是108元，买入转债后转股，转股后卖出可以获得110元，从而获得2元的套利收益。

第二种方法则是利用可转债买涨停，投资者应该都知道股价一旦涨停且被大单封死，是很难甚至无法买入的，如果后市股价连续涨停，投资者就可以利用可转债转股进行购买。当然，如果转股后股价开始下跌，则得不到任何好处，但如果连续涨停就赚大了。当然，不建议轻易直接从二级市场购买可转债，如果股价已经开始涨停，那么可转债价格必然也会水涨船高，溢价率也必然会发生变化，这种捡便宜的事基本是没有的。如果提前布局的话，投资者无法预估股价是否会大涨也无济于事，如果看好股价，为何不直接购买股票呢。

第76问　为什么股市一下跌就开始恐慌

在写这本书的时候，我用20多天的时间自驾318川藏线去了一趟拉萨，因为疫情的原因无缘进入新疆，真的是一个很大的遗憾，最终从甘肃拖车回来了。这一路因为信号很差，甚至没有信号，所以无法兼顾股市表现。当时轻仓持有两家企业的股票，我对市场的大方向还是心中有数的，也就没有太在意。但是读者群里的各位投资者似乎又被市场玩弄于股掌了，很多人的心情跌宕起伏，经常在群内出现各种类似"大盘崩了""熊市来了""又暴跌了"等言论。实际上，市场只要出现短暂连续的下跌，都会有这样的声音发出。所以我抽空在酒店里进行了复盘，希望能解答读者的疑惑，安抚他们的情绪。

2021年依然笼罩在疫情的阴影之下，各行各业都没有完全复产，再加上极端天气，对全国经济尤其是部分地域经济还是有很大影响的，所以股票市场也一直都是不温不火，多次出现冲顶的假象，当然有时也确实有些摇摇欲坠的感觉。不过我一直认为，国内基本已经摆脱了疫情的影响，至少不会形成太大的冲击。当前国内经济依旧能稳中有升，不具备大利空的潜在隐患。按市场以及行业规律来看，2021年虽然不会出现大的牛市行情，但三四季度小幅度的一两轮上涨还是有很大希望的，所以虽然我对全年行情不能说是特别看好，但也不担心大的下跌风险。

从图59中可以看到，上证指数始终保持在3500点附近振荡，市场成交也是相对平稳且有蓄势迹象，但是7月26日、27日这两天却突然连续大幅度放量杀跌，直接把市场打懵了。遇到这种突如其来的下跌，首先要考虑的就是基本面因素，要知道为什么会发生这样的变化，然后才能做出正确的操作，而不是发现下跌了就恐慌。我发现，股市在下跌前没有任何政策以及全球经济形势变化等利空因素，坊间依然是马后炮式的收盘后的各种猜测，我就认为这无非是技术面的回调以及部分机构调仓所致，市场不会因此走熊，所以我把自己的观点传达给了各位读者。等到了终点兰州的时候，看一下这段时间市场的表现，果然如我所想，下跌只是昙花一现，一个 V 字反转后指数又回到了起点。

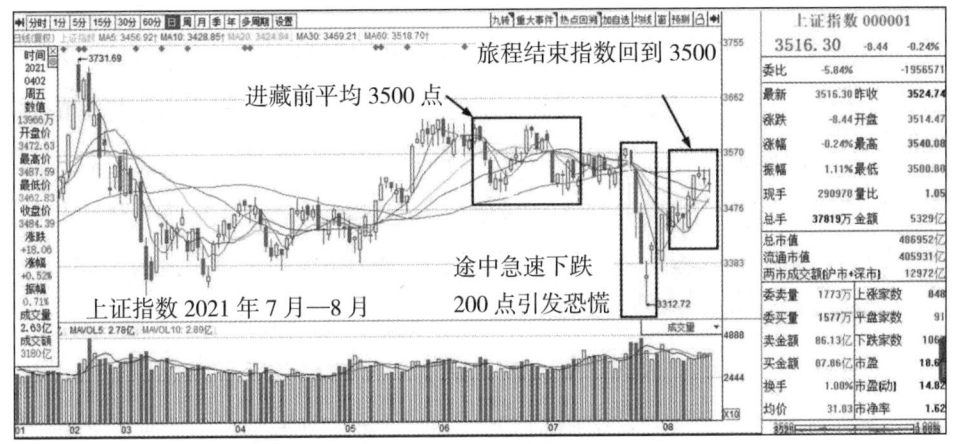

图 59

很多投资者不管是新手还是老将，总是很容易被市场的各种走势现象带动情绪，突然大涨就兴奋得不行，以为牛市来了，然后去购买、去加仓，突然大跌就恐慌熊市出现，不知所措，不管价格是否到底，依然去抛售。比如这一段股市的 V 字反转，有多少人在底部出局，又有多少人在高位接回，做了一次愚蠢的操作？所以不论遇到了怎样突如其来的市场大变故，都要先稳住情绪，先去寻找原因，不要轻易打乱自己的投资节奏。如果真的是因为某些重要利空导致的变盘，做出相应的操作也不迟。如果整个市场波动都没有相应的理由，我认为按部就班操作就是。很多人会说如果真的大跌了怎么办？纵观 A 股市场的历史，没有无缘无故的大涨，更没有无缘无故的大跌。比如熊市，要么是牛市后的反转，要么是全球经济出现问题，不要质疑国家稳定经济、稳定市场的能力。2021 年 8 月中旬，美国股市依旧在不断地刷新着历史新高，虽然通胀问题严峻，但只要泡沫尚未破灭，全球金融体系就不会崩溃。外患尚且如此，内忧就更加不值一提。如此格局，A 股市场又岂会出现大的危机。所以遇事要三思而后行，而不是先行而再思。

第 77 问　普通投资者适合交易科创板吗

2019年7月22日，随着25只创业板上市企业在上交所正式上线交易，意味着中国股市出现了新的里程碑。有人因科创板的诞生创造出了更多的收益，也有人因此损失更加惨重，那么，普通投资者到底适不适合交易科创板呢？有些人也许会有这样的想法，科创板不就是另一个创业板吗？创业板我都能玩，更何况科创板。其实这样想就错了，这两个市场有很大的不同，首先说科创板和创业板推出的宗旨和目的。

创业板是不同于主板的二板市场，是专门为创业型或者中小型企业无法在主板市场上市而准备的，所以创业板中各行各业的企业都有。而科创板则不同，它是专门为那些有核心技术的科技创新类企业设立的。这种科技创新类企业往往盈利周期过长，投入资金过大，上市后可以吸引更多的资金流向企业，并投入到研发当中。除此之外，科创板和创业板还有三个不同之处，比如上市条件不同，创业板上市也有比较多的限制和条件，比如每年的盈利标准、资产规模标准，要符合同板同权等。而科创板的限制就少了很多，上市更加容易一些。其次就是所属交易所不同，科创板属于上海证券交易所，而创业板属于深圳证券交易所，这个区别对投资者来说基本没有影响。最后就是对参与者的限制，创业板的交易现在基本没什么限制，跟主板交易基本没有差别。而投资者想要开通科创板，必须要在20个交易日内日均资产在50万元人民币以上，这里面的潜台词就是：科创板风险大，小资金不要来冒险。创业板和科创板也有共同点，都是新股上市前5个交易日不设涨跌幅限制，且此后涨跌幅限制都是20%，这也是这两个市场最吸引人的地方。

在科创板和创业板交易方面，说实话我也是一个"小学生"，可能思想比较保守，不论是操盘品种还是我个人的投资行为，都很少交易创业板。虽然第一批开通了科创板，但也从未进行过任何交易。所谓术业有专攻，在传统行业研究多年,自然比较了解,但是高科技方面却并非我所擅长。所以说一个投资者不管多么伟大,也不会对各行各业各种产品都了如指掌,很多华尔街的投资大师也在告诫各位投资者,只做自己熟悉领域内的投资。

若想进入科创板市场进行投资,各位投资者首先要问问自己,你对科创板中的企业从事的行业以及研发的产品熟悉吗?如果你一无所知,那么风险将会非常大。如果你连主板市场都没玩明白,却想要去做科创板,最大跌幅20%你承受得住吗?有人说我就是做投机玩短线,那你了解科创板的风险吗?如果你对机构的目的和操盘行为还无法判断,科创板基本都是小市值企业,可以说是鱼龙混杂,你想坐收渔翁之利是很难的,作为池鱼被殃及倒是很有可能。

下面说说科创板的几大风险。

(1)科创板中的企业基本都是科技创新类企业,投资规模都比较大,而且产品可能尚不成熟,都处于不断烧钱的研发阶段。而且高科技这东西更新换代太快了,可能新产品上市没多久,更高级的产品就出现了。所以科技类企业的研发是不停的,每年的研发投入是逐渐增加的。这类企业都非常依赖核心的研发人员,研发人员的能力越强,研发速度越快,产品更新得越快,企业的吸金能力才会越强。普通投资者根本无法了解这些研发人员的实力,只能看结果,而且一旦这些核心研发人员发生人员变动,就很有可能导致一个企业的落寞或者复兴。所以科创板的企业投入是巨大的,研发周期的不确定性决定了盈利周期的长短,诸多不确定性造成了投资的巨大风险。

(2)科技研发不是说有人有钱就一定会成功的,比如前几年研究芯片、光刻胶的企业如雨后春笋一般成立,最后怎么样呢?破产的破产,骗补贴的骗补贴,依然没有成功,也直接导致二级市场的芯片概念从炙手可热的投资热点变成了无人问津的冷门。所以这些科技类上市企业,虽然当前都有比较充分的研发资金,但如果最终没有生产出具有行业领先或者具有竞争力的产品,一旦资金链断裂,后果可想而知。所以很多科创板中的企业盈利是非常不稳定的,甚至连续数个季度亏损都是很正常的。

（3）科创板企业股价的波动更大，普通投资者更难以把控，因为这些企业的市值普遍偏低，是滋养中小型投资机构的温床，所以更加鱼龙混杂。有些企业股价的大涨可能是因为机构有充分的调研，这家企业或许有什么惊世骇俗的产品研发成功，机构对其十分看好，这样的话，投资者跟风投资，可能会有一定的投资收益。但是如果企业并没有太大的投资价值，只是游资短期的操纵行为，投资者一旦高位接盘被套，可能会面临很大的亏损，以及周期较长的套牢局面。

（4）科创板上市企业的退市制度更加严格，同时退市的周期也更短一些，所以我们会看到更多的科创板企业退市的情况。主板市场投资失败可能只是被套，很少遇到企业退市的问题，但这个问题如果出现在科创板，发生的概率会数倍增加，这也是为什么开通科创板要有资产限制的原因，因为风险确实很大。另外，根据科创板交易规则的规定，一旦上市企业发出退市风险警示，不会纳入风险警示板交易，这就意味着一旦企业出现问题存在退市风险，可能会引发更大的抛盘可能，一旦投资者退出不及时，可能会在很短的时间内造成巨大损失。

上述内容并不是在劝退各位投资者，而是提醒投资者注意科创板的风险，然后做好自我定位，再去决定要不要介入这个市场。虽然科创板风险很大，但是也酝酿着很大的投资机会。如果你特别看好一家企业研发的产品并进行投资，一旦研发成功推出市场，给企业带来的利润可能是巨大的，股价自然就会像火箭升空一样急速上涨。不过前提是，你要对企业进行更加深入的了解和研究。不管怎么样，投资者还是要一步一个脚印地前行，首先要在主板市场站稳脚跟，至少要达到可以稳定收益的状态，然后再向收益更高的市场前进。

第78问　历史真的会重演吗

"历史会重演"是技术分析的三大假设之一。抛开其他国家以及投资市场不谈，单独说 A 股市场，历史真的会重演吗？

当年还在证券公司工作时，听到股民说得最多的就是历史会重演这句话。但是纵观 A 股市场，貌似从未上演过历史，可能唯一的历史重现就是现在上证指数又回到了十几年前的位置。另外，对于很多人认为的假期炒旅游，春节炒消费，熊市买医药等这些会有历史反复的行为也很少出现。

所以我认为投资者对于历史会重演这件事不能盲从，不要过分执着地从历史中寻找投资机会。社会是发展的，人类也是进步的，一个行业或企业也在不断地前进或者后退。比如十几年前资本最喜欢投资的是地产，而如今资本更喜欢芯片、操作系统、新能源汽车这类与时俱进的高科技企业。

每一天都有传统企业被时代潮流淹没，也有无数企业跟随着新的风口一飞冲天。作为一名投资者，我们应该更注重未来，应该向前看，去寻找以后可能会出现的一些投资机会，或者是成为市场宠儿的企业。

人们的投资理念也是在逐渐变化的，像是痴迷于技术，对什么历史会重演啊、地量后有地价这些"老观念"，也应该及时转变了。

当然，也不能对"历史会重演"代表的含义全都一棒子打死，其中也是有一些可取之处的，也并非所有的历史都不会重演。比如一旦临近冬季，煤炭价格往往会上涨，电费会涨价，相应的企业股票往往会表现强势一些。而一旦全年股市表现比较沉闷，各基金公司就会找点什么东西去炒作一下来提高净值，那么医药和白酒往往会成为首选目标。每到临近春节，猪肉往往也会涨价，相关企业也会因此受益。除此之外，还有许多相似的行为可以借鉴，但与其说是"历史会重演"，不如说是市场规律和行业周期更为恰当。

比如，每当出现大规模的战争、自然灾害或者金融危机，人们的避险情绪就会增加，国际黄金价格就会大幅上涨，这是属于历史重演吗？这是在特定情况下产生的必然影响所衍生出的一种投资规律。比如我们每个人都不会返老还童，或者回到某个年龄重新活一遍，只会慢慢成长，做出更多以前没有经历过的事情。唯一不变的可能只是我们的性格以及生活等规律，如果我们总是生活在回忆中，注定是无法进步的。

所以各位投资者不应该执着于历史，可以适当地寻找国家经济以及行业发展和企业的经营规律，但是一定要把更多的精力放在对当下的调研以及对未来的判断上。就像是企业财报的三大报表一样，要更加注重利润表和现金流量表，这样才能清楚企业未来会发生什么。

第79问　如何提高股指期货投资的成功率

中国推出股指期货，可以说是给技术爱好者或者是投机者提供了一个短期获利的渠道，也是一个有效的对冲手段。虽然本书主要内容为A股市场，并非期货，但因为是A股市场股票指数期货，所以我认为还是有必要讲一下的。随着人们收入的提高，普通投资者的资产也开始逐渐增长和积累，有条件进行股指期货投资的投资者以及交易数量也都有明显的增长，所以我认为还是有必要把一些我对股指期货交易的经验分享出来，哪怕你现在不是一个股指期货交易者，说不好未来也会加入其中。

首先很惭愧地说，我并没有参与过中国的股指期货交易，因为我早间需要做的事情比较多，还要顾及A股市场，所以时间不多。我的股指期货交易经验主要来自于晚间对纳斯达克、道琼斯以及德国DAX指数的交易，因为这个时间段比较充裕，而且美股的走势更加稳定，而德国股指的波动剧烈，收益更高，所以从各主要国家股指对比来看，A股市场确实缺乏一些竞争力，让人提不起太大的兴趣来。

按照广义的范围来讲，炒股指就是炒大盘。狭义上来说，中国的股指期货共有三大类：沪深 300（IF）、中证 500（IC）、上证 50（IH），交易的基本规则和其他期货产品大同小异，在此不多做介绍。股指期货的交易优势就在于它的可操纵性较低，虽然大盘指数也存在操纵的可能，但这其中也一定存在着政策驱动引发的群体效应，所以整体来说还算是公平的交易环境。尤其是沪深 300 和上证 50，因为指数编制规则的原因，使得这两种指数的可操纵性是最低的。

下面说一下我对股指期货的交易经验以及对 A 股市场股指期货的观察与总结，如果你是股指期货或者商品期货、外汇产品的交易者，可以学习一下《孝寒点位交易法》，因为股指期货交易主要还是应用技术分析方法。

（1）A 股市场的股指期货交易环境是非常重要的，许多国家股指期货的杠杆更高，所以相比较之下手续费就比较低了。而中国的股指期货的杠杆较低，相对来说手续费就显得高一些，需要在下单后股指出现更大的波动才可以从中获利。所以我一直认为，如在恒生指数或者德国等国家进行股指交易时，在股指处于大周期横盘阶段交易，会更加安全。虽然每一笔交易利润不多，但是市场走势稳定，累积的利润也是比较丰厚的，带上较小的止损防止突破，是最佳的投资策略。因为普通投资者大的损失往往都是出自单边行情中，对于他们来说，横向运行阶段才是最佳交易环境。虽然 A 股市场横盘的周期更长，但是如果遇到 2020 年或者 2021 年上半年的行情，振幅区间往往非常狭窄，收益空间不足。我遇到很多做股指期货的读者都表示，一笔交易哪怕下单位置很好，也要等很久才能获利，而且利润不大。一旦出现止损，则要损失多笔成功交易带来的盈利。所以 A 股市场的股指期货对那些看 5 分钟周期交易这样的日内炒短线的交易者来说，是不太友好的。我在进行其他国家股指交易时，通常 5 分钟内就可以完成一笔利润可观的交易，但是在 A 股股指横盘的环境下是很难完成的。所以我更建议应用类似做股票的交易策略——阶段交易。也就是不需要每天交易，等待最佳时机集中交易，要么不开张，开张可以吃三年。虽然 A 股市场的横盘周期较长，但是一旦出现较大幅度的上涨或下跌，也会持续一段时间，比如 2021 年 8 月的上涨走势。一旦市场交投开始变得活跃，成交持续放大，必然会出现持续性的涨跌，这时就是集中交易的主要周期。上涨趋势只考虑逢低做多，只在关键技术压力位尝试沽空，严格设置止损。只要没有明显的趋势转变，就顺势继续交易即可，这在单边行情中是最安全的交易策略。大多数死在单边行情中的投资者都是因为逆向交易，所以这个阶段以做多为主，沽空为辅。如果股指位置已经很高，要么开始观望，停止交易，要么继续大胆地顺势做多。反之，下跌行情也是一样的，沽空为主，做多为辅，只要趋势没有转变或者单边转振荡交易持续收缩，就不停地逢高沽空，将顺势交易进行到底，这就需要我们对趋势的把握要精确。

（2）股指期货的投资也可以中长期进行，但同样要对趋势进行有效的把握。比如在长期交易匮乏的横盘阶段，长时间持有股指期货的多头或空头头寸，必然是无利可图的，且一旦趋势发生相反方向的突破且延续，损失会是巨大的。所以若进行中长期的股指投资，就需要对未来趋势做初步的预判，发现趋势出现的迹象，最终确定趋势。而交易上更不能一锤子买卖，下单后就死等的做法是不对的。如果是在趋势已经发生时交易，可以一次性买入，不过此时的成本一定会相对高一些，所以仓位要控制在5成以内，且要在趋势结束前提前获利离场。如果提前布局，则可以利用整体8成仓位，分别在横盘预判阶段、趋势初期阶段以及趋势确认阶段进行建仓，这样风险会更小，利润也会最大化，不过这一套流程一定要在交割期限内完成。

（3）日内交易是股指期货交易的主要手段，即当日反复开平仓，收盘前保持空仓的状态。当然也有收盘前布局，博弈次日跳空开盘的行为，这种做法也是短线交易。日内投资者需要注意的就是对日内关键支撑以及压力位置提前进行安排，这对于技术分析是很重要的。有效的支撑与压力既是开仓位也是平仓位，能让短线的利润最大化。短线交易切忌用大止损去博小利润，10个点的止损去博10个点的止盈是正常的，但是用10个点的止损去博3个点、5个点的利润，就是傻瓜行为。大多数投资者的准确率都是不高的，所以至少要保证赚一次够下一次亏的。我以前可是一个彻彻底底的剥头皮专业户,但是后来发现又累又赚不到太多钱。所以短线投资者一定要保证每笔交易的利润与风险是成正比的,甚至利润空间要远大于风险,这是很少有人能做到的,也是始终无法累积利润的主要原因之一。另外就是尽量不要持单隔夜去博次日的跳空,准确性是很低的,和"瞎蒙"没有太大区别。

（4）要注意交割日。交割日这段时间会有大量的头寸平仓,波动本身就比较异常,如果遇到企业财务集中做账,那波动就更剧烈了,经常会出现明显的上涨趋势信号,做多后就连续下跌类似的异常走势,技术图形走得也会比较乱。所以谨慎的投资者尽量在交割日前几天就保持空仓,期间出现异常走势不要盲目参与,等待交割日结束再进行正常的投资行为。

以上是做股指期货需要注意的一些问题,无非就是技术分析的四个要素:成交量、价格、时间、空间,再加上趋势、仓位管理。其实我认为这些都是次要的,什么是最主要的呢?就是"心态"。股票投资考验心态,股指期货这种日内交易的市场更加需要好的心态。一旦心态出了问题,可能会出现连续交易止损,而且越错越做,甚至一笔交易满盘皆输。所以如果你自认为无法用一颗平常心去面对盈亏,或者在炒股的时候会很紧张,稍有亏损就心情不佳,那么在此奉劝你,千万不要交易股指期货。

第80问　如何把握未来短期热点

机构抱团投资的行为在A股市场中非常普遍,最终导致的结果就是某一个行业或题材的大幅上涨。在一个投资年度中,只要A股市场不是全年牛市,就会有许多行业出现短暂的爆发性上涨,甚至出现轮动上涨的情况。不同的是这些爆发的行业或题材或是持续几个交易日,或是持续几个交易周,这要取决于机构的投资策略以及投资标的本身的价值。

比如2021年下半年我同时发现机构对电力、钢铁、水泥、煤炭进行了持续的增持,预测将会出现一轮上涨行情,结果也确实如此。不过电力、钢铁和煤炭的上涨行情持续了足足一个月的时间，而水泥的上涨仅持续了几个交易日。主要原因就是在这段时间里，刚好全国发电出现缺口，不得不再度开启新一轮的限电政策，随后工业用电以及煤炭价格均有所上涨。在大利好的环境下，上涨的持续性是必然的。

现在也有很多投资者去追逐那些机构扎堆抱团的股票，比如 2020 年国庆后的白酒行情，见到白酒基金净值和股价大涨，就有越来越多的人前去追高。最终的结果肯定也是各不相同，提前买入的肯定多数是赚钱的，但是也有许多春节后高位买入的，结果自然是赶了个晚集，被套之人不计其数。所以不论是哪个行业、题材和个股，若想确保自身安全，又要追求最大利润，就必须要尽可能地提前预判未来可能爆发的热点。

本书中有许多个股成功布局的案例，那么对未来可能爆发的热点又该如何去提前捕获呢？根本问题还是在于观察机构的动向，只要跟着市场热钱走，总能发现宝藏。寻找市场中这些热钱的工具，就是我们平时常用的分析软件。虽然现在一些软件中的主力资金流向数据已经没有最开始时那样精确，但还是具有很大参考价值的。下面就给各位读者介绍一种简单有效的方法。

	代码	名称	现价	今日增仓占比%	今日排名	今日涨幅	2日增仓占比%	2日排名	2日涨幅	3日增仓占比%	3日排名	3日涨幅	5日增仓占比%	5日排名
1	885810	大豆	2203.295	+16.40	2	+6.69	+12.77	1	+7.87	+10.37	1	+6.73	+6.64	1
2	885761	超级品牌	1756.546	+7.72	29	+2.77	+5.72	22	+3.58	+3.99	17	+2.70	+5.89	3
3	881133	饮料制造	4538.039	+6.27	40	+3.32	+4.35	38	+3.95	+3.64	20	+3.21	+4.80	4
4	881156	保险及其他	1825.200	+18.91	1	+3.11	+8.25	4	+3.81	+5.64	6	+1.72	+4.53	5
5	885525	白酒概念	8353.534	+6.07	45	+2.83	+4.02	49	+3.10	+3.28	22	+1.85	+4.49	6
6	885573	猪肉	2838.286	+7.90	25	+4.16	+4.99	25	+4.81	+5.12	8	+5.18	+4.20	8
7	881102	养殖业	2579.959	+6.10	43	+4.16	+3.96	52	+4.76	+4.81	10	+5.67	+4.05	9
8	885871	胎压监测	1389.288	+8.07	20	+2.04	+7.19	9	+3.71	+6.37	2	+1.21	+4.02	10
9	885784	新零售	918.643	+8.45	19	+2.67	+4.56	33	+4.00	+2.62	33	+1.96	+4.00	11
10	885462	乳业	2184.662	+13.59	4	+3.99	+8.69	3	+5.43	+6.19	4	+4.03	+3.90	12

图 60

如图 60 所示，以同花顺软件为例，输入快捷键"94"，调出板块热点功能，选择板块增仓，就可以看到所有板块当日以及近期的增减持情况，利用这些数据可以对接下来机构的动向进行分析。

某个板块当日的增减持，除非力度很大，否则不可作为未来的投资依据，这样的准确率是很低的。就和判断大盘一样，某个交易日市场出现了放量大涨就认为是牛市到来，在当前市场中是要吃大亏的。不论是板块出现了较大力度的增持还是减持，都必须要有一定的持续性。增持的时间越久，累计的量越大，未来爆发的行情才有可能长时间地延续下去，力度也会较强。但我们也不能一直观望，看着机构持续增持，否则行业突然开启行情，可能会错过最佳的买入时机。所以这个连续增持的时间和力度，要有一个相对的数值，太早恐生变，太晚则错过时机。

按照我的习惯和经验，一般某个板块连续增持超过3个交易日，且增持占比超过5%以上，就可以初步判定未来存在爆发的可能，投资者可以继续跟踪，也可以在这个板块中选出符合购买条件的个股，提前进行少量的布局。若最近5个交易日增持占比超过10%，那么这种可能性就进一步加大。但并非出现机构连续大量增持的行为就一定可以马上购买，其中还有一些需要注意的事项。

（1）最好的情况是发现板块连续增持后，整个板块指数或主要收益个股的股价并没有上涨或没有出现大幅度的上涨，这样的话，如果提前布局失败，也不会出现太大的损失。而热点一旦爆发，利润也会实现最大化。

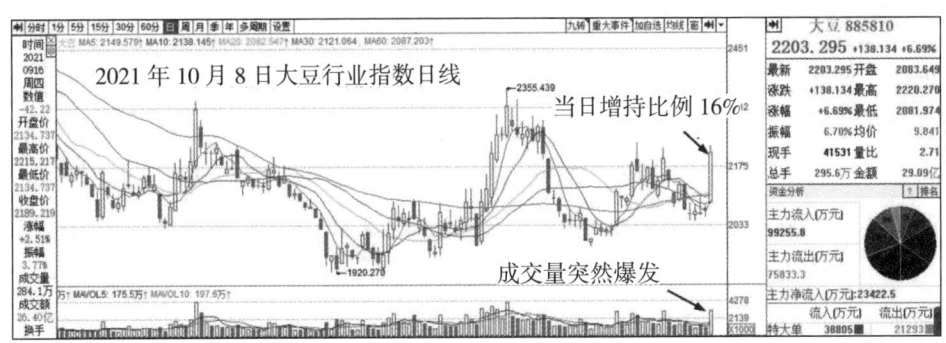

图61

如图61所示，虽然大豆板块3个交易日增仓比例达到10%，但是仅这一个交易日增仓比例就高达16%，这说明前两个交易日资金流是流出的，只有这一个交易日出现了大量的增持行为。而且整个板块大幅度上涨，高位追涨风险大，且不能排除是一日游行情，所以不能盲目跟涨，还要继续观察接下来两到三个交易日机构是否还能保持增持行为。如果在观察过程中整个板块出现了更大幅度的上涨，或者机构开始停止增持，哪怕未来依旧存在继续上涨的可能，建议也不要买入。因为我们的目的是提前布局，若是高位追涨，就是违背了初衷。

（2）大盘环境也十分重要，其实只要不是大盘正处于熊市行情，或短期的连续下跌阶段，都是可以尝试投入的。

（3）当我们判断这个板块存在爆发的可能，就可以在板块中寻找最合适的投资标的。选择的企业首先要与这个可能爆发的板块息息相关的，其次股价涨幅不能太大，至少量价关系要合理，没有出现量价背离或不正常的表现。再次就是如果个股股价短期存在回调的可能，或还有调整的空间，可以稍作等待，尽量在更低一些的价位去布局。

（4）一旦发现未来可能爆发的板块，在进一步观察时，如果突然发现某个交易日这个板块的一些直接受益股都开始出现价涨量增的情况时，就要果断出手，哪怕用部分仓位也要第一时间买入。

（5）最后就是关于布局失败的问题。一旦我们发现某个板块连续出现了3～5个交易日的增持，行情通常会在1～2个交易周爆发。如果超过这个时间股价走势还是不温不火，建议先放弃。尤其是在等待的这段时间，发现其他板块也出现了持续增持的现象，要防止机构调仓带来的减持问题。另外就是机构抱团投资的行业也有可能随时暴雷，就如刚才提到的电力和煤炭，受益于电力不足价格上涨，整个行业的股价走强，但是国家突然开放对煤炭的开采，整个行业的利好荡然无存，就会出现在下一个交易日全面大幅下跌的可能。所以看好或者已经投资的板块，一旦利好不再或者突发利空，哪怕是含泪也要第一时间卖掉。

第81问　对于A+H股的一些问题

我们都知道，有些上市企业分别在中国内地及中国香港上市，在内地上市的称为A股，在香港上市的称为H股。这时就会出现很多问题，比如溢价的问题、同股同权的问题以及总市值的问题等。

首先说市值的问题。企业分别在两个市场上市，那么总市值是两地上市公司的总和还是分开来算？从理论上来说，企业分别在A股和H股上市，是已经将自己的股权进行了详细的划分，所以一家企业的总市值应该是总股本×A股市场当前股价＝总股本×H股市场当前股价。但是如果按照这个公式去计算，你会发现同一家企业的总市值是完全不同的。

比如中兴通讯这家企业，以2022年2月17日的收盘价来计算，在H股市场用总股本47.32亿×当日收盘股价20.035港元，总市值为948亿港元，换算成人民币约为770亿元。但是按照47.32亿的总股本×当日A股收盘价29.11元人民币，则约等于1377亿元人民币。为什么同一家企业在不同的市场上市，市值却完全不同呢？其实，所有在A股与H股同时上市的企业都会出现这样的问题，而且H股的市值一定会比A股市场低很多，这是因为市场的流通性以及主要市场参与者和投资理念等的差异造成的。另外，A股市场目前是核准制，而香港股票市场是注册制，这样就导致A股市场上市的企业具备了一定的"壳价值"。A股市场上散户的参与度差不多在70%到80%，而香港股票市场较为成熟，机构投资者是主要的投资主体，所以香港股市更看重企业的估值，认为这家企业就值这个价钱；而A股市场投机成分更高一些，往往估值较高，所以两个市场的价格不同，总市值也就自然不同，这里就出现了一个市场溢价的问题。

关于溢价的问题，有一个专门的指数来说明A股与H股的溢价率，就是恒生AH股溢价指数。以2022年2月17日的收盘来看，AH股溢价指数

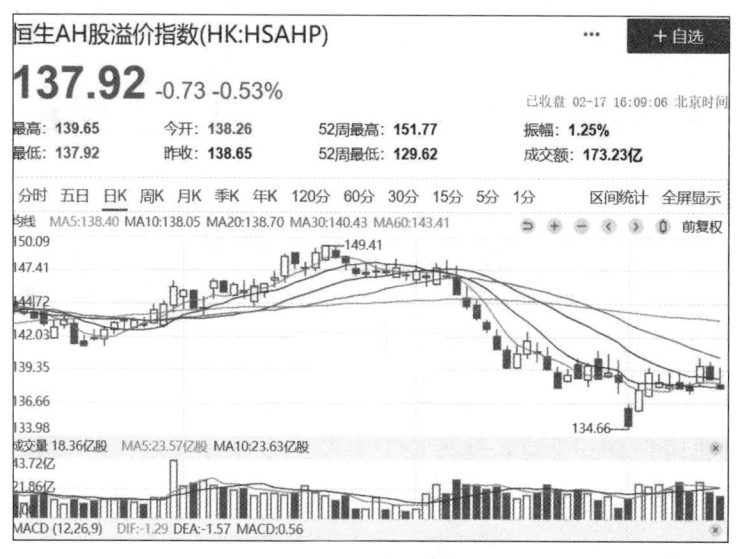

图 62

是 137.92，也就是说，A 股与 H 股的整体溢价率为 37.92%。从理论上来讲，A 股与 H 股之间是存在套利机会的，但是大多数投资者没有 H 股的交易资格，那么我们可以专攻 A 股市场。比如低价买入 A 股与高价融券卖出，但前提是这个融券经常抢不到。当某一家企业的 A/H 股溢价低于市场水平，如果此时 A 股市场的股价处于较低价位时，是存在套利买入机会的。而且 A/H 股价格出现同步上涨，但 A 股涨势未跑赢 H 股时，也存在这样的机会，要知道 A 股市场的泡沫和炒作效应都要远高于 H 股市场。反之，如果一家企业 A/H 股的溢价率远远超过了溢价指数，就要考虑到背离修复的问题，不仅不能继续投资，反而要考虑融券卖出了。

  严格意义上来说，A 股和 H 股是同股同权的，但是因为市场的诸多差异，导致二者在分红比例、除息除权以及扣税等方面都是不一样的。这里简单介绍一下两个市场的红利税收政策。A 股市场的股息红利税，按照持股时间长短实行差别化的税收政策，对于企业或者个人持股期限超过 1 年的，股息红利暂免征税。但是内地的个人投资者，通过沪深港通投资 H 股所取得的股息红利，需缴纳 20% 的税。如果没有特殊的投资需求，我个人还是建议投资者尽量避免投资在 A 股和 H 股同时存在的上市企业。因为不同市场的投资风格和偏好不同，很有可能因为香港股票市场的某些原因拉低了 A 股市场的股价。对于香港市场的相关消息，投资者接收是有延迟的，而且香港股票市场的会计政策以及监管政策都与 A 股市场有所不同，必然会有一些未知或不可查的潜在风险。有些企业的估值快速提升，可能受自身资产质量的影响，但还是会被价格偏低的 H 股价格严重拉低企业估值。换句话说，A 股市场还没有研究透彻，就不要轻易去涉足其他市场了。

第 82 问　靠炒股能实现财务自由吗

每个年代的人，事业观都是不一样的，尤其是现在的 90 后和 00 后，更是放荡不羁爱自由，满脑子想的都是财务自由。但是大部分年轻人还没有赚到自己的第一桶金，只能进行低成本创业，所以开网店、直播带货、开奶茶店就成了首选。其实创业成功的概率比投资还要小，而且获利周期更长，风险甚至比投资还要更大一些。80 后们已经到了不惑之年，在职场上的年龄优势已经不在，而现在年轻人的学历普遍偏高，仅存的一些经验优势将逐渐变得微不足道，这代人压力最大，所以更想依靠投资来实现财务自由。

但是靠炒股过上稳定富足的生活可不是一件容易的事，很多人的想法都很单纯，觉得一个月赚 10%，一年就能翻一倍。如果真的有很多个人投资者有这样的投资能力的话，也就不会有"七亏"出现了。要知道私募基金的平均年化收益率也就在 10% 左右，股票型公募基金的年化收益率超过 6% 已经算不错了，你觉得自己会比他们更专业吗？

我认为大多数投资者都不具备靠全职炒股来维持生计的能力，这其中有许多必须具备的硬性条件，有一项达不到就不可能成功。

（1）年化收益率至少要保证 10%。如果遇到一轮好的行情，其实要达到这个条件不难，比如 2021 年 9 月的行情，可能一只股票就实现了。但是不可能每年都会有不错的行情，如果市场全年表现低迷，或者刚好赶上一波下跌出现亏损，可能一年都没有利润。所以市场比较好的时候盈利要超过 10%，去弥补未来可能迎来的亏损年份，这样一来，维持稳定的 10% 的年化收益率，其实并不容易。

（2）第一桶金至少要在百万以上，按平均年化 10% 来算，年收益则是 10 万元，这也是最低标准。假如你的资金只有 100 万元，年化只有 10%，那么年利润大概在 10 万元左右，而且不会出现滚雪球效应，因为你的日常开销可能不会低于你的利润，尤其是那些供房、供车、供子女的人，是根本不够的。也不要想着大幅扩张自己的收益目标，你的目标有多大，风险就会增长多少，一旦出现严重的损失，甚至连日常生活都会受到影响。

（3）人都是有惰性的，想想自己在放长假之后，是不是少了很多工作的心思。一旦全职炒股，会不自觉地对作息进行改变，运动量会逐渐减少，甚至越来越不爱出门，然后开始晚睡晚起。如果没有严格的自律性的话，就会变得散漫，放在股票上的精力反而更少。

当然，还有一个更简单的办法，就是买基金，把钱交给专业的人打理。市场环境不错的时候，基金收益也是蛮可观的。

所以我建议各位投资者，尽量不要轻易地去尝试依靠投资来实现财务自由。尤其是对年轻人来说，首先要做的就是学会开源节流，降低生活成本，先赚到第一桶金，再慢慢规划自己的财务自由之路。

第83问　新股发行对股市有何影响

2016年到2021年这6年的时间，上证指数在3000点上下反复横跳，最高不过3700点。与此同时，美国开启了长达10年的大牛市行情，这更加让中国股民对A股市场口诛笔伐，怒其不争。A股市场之所以这几年表现平平，缺少政策引导的实质性利好是一方面，突然爆发的疫情也是因素之一，但最大的问题还是出在超发的新股上。2018年上证指数全年下跌813.27点，跌幅24.59%，即使这样，全年新股发行数量依旧达到了101只。虽然发行数量有所下降，但是平均融资额上涨了77%。而2019年到2021年，A股市场连续3年小幅上涨，新股发行量也出现了较大幅度的增长，分别是196只、399只、524只，不论是IPO数量还是募集资金额度，都刷新了高点。

从一个月批一次，到一个月批两次，如今一周批一次，新股发行的节奏越来越快。不可否认的是，新股发行会带来一些正面影响，但是物极必反，如果使用不当，也会造成很大的弊端。现在凡是有点规模和实力的企业都想上市融资圈钱，而管理层也是持鼓励态度，这样既可以让市场资金充分利用，也可以让企业得到快速发展。但是目前，尤其是科创板和创业板上市企业良莠不齐，上市短期破发、连年亏损的案例比比皆是。而目前A股市场的企业可以说是上市的多，退市的少，新陈代谢出现了严重的问题。虽然美国纳斯达克每年上市的企业更多，但是平均每年也有400家企业退市。这就导致A股市场的许多垃圾企业苟延残喘，能混一天是一天，能圈点钱就圈点钱，偶尔被哪个游资看上了短线炒一波，企业也是乐见其成，但最终苦的还是广大个人投资者。

新股发行可以对股票市场起到调节作用，比如股市表现比较强势时，适当的IPO可以将资金分流，降低市场泡沫，也能带动股民参与的热情。但是如果市场表现低迷，大量的新股上市就会凸显出它的弊端。股票市场的资金是有限的，不足以分流给太多的上市企业，就像是一锅米饭，可能刚好够10个工人吃饱，但是突然又来了10个工人要吃饭，而锅里的饭还是这么多，就会导致虽然每个人都有饭吃，但是每个人都吃不饱，干活的效率自然会下降。

一年前沪深两市的日成交额在1万亿元左右，一年后上市公司多了上千家，但是日成交额还在1万亿元左右，整个市场又怎能出现强劲的表现呢？所以当前股票市场最大的问题就是"供血不足"。不论是大盘还是某一家企业，如果要走出强势的上涨行情，一定需要大量的资金推动，这是不可争议的事实。股票市场的资金源于哪里？并不是机构，也不是国家，更多的钱其实都在老百姓的手里，只有让更多股民愿意拿钱进入到股市中，才能解决根本问题。然而现在的股民也不是傻子，国家不出利好，机构不敢全面建仓抬高行情，也不愿意贸然重拳出击。尤其是居高不下的IPO，早就给散户心理上很大的影响了，谁都不愿意做这个韭菜，所以市场成交始终起不来。2022年IPO仍未有降低的迹象，就形成了一个恶性循环，市场"贫血"的状态就始终无法改善。

现在IPO的弊端已经显露无疑，但是依旧没有停止的迹象，大量的IPO申请积压等待批复，这其中的猫腻就仁者见仁智者见智了。北交所的上市，又必然会有大量企业蜂拥而至，分流很多资金，所以股票市场若想走出一轮大的上涨行情，非有重大政策利好不可为之。

新股发行是一把双刃剑，在股票市场交投活跃时，会起到锦上添花的作用，其实受益最大的还是上市企业。但如果市场表现不佳，成交平稳且低迷，过度的IPO会起到雪上加霜的负作用。所以当市场活跃时，适度的IPO可不必在意，有条不紊地进行投资即可，但如果发现IPO发行量剧增，且市场成交开始停止增长时，就要谨慎对待。如果股票市场始终处于小区间振荡或者回落，而IPO依旧居高不下时，投资者就要谨慎行事，暂时不做中长期投资的打算，主要以把握市场中短期以及短线投资机会为主，并且一定不能对市场行情抱有太高的期望。

第 84 问　元宇宙会成为持续炒作的题材吗

2021 年下半年最火爆的题材是什么？首屈一指的自然是"元宇宙"这个题材，其次则是新冠检测试剂的相关企业。中文在线（300364）33 个交易日涨幅达 226.3%，中青宝（300052）41 个交易日涨幅达 382.7%。像尚峰文化、美盛文化这种短期内股价翻倍的元宇宙概念企业更是不胜枚举，让很多投资者分外眼红。

什么是元宇宙这里就不做太多介绍了，下面主要说说这个题材到底是属于可持续性的炒作题材，还是"一轮游"炒完就结束了。这个问题如何判断呢，其实很简单，就看相关龙头企业的重视程度。比如当年国家开始在芯片研发上发力，一时间芯片概念成为各大投资机构的炒作重点。但此时其他国家以及国际上的龙头企业并没有像我们一样重视，而且芯片的技术含量是相当高的，所以几年后研发成果并不理想，许多骗补黑幕被陆续曝光，芯片这个概念也被投资者丢到了"下水道"，无人问津。

新能源汽车这个概念刚好相反，这个题材刚刚上线后炒作热情并不高，持续性和力度都很一般，那时候虽然国内生产企业众多，但技术不成熟，认可度低，除了比亚迪以外，车企都是拿补贴的多，真正搞研发搞生产的少。直到特斯拉的技术开源入驻国内，新能源汽车的发展开始加速，不论是三电技术还是智能驾驶技术，都开始不断完善成熟，而国家的扶持补贴力度也达到了前所未有的高度。几乎所有国际上的传统车企都开始陆续向新能源电动车转型，中国电动汽车的整体渗透率也呈爆发式的增长。这时候新能源汽车的所有相关题材开始迎来了炒作的高峰期，几乎所有资本的目光都聚集了过来。

元宇宙和新能源有些类似，但又不同。不同的是，新能源汽车最开始只有中国在大力发展与推广扶持。而元宇宙这个题材则是国际上早就已经开始着手研发了，所以元宇宙概念首轮炒作就有了非常强劲的势头。相同之处是不论国内或者国外的企业，都认为这是未来科技的风口，是下一个主要赛道，都格外重视。所以从这个方面来说，元宇宙算是一个可以持续炒作的题材，并非一轮结束。

目前 Facebook、百度等科技巨头纷纷在元宇宙领域发力，美国元宇宙相关企业开始争抢人才，薪资大幅上涨，成了最赚钱的职位，"硅谷"也成为美国通胀的重灾区。从种种迹象都能够看到元宇宙未来的发展潜力，或许某一天我们坐的一辆的士在元宇宙的世界里变成了一辆劳斯莱斯，在一家普通的宾馆就能体验到五星级酒店的环境，这都是有可能的。

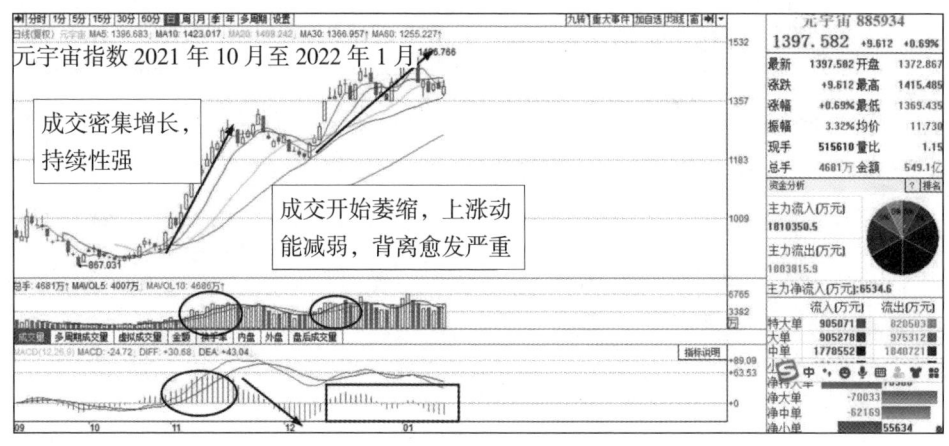

图 63

最终我们回归到投资策略上，元宇宙这个题材未来还有很多轮的投资机会，对投资者的诱惑大，同时风险也很大。当前元宇宙已经经历了一轮大行情和一轮顶部的小行情，第一轮行情的力度和持续性是最强的，其中成交持续密集放量且保持在较高水平。第二轮的上涨成交虽然较第一轮的最高水平略有增长，但是 MACD 指标多头动能的增长很明显是下降的，这就形成了技术上的明显背离。而股价也表现出了这一点，第二轮的上涨幅度和持续性很明显有些拔苗助长了。细心的朋友可以发现，自 2021 年 1 月以后，板块涨幅榜和资金流入榜中似乎看不到元宇宙这个概念了。

从利润的角度来看，各大参与机构一定是获益匪浅了，而个人投资者无疑多是中后期进场，换个角度来看，机构接下来该如何交易就很明确了。接下来就是获利盘陆续退场的阶段了，虽然部分游资会选择狙击那些不是很根红苗正、前期相对滞涨的个股，但持续性较差，整个题材不会形成羊群效应，追涨的风险是很大的。比如惠城科技、山水比德等概念股，都是突然爆发1～2个交易日后便一泻千里。

元宇宙目前的阶段就像是新能源车发展时的初期阶段，技术相对不成熟，应用范围也不大。但正因如此，未来元宇宙概念的炒作空间才会更大，我们可能会在未来几年里经常遇到这个概念的爆发行情。与此同时我们也要注意以下几个方面。

（1）入场时机：当你发现元宇宙概念已经开始炒作时，主要受益企业的股价已经出现了较大的涨幅，而且成交已经开始停止增长，这个时候就要抱着宁错过也不做错的态度了。相反，如果发现元宇宙这个概念连续超过3个交易日资金连续净流入，且股价没有太大涨幅时，可以进场参与。或者股价涨幅不大，成交还在稳定增长时，也可以考虑进场。

（2）稳健型投资者选择主板市场的元宇宙概念企业，即使在顶部进场也不会造成太大的损失，完全有时间进行止损处理。如果是创业板或者科创板的企业，一旦遇到机构出货，很有可能股价就是20cm的大阴线，一旦反应不及时，损失是很大的。

（3）最后就是多关注元宇宙这个领域的相关消息了，大多数投资者的工作领域都是跟这方面八竿子打不着的，包括我也是一样。如何捕捉元宇宙的炒作机会，就是关注公开的相关消息，一旦某个企业在技术上取得了重大突破，或者元宇宙技术应用范围开始扩大，或者某国内知名科技企业开始加入到元宇宙的领域中，都有可能再度引发这个题材的炒作情绪。

第 85 问　未来新冠概念股还会有行情吗

新冠病毒的爆发无疑是全球的重大灾难，不论是对国家、企业还是个人，都有很大的影响。那么，如何看待疫情下的股票市场呢？此次疫情虽然对零售业、制造业等诸多行业造成了严重的负面影响，但也有许多行业因此受益。首先是免税行业，因为疫情管控原因，盛行的海外代购以及出国购物的现象戛然而止，这就成全了国内的免税行业。中国中免就是最大的受益者之一，2020年在许多行业步入萧条的情况下，净利润继续增长，首破50亿元大关，而2021年净利润直接翻倍。当然，受益最大的还是新冠相关的医疗企业，未在A股上市的科兴生物半年净赚300亿元，生产试剂盒的九安医疗，股价从6.8元/股，3个月的时间涨至88.88元/股，涨幅将近1120%，成为2021年最大的牛股。

本轮疫情对于二级市场的炒作大概可以分为三个阶段：第一个阶段是疫情初期，以鲁抗药业、道恩股份等企业为主的防病毒药物以及口罩概念。第二个阶段是以沃森生物、楚天科技等企业为主的新冠疫苗相关企业。第三个阶段则是欧美疫情大爆发，导致试剂检测盒缺口，以九安医疗、千红制药等企业为主的新冠检测试剂盒概念。

新冠病毒经过多次变异，虽然传播力度有所增强，但是致死率和重症率都有明显下降，这也和相关的医疗发展息息相关。不可否认的是，新冠病毒是无法被彻底消灭的，最终必然会和流感病毒一样与人类长期共存，但是人们的恐惧程度以及影响力度都会逐渐减弱。

所以未来有关新冠的概念在二级市场上的炒作会逐渐冷却，事实上，现在市场中曾经火爆一时的相关概念企业已经开始遇冷，股价持续走低。虽然未来新冠相关概念可能还会有短暂的炒作，但也仅限于短期，不会有特别持续的行情，而且仅有极个别个股会有超强的表现。但是也必须满足一些条件，一是新冠病毒再度变异，传播力更强，致死率、致重症率更高，但从目前趋势来看是不太可能的。其次是特效口服药物或者是仿制药上市，目前这类药物大多还处于临床阶段，一旦临床结束开始普及，百姓可以像买感冒药一样购买时，这类企业必定会掀起一轮行情。

未来二级市场对于新冠病毒概念的相关炒作会越来越少，所以投资者如果发现某一天突然因某些利好，相关概念再次出现炒作，不能再无脑进场。首先要考虑其影响力度，如果只是极个别的企业表现强势，那么对于那些按兵不动的个股不要抱有太大的补涨期望。主流受益股如果价格不高，或许可以轻仓蹭一波热度，如果涨幅已经过大，就不要去给机构接盘了。未来新冠相关题材绝对不会是市场主流，投资者要尽早接受这个事实，改变投资思路。另外也可以以本次疫情作为经验，以便更好地应对未来可能会出现的其他病毒疫情。

第86问　战争会对股市造成什么影响

虽然战争这种地缘政治因素不会经常发生，但是一旦发生，尤其是在本国，对于股市来讲绝对是一次历史性的重大转变，所以我觉得有必要针对这个问题来说明一下战争对股市的影响，如果未来遇到，或许可以从容应对。

首先说一下在他国发生的小规模战争，如果只是局部地区的小规模战争，不会涉及本国，那么对本国股市几乎是没有影响的，比如当年的伊拉克战争，期间A股自是岿然不动。但是小规模战争的参与者也要看是哪个国家，如果是发达国家或像中国这种庞大的发展中国家，可能范围小，但是影响力度大，即使没有波及到本国，整个国际市场还是会发生变化。比如石油价格暴涨，为了避险资金大量流入黄金市场等情况。比如俄罗斯与乌克兰发生冲突以来，不到一个月的时间，国际黄金的价格每盎司上涨超过100美元。也就是说，在这一个月如果做多黄金，资产翻10倍都不止。而美原油价格目前也到达了 2014 年 9 月的高点，中国 95 号汽油的价格也突破了 9 元大关。

如果战争参与者是本国，那影响因素就比较多了。首先战争的走向很重要，也就是胜利与失败，我们可以通过二战期间英国和美国的股市表现来进行参考。二战开始时，德军如秋风扫落叶般横扫周围的欧洲国家，英国自战争开始便没有抱有任何胜利的幻想，所以股市一路下跌，直到敦刻尔克大撤退时，英国股市已经来到了谷底。而此时美国股市却是欣欣向荣，一片繁华，大量资本疯狂炒作军工股，赚的是盆满钵满，因为当时许多美国政客认为二战只不过是欧洲又一次的过家家罢了。直到德军闪电般攻占波兰，次年法国沦陷，日本偷袭珍珠港后，美国彻底被拖下水，于是股市一路下跌，也为初期的考虑不周与孤立主义付出了惨痛的代价。

美国的入场却让英国人看到了胜利的希望，此时英国股市的拐点出现，哪怕是股票交易所都快被德国炸为平地了，指数还在涨。英国股市在不列颠空战期间逆势上涨了 30%，直到盟军展开诺曼底登陆，美国人才意识到胜利来临，而此时英国股市已经翻了一倍。所以我一直认为玩金融还是欧洲佬更加专业一些，不然为什么第一家股票交易所和最大的外汇、黄金现货交易所都在欧洲。战争结束了，盟军获得了最终的胜利，而股市的表现就是英国股市惊天大逆转，德国则是关闭了股市。

通过历史可以证明，当战争并未波及本国时，资本都是疯狂的。而一旦本国发生战争，大多数人的态度都是悲观的，哪怕本国实力具有压倒性优势，也还是会本能地进行避险和看空。如果战争的发展走向失败时，失败一方的股票市场结果必然是雪上加霜的惨淡。而胜利的曙光降临时，饱受战争摧残的人们重拾信心，以做多股市这种方式庆祝胜利。所以战争的胜败是影响股市最直接的因素，主要分为三个阶段：战争初期的悲观以及迷茫阶段，战争局势逐渐明朗的阶段，以及战争出现结果的最终阶段。

本国一旦发生战争，普通百姓只会分成两种人："穷人和富人"。穷人会想办法生存下去，将积蓄尽可能地换成生活物资，而此时本国的通胀情况必然是十分严重的，可能花光毕生积蓄仅为了活下去。而富人要考虑的问题就截然不同了，他们主要考虑的是我的人和钱放在哪里会更安全。人可能会到远离战争的安全国家躲避战乱，而钱则会流入到避险市场。那么，哪里才是避险市场呢？首先在本国战争趋势尚不明朗，以及战后重建之前，肯定不会投入到本国股市当中，那么黄金以及原油市场一定会是首选，所谓"盛世古董，乱世黄金"，这是恒久不变的真理，其次则是一些未受战争波及，经济以及政治良好国家的股票市场。

在乌俄冲突期间，卢布迅速贬值，与美元的汇率一度达到 80:1，俄罗斯股市大跌，俄罗斯 RTS 指数单个交易日盘中暴跌 49%。随着双方展开谈判，俄罗斯股市开始小幅回升。是不是和以往战争时股市的走势规律如出一辙？再回过头来看俄罗斯和乌克兰的地缘政治对 A 股市场的影响，首先军工股有没有炒作空间？中国对俄罗斯的军工出口是很少的，所以自冲突以来，军工概念虽有小涨，但资金流入并不明显，涨势不强。其次，虽然是邻居打架，但是目前国际局势很难发生大规模战争，虽然战争双方剑拔弩张，但都守着自己的底线，所以不会殃及池鱼，中国的经济自然不会受到影响。就像刚才提到的，许多乌克兰的富人早已逃之夭夭，作为始作俑者的美国，也有许多人嗅到了危机，开始对资金进行避险。那么，这些避险资金除了流向黄金和原油市场，作为经济增速平稳、前景一片大好的中国市场，难道不会吸引到一些外资流入吗？我相信一定会有的。但是战争刚开始的时候，全球重要股票市场都无一幸免，A 股这种跟跌不跟涨的属性更是如此。此次乌俄冲突，欧美股市大跌，上证指数从 3500 点一路跌破 3100 点，整个市场的投资者怨声载道，市场资金每日都在蜂拥而出。但就像我说的，战事一旦结束，所有市场便会回到它本来的样子，有因必有果，因果了结，回归常态。当黄金与石油失去投资价值的时候，这些资金必然还会继续去选择合适的"栖身之地"。

所以有时候战争不一定会殃及本国，反而还会坐收渔翁之利。虽然我们都希望世界无战事，但既然来了，也可转悲为喜，从中牟利。最后还是建议，如果投资者遇到规模和影响力较大的战争事件，杀入股市炒一波短期题材是下下之策，最佳的投资策略则是重点布局对原油、黄金的期货或现货市场投资，等待战争结束，根据情况参与到战后重建的投资之中。

第 87 问 新能源汽车未来还能炒什么

自 2019 年底特斯拉上海工厂开始量产后，全球尤其是中国新能源汽车市场便迎来了飞速发展。以 2022 年 1 月份的市场情况来看，"蔚小理"造车新势力交付量同比均有大幅提升，传统车企比亚迪新能源车的交付量更是达到了 9.3 万辆。德国、法国、挪威、英国、瑞典、意大利 6 个国家的电动车销量突破 10 万辆，可以说新能源电动车不论在国内还是国际上的渗透率都在飞速提升。

不过二级市场的炒作似乎人气有所减弱，因为新能源电动车不论是续航方面还是无人驾驶方面的发展，目前都进入了"瓶颈期"，销量的增长也趋于平缓。缺乏爆点的情况下，炒作降温是正常的。因为预期炒完了，接下来就要开始卖事实了。新能源车这个题材早在 2010 年就进入到投资者的视线中，当时也是出现了一轮炒作行情，但毕竟刚刚起步，热情也是很快退去。随着政府各种优惠补贴政策相继出台，越来越多的资本加入到了这个领域，各种新能源汽车品牌如雨后春笋般出现。2015 年新能源车题材第一轮高潮行情出现，持续炒作了 4 个月左右。但此时新能源车的技术尚不成熟，普及率还是很低的，而且大多数传统车企的主攻方向依旧是燃油车，并未在电动车领域发力。总之，诸多因素影响，这个题材并没有大热，而且后来曝光许多车企存在骗补等行为，倒闭的倒闭，跑路的跑路，更是让许多人对新能源车存有偏见。新能源汽车概念真正的高光时刻是特斯拉上海工厂量产，也正是在这个阶段，新能源汽车概念指数一路向上，持续了两年的时间。特斯拉成为全球最有价值的十大企业之一，也让其 CEO 马斯克以 1860 亿美元的身价成为世界首富。传统车企比亚迪两年的时间股价翻了 6 倍，除此之外，也刺激了一众车企与科技企业和锂电池产业的飞速发展。

既然新能源车已经发展了这么多年，也炒作了好几年，现在热情也下降了，是不是未来就没有炒作机会了呢？我认为机会还是有的，新能源车是汽车行业未来的发展方向，这一点是毋庸置疑的。虽然发展了很多年，但是许多技术尚未成熟，比如燃料电池、三电系统与智能驾驶等方面，还有极大的发展空间。现在整个行业虽然进入到了"瓶颈期"，但困难终将会被克服，技术也会被一次次突破。纵观新能源汽车的炒作周期，每一轮的炒作高潮都使整个行业有颠覆性的改变，而一旦降温后，将会沉寂许久。目前就是这个题材的"冷却期"，这个周期可能会持续数月甚至几年，但冷却期也终将结束，迎来下一个爆发期。

我认为未来对于新能源汽车这个概念的炒作，主要还是要关注两个赛道。

第一个赛道就是"续航"。目前新能源电动车最大的槽点就是续航问题了，尤其是在长假集中出行期间，更是怨声载道。目前新能源车的动能来源主要依靠锂电池和燃料电池，但燃料电池有生产成本过高、制氢工艺复杂等诸多难点，日本虽然多年前已经开始研究，但始终未能普及，而锂电池是当前新能源汽车的主要选择。锂电池分为以比亚迪为首的三元锂电池和特斯拉的碳酸锂电池，目前存在的最大问题就是充电需要较长时间，续航能力不及燃油车，而且偶发自燃行为。尤其是在冬季寒冷地区，续航能力更是大打折扣，这就导致电动车在南方市场发展迅猛，但是北方地区则增速十分缓慢。所以一旦在续航问题上能够有重大突破，则很有可能会带动整个题材的新一轮炒作，届时新能源车在国内外的渗透率也将更高，甚至彻底取代燃油车的市场地位。

第二个赛道就是智能驾驶系统。智能驾驶大火的这两年，因为智能驾驶发生的事故也是频发，也让许多消费者对当前的智能驾驶系统表示担忧。目前市场上的智能驾驶系统普遍在 L2-L2.5 这个级别，还处于必须由驾驶员接管的状态。不过真正的无人驾驶必然是未来的发展方向，许多研发 L4 的科技企业已经在测试阶段，未来这项技术也必将会愈发成熟。目前只有电动车领域的少数领军车企汽车品牌搭载了智能驾驶系统，所以这项技术目前尚未普及。也正是如此，未来才有更大的市场，更多的炒作机会。所以我认为新能源汽车这个概念下一个爆发周期应该是 L3 的成熟及普及这段时间，不论是传统燃油车还是电动车，都可以改装或选装智能驾驶系统。

不论是美股的特斯拉，还是 A 股的比亚迪，以及宁德时代等相关上市企业，目前的炒作都已经遇冷。短时间内这些企业的利润或许会继续保持增长，交付量屡创新高，但是很难吸引到资本的注意和炒作。未来几年这个题材的炒作也不会因为几家车企的优秀业绩而爆发，即使有所上涨也是短周期行为，真正的题材爆发一定是以上说的两个赛道发生了巨大的技术突破。

最后再来说一下新能源车市场的投资风险。目前风险主要分为两个方面，一是技术瓶颈，如果没有大的飞跃，最多是炒作遇冷，还不至于全面崩溃。政策风险才是最根本的，目前新能源车的最大卖点就是节省能源，政策补贴。但是如果未来电动车全部统一使用商用电而且电价上涨，是否会影响销量？更重要的是新能源车的上牌政策和补贴政策一旦取消，必将对整个行业造成严重的冲击。目前已经有部分城市取消了买新能源车送绿牌的政策，而且绿牌车也应和蓝牌车一样遵守限行规定，对新能源车的补贴政策也在逐渐退出。所以当各种优惠政策都取消后，新能源车的渗透率还能一路势如破竹，与燃油车一较高下吗？各个车企失去了依靠碳积分盈利的能力，能否单纯地通过卖车获取利润？这些都是未来新能源车面临的挑战和风险。

第 88 问　所谓的"盘感"到底是什么

"盘感"一词对于许多投资者来说玄之又玄，也有许多图书或者讲座经常提到这个词，但是都没有具体说明"盘感"到底是什么。很多投资者都误以为盘感就是交易时候的直觉或者说是第六感，通过不断地看盘或者交易，就会自然而然地产生。

投资经验篇

"盘感"的确是一种直觉,或者是第六感,但绝对不是由心理暗示产生的。比如我的股票下跌了,因为不想亏钱,所以暗示自己不要抛售甚至加仓所产生出的感觉,这不是盘感。盘感是经过无数次交易以及无数次的投资成功后,对各种形态、趋势、信息所产生的条件反射。换句话说,假如你以往的投资皆是胜少而败多,那么所产生的对投资的直觉往往也是错误的,这是一种盲目自信的投资行为,而这种对交易无效的直觉,也可以称之为"伪盘感"。

真正意义上的盘感,是建立在有效的投资方式之上,通过一次又一次在投资市场获得的成功,积累起了强大的自信。这时当你面对整个投资市场或者是某家企业的股价时,一旦产生了某种交易的直觉,如果选择相信它,则很有可能会带来投资回报。

2021-09-07	2021-09-07	13:22:51	300004	南风股份	证券买入	4000	7.020	28080.000	-28087.020	4
2021-09-23	2021-09-23	09:31:45	300004	南风股份	证券卖出	7000	7.856	54996.000	54927.240	
2021-09-22	2021-09-22	17:59:19	-	-	利息归本	0	0.000	0.000	227.690	
2021-09-17	2021-09-17	14:04:34	002317	众生药业	证券卖出	3000	10.060	30180.000	30142.270	
2021-09-17	2021-09-17	13:11:54	300004	南风股份	证券买入	3000	6.190	18570.000	-18575.000	

图 64

如图 64 所示,2021 年 9 月 7 日下午开盘不久,我以 7.02 元的价格购买了南风股份,并于 9 月 17 日以 6.19 元再度买入,最终于 9 月 23 日以 7.85 元的价格全部卖出,整个过程历时 11 个交易日,整体获利约 15% 左右。下面来说说这笔交易的具体情况,虽然这是一笔极为普通的交易,但过程却与"盘感"有很大关系。

至于为何投资南风股份,与本小结内容无关,就不做介绍了,总之,购买后股价便连续阴跌。当然,这并非完全是企业股价本身的问题,此时因恒大接连暴雷,整个 A 股市场都处于回调中。从南风股份的表现来看,虽有下跌但抛盘并不明显,属于自然调整,风险不大。

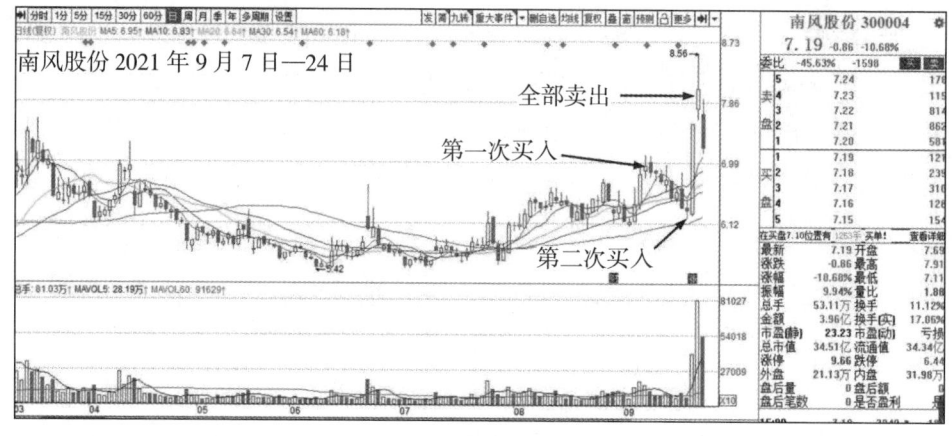

图65

9月23日，A股市场开盘便跌，此时上证指数周线已成光脚阴线形态。我也在读者群中说，一旦周线以这样的形态收盘，下周恐怕会出现更密集的抛盘，这样一来，不仅本轮大盘的上涨将就此终结，反而还会转为下跌。不过此时除了恒大所带来的影响外，整个市场并无其他政策风险，而且当前市场成交非常活跃，我认为午后行情必有反弹，日线以及周线也会最终以下影线的形式收盘，我不认为机构会做出恐慌性的洗盘行为。

这时我的直觉告诉我，不仅不能卖掉，反而还要进行相应的增持。所以我不仅增持了南风股份，还增持了账户中的所有持仓。最重要的是，当日我是在同一时间将所有持仓增持的，而增持的价格均为当日最低价，也是当日沪深两市的最低位，个股也是到目前为止的最低价位。我一直认为这一系列的操作，其实并没有特别充分的依据，凭借盘感的成分其实要更多一些。

这次交易没过几日，此前购买的众生药业顺利止盈离场，而9月22日南风股份开盘后不久便涨幅20%，封死涨停。次日开盘再度冲高后全部卖出，不过还是早了一个时辰，当日最高涨幅接近14%，少赚了一大半。此次卖出也是盘感的作用更多一些，因为前一日涨停后阳线实体过大，成交也爆发得过于猛烈，再结合当前市场环境以及个股的普遍表现，做出了卖出的决定。

9月23日股价大幅冲高回落,而且次日跌幅超过了10%。

"盘感"并不是偶然的灵光一现,据此做出交易行为也是有前提的。比如我的这次交易行为的前提,就是提前判断出市场的稳定性。在年初的时候,我就判断当年二三季度必有一次稳定的上涨行为,既然二季度没有出现,那么三季度出现的概率就大大增加。随着市场成交量持续增长,这个看法进一步得到证实。所以我对自己的直觉深信不疑,也是建立在市场环境的分析上的。

投资者要想培养自己对交易的这种直觉或者说是"盘感",首先你的投资方法要是正确的,这样才会对市场表现形成正确的条件反射。最重要的是你的投资更多的时候是盈利的,是成功的,这样当你在交易中出现刹那的盘感时,你才敢于去相信它,并按照你的盘感做出相应的操作。

第89问 个人投资者如何规避市值管理

就在本书写作期间,金融圈爆了一个不大不小的雷,一位名叫叶飞的同仁因为利益问题,爆料上市公司委托投资机构进行市值管理,进而操纵股价。虽然这在圈内已经不是秘密,对于很多投资者来说也不是什么秘密,但这层窗户纸被捅破,还是造成了一定的影响。对于叶飞我不做评价,单说市值管理问题,可能会伤害叶飞这样的中介人,也可能会伤害盘方,但最终伤害的还是广大投资者。确实是这样,资本市场不论出现任何事,最终伤害的还是脆弱不堪又无力抵抗的散户。所以我觉得有必要讲一下普通投资者应该如何规避企业与机构进行市值管理,从而降低对自己的伤害。

广义的市值管理是上市公司基于公司市值信号,综合运用多种科学、合规的价值经营方式和手段,以达到公司价值创造最大化、价值实现最优化的一种战略管理行为。而狭义的市值管理则是上市企业利用资金优势直接参与二级市场交易,从而影响股价,使股价涨跌或市值发生变化。很多时候上市企业的大小非或主要持股人有减持或出货需求的时候，为了利益最大化，会委托有实力的投资机构进行市值管理，也就是通过股价操纵行为使股价上涨。而投资机构可能是公募、私募基金，利用自有资金拉升股价，也有公司通过电话营销等方式聚集散户为企业股东接盘等行为。很多二级市场投资者都遇到过这种情况，即个股涨势不俗甚至强势上涨，而投资者买入后股价就开始快速下跌，不久上市公司发出股东减持公告，或者根本就没有公告，这种情况就很有可能遇到了上市公司的市值管理。

对于这种关联交易的市值管理，只要不是局内人，其实很难规避，因为股价的上涨太逼真、太强势。而大多数投资者是不理智的，想要规避，只能通过谨慎和细心，有几个相对明显的信号需要格外注意。

（1）中小盘股尤其是那些经营不善、业绩不佳的企业，最有市值管理的需求。其实很多企业上市的目的就是为了"圈钱"，而市值较小的企业更容易被资金操纵。那些业绩稳定、规模较大的企业不屑于或没必要进行市值管理，而且越是市值大的企业越需要大规模资金的运作，而资金规模庞大的投资机构对市值管理是比较谨慎的。最重要的是现在 A 股市场的监管愈加严格，大型企业的股价一旦出现异常交易行为，必将被严格监管，不断受到监管机构问询，操纵机构也将会付出巨大的违法代价。所以告诫各位读者，交易小盘股的时候要多留个心眼。

（2）股价上涨有两个必要条件，一是有主力，二是有题材。一般进行市值管理的小盘股，虽然涨势强劲，但经过观察却没有任何值得炒作的消息，或不值得股价大涨的"伪利好"，当然也可能有利好尚未公布。但不论是何原因，总之未知的才是最可怕的，是最有风险的。而且此时股价必然已经到达了一定的高度，这种情况下普通投资者是万万不可参与的，不管后面还有多少利润。

（3）普通投资者除了通过看盘软件中的各种数据，基本没有其他途径了解更深层次的消息或数据。而这些软件提供的数据真假参半，甚至是以假乱真，不过成交或资金数据相对还是真实的。在《量价精研》中介绍了很多辨别方法,虽然无法断定市值管理,但是可以看出涨跌的真实性以及机构的动向。比如成交现天量无法突破,盘中成交明细现大量主动卖盘,假量价突破等。虽然投资者没有内幕消息,但可以用实力取胜,总而言之就是六个字:不贪心,不冲动。

第90问　利好兑现后机构一定会出货吗

　　几乎在所有投资者心中,都已经接受了利好出尽是利空,以及机构借助利好出货的事实。虽然很多情况下是这样的关系,但世事无绝对,利好性质的不同、股价所处的位置不同,以及前期铺垫等因素,都可能影响机构最终的操盘计划和结果。也就是说,当上市公司发出某种利好后,也未必会导致机构出货,未必会造成股价下跌,即使股价出现了短暂下跌,也未必就说明机构存在出货的行为,如果凡事都能用利好是为了配合机构出货这样简单的定义,那投资股票并且获利反而是一件轻而易举的事情了。

　　什么情况下利好出尽会引发机构出货?

　　这要从机构投资股票的三个必备要素说起,就是"即将公布利好、正在公布利好、有利好未充分炒作",而机构借助利好出货就发生在第一点"即将公布利好"上。很多时候我们会发现,股价在不知不觉中就已经启动了莫名其妙的上涨。当我们发现股价出现毫无依据的上涨行情时,即可首先把它归纳为存在潜在的利好因素,这种股票投资起来也是最危险的,因为你不清楚有没有利好,利好何时公布。当利好真的兑现的时候,也就是机构利润最大化的阶段,此时机构是非常有可能利用这个利好出货的。

　　华为与北汽以及小康在智能驾驶领域合作后,不仅带动了两家企业股价的上涨,甚至还带动了智能驾驶概念企业的整体上涨。而在利好公布前几个月,两家企业几乎没有任何成交,只是在利好公布前一个月内才有机构开始建仓,机构布局的时间显然是不够的,所以在利好后采取比较强硬的抢筹建仓方式，也刺激了股价的大幅度上涨。首先机构在利好公布前有建仓，但建仓并不充分，而且没有提前拉抬股价。其次，利好公布后，并没有借助消息出货，所以这属于"即将公布利好"，这一阶段凡是能在利好公布后很快参与的投资者，都是有利可图的。

上市企业内部的一些重大决定，通过利益输送或者有效的公关，投资机构都可以提前获知。哪怕是政府部门的一些重要决策，也并不是密不透风，虽然不会被所有机构提前得知，但是终究没有不透风的墙，总是有一些背景实力强大的机构或企业可以提前知晓。北交所即将成立的官方消息是在9月初正式公告的，但很明显地可以发现，在8月中旬券商指数的成交就开始增长了。

下面举一个更有说服力的案例。

2021-06-01	2021-06-01	14:32:17	600778	友好集团	证券买入	15000	3.960	59400.000	-59416.040	10.760
2021-05-07	2021-05-07	13:55:11	600200	江苏吴中	证券卖出	5000	7.870	39350.000	39300.020	7.130
2021-05-07	2021-05-07	10:34:58	002797	第一创业	证券买入	5000	6.420	32100.000	-32108.030	5.190
2021-05-07	2021-05-07	10:25:41	600200	江苏吴中	证券卖出	15000	8.190	122850.000	122693.980	22.260
2021-04-07	2021-04-07	13:17:48	600778	友好集团	证券卖出	2000	3.580	7160.000	7147.700	4.510

图66

如图66所示，早在数月前我就买入了第一创业，具体原因就不多做介绍了。在2021年8月份之前，A股市场不仅面临着巨大的技术压力，而且成交并不活跃，所以大金融等权重股的表现都差强人意。第一创业的股价也是小幅度波动，虽然偶有上涨，但距离我的目标差距还是很大的。

再来看看第一创业的具体走势，如图67所示，经过长时间的无量回调后，8月18日股价突然放量大涨。那么问题来了，面对如此低迷的价格走势，而且当时券商板块整体都比较弱的情况下，散户会集中去购买吗？答案是显而易见的。之后在8月27日，第一创业公布了半年度业绩报告，业绩方面较去年同期略有下滑，但这算不上什么重大利空，当日股价和成交也未出现任何异常。但意外的是，8月31日股价直接跳空低开后快速下跌，最大跌幅超过了7%，这无疑会让许多场内投资者恐慌。当日股吧中几乎所有人都在唱空，甚至有人说是机构在出货。问题又来了，为何机构不在10元上方出货，反而在6元附近的全年最低位置出货？正是应了那句话——"别人恐慌我激进"。事实也说明真理往往掌握在少数人的手上。北交所的确切消息公布后，作为直接受益的券商股，第一创业在9月2日开盘后5分钟涨停，5个交易日股价从6.25元上涨到8.50元，涨幅将近30%，这让8月31日被洗出场的那些投资者骂声一片。

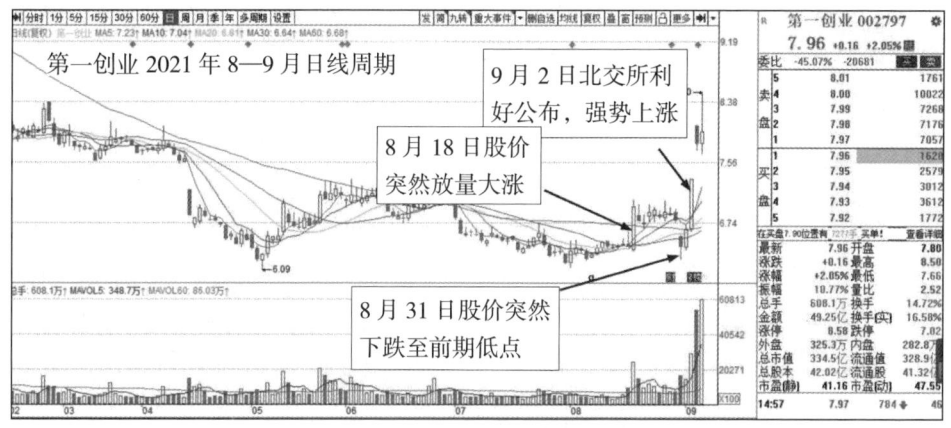

图 67

高位天量加速冲高以及低位缩量加速下跌，都是不正常的信号。如果单凭涨跌看后市，被欺骗的可能性就会很大。通过此案例可以发现，之所以第一创业在前期出现了短暂的建仓行为，一定是对北交所的相关信息提前有所掌握，因为投资类企业往往对这类消息十分"敏感"。但了解政策类消息的机构毕竟是少数，而且并不确定何时兑现，所以并没有出现持续大量的增持，在利好公布前也未大肆炒作。所以就出现了这种利好公布当日爆发的行为，这种利好可以称之为"正在发生利好"。面对正在发生的利好，投资风险同样是比较大的，首先投资者要面临的问题就是受益题材以及个股，比如此次北交所的利好受益范围就非常广泛，涉及的企业更是不在少数，所以如何选择是个问题。从目前来看，并不是所有题材相关企业股价都出现了大幅度的上涨，这是其一。其二，这种突发的题材影响力如何，持续性如何都是未知数，利好发生时根红苗正的受益股价格一定是涨势逼人，如果追高，一旦利好效应结束，遇到机构出货，损失无疑是巨大的。如果选择相关题材还未启动的个股，可能最终表现还不如其他题材的企业。这些问题如果不解决，贸然追涨是不可取的。

我个人的话，其实更喜欢去提前发掘可能会爆发利好的行业，或者是利好炒作并不充分的行业或企业。比如本次北交所的利好，虽然我有第一创业参与其中，但只是一小部分仓位，我不准备加大仓位去参与这个题材，而是另辟蹊径。之前在解读市场的时候发现，机构有建仓煤炭、水泥、电力以及白酒，而且这些板块近期的表现都是不错的，风险比追当前热点更小，收益却很可观。

本小节想告诉各位投资者的是，不要被单独某一个交易日的涨跌打乱交易节奏，还是那句话，不论大盘还是个股出现异常波动，一定要寻找原因。如果没有原因，那才是最大的问题。不管遇到了利好还是利空，首先要确定它的影响力度，然后就要确定机构的操作阶段和市场反馈的信息，这一点可以根据消息公布前量价的表现进行确认。

第 91 问　投资新三板有哪些风险

普通个人投资者除了可以购买主板市场上市的股票外，还可以投资三板市场的股票，现在也有许多企业向股民推荐一些存在上市可能的企业股份。随着北京交易所的开市，三板市场的交易也开始逐渐活跃，但是受经济环境和整个市场交易情绪的影响，投资人气还是略显低迷。普通投资者投资三板市场，整体来说还是弊大于利，风险大于收益。接下来就从两个三板企业交易市场来进行说明。

1. 新三板市场。

我们说的三板市场其实并不属于上海或者深圳证券交易所,而是第三家全国证券交易场所,全称为"全国中小企业转让系统"。其实企业在新三板上市并不是真正意义的上市,官方称为"非上市公众公司"。企业想上市新三板,上市条件要比主板市场宽松很多。只要满足变更为股份有限公司,且股东人数大于 200 人等基础条件即可。如果企业亏损,可能会影响挂牌,但并不绝对,所以三板企业的状况更加复杂。

投资新三板企业最普遍的形式一直以来就是认购股权,会有专门销售新三板企业股权的企业进行销售。首先,投资者会得到一份企业商业计划书 PPT,主要讲述企业经营范围、主要产品,以及行业竞争优势和企业架构等信息。不过大多数内容都是避重就轻,多采用春秋笔法,投资者只会看到好的一面。不过投资者可以直接去企业进行考察,但对于普通投资者来说,也是看不到企业内部数据和内幕的。

一般初次认购的最低要求为 10 万股,所以一次股权投资至少要几十万元人民币,对于很多投资者来说还是有些压力的。一旦认购,企业基本都会与投资者签订对赌协议,说明上市时间范围。如果企业没有如期上市,投资者会得到相应的利息赔付。当然,如果成功上市,利润也是蛮可观的。但中国经济发展迅猛,有融资需求的企业也是多如牛毛,所以真正可以上三板市场或者 IPO 成功的企业,是凤毛麟角的。

投资企业股权等待上新三板的风险主要来自三个方面。(1)主要来自时间成本,如果企业无法上市,投资者将大量资金闲置,虽然会得到一定的利息收益,但可能会错过更好的投资机会。(2)流通性风险。三板市场的流通性很差,现在主板市场交易量都处于低谷,更何况是三板企业。(3)诈骗风险。有少数诈骗团伙将劣质企业包装成优质企业的股权卖给投资者,这一点只要投资者向企业进行确认,最好实地调研,即可避免踩雷。

2. 北京证券交易所。

北京证券交易所（北交所）属于场内交易市场，这一点与全国中小企业转让系统完全不同。北交所对于个人投资者的准入条件以及企业登陆条件都有相应的门槛，这不仅是为了让更优质的企业获得融资渠道，也是为了降低投资者的风险。

北交所的成立既给了更多企业融资的渠道和机会，也给了投资者更多的投资选择，但同样也会带来相应的投资风险。很多投资者可能还不清楚如何查看北交所的上市企业，以同花顺软件为例，在最上方的报价选项中选择"沪深京"选项，再选择"北京 A 股"即可。目前投资者的准入条件为两年以上股票交易经验以及 50 万元日均资产以上方可开通。而新三板企业要登陆北交所也是有一定要求的，主要体现为企业是在新三板挂牌满 12 个月的创新层挂牌公司，并且符合预计市值与财务标准等条件。

投资北交所的收益途径主要分为两种，第一种就是最常见的获取交易差价，赚取资本利得。但只要关注过北交所上市企业的投资者都会发现，目前登陆北交所的所有企业股价几乎都是下跌趋势，而且每日波动十分有限，所以如果是以获取资本利得为目的的话，收益不高。第二种则是"转板"，即北交所上市企业转入上交所或深交所。但是北交所的转板只是上市地点的变更，企业股票价格不会发生变化，但这也相当于是新股上市，若受到机构的炒作，还是会有较大利润的。但是新三板则不同，如果登陆沪深两市，还需要进行 IPO，如果投资者提前购买股权，一旦成功登陆主板，利润还是非常可观的。

北交所的风险与新三板其实大同小异，首先还是企业质量问题。沪深两市中出现财务造假、虚假披露的情况都时有发生，那么北交所上市的企业就很可能存在更大的潜在隐患，而大多数投资者想要去辨别，还是非常困难的。其次，依旧是流通性风险，这一点只要去观察北交所上市企业的每日行情就可以发现，交易量非常小。不论股市行情好或者不好，都无法与沪深市场相比。如果进行对比的话，北交所上市的企业可以说是毫无优势。所以投资者投资北交所企业股票的话,如果交易量始终不温不火,很可能就会出现卖不出去,甚至是卖的多一些会直接压低价格的情况。

所以综合来看,我认为不论是新三板还是北交所,都不适合普通的个人投资者进行投资,哪怕是去投资科创板或创业板,至少在流通性方面都还是有很大优势的。这些中小企业的鉴别工作,对于未来发展的预期,还是交给专业机构去处理,个人投资者还是应该以稳健为主,尽量不去做自己不擅长的事。

第 92 问　如何防范股市诈骗

沪深两市成立至今,围绕 A 股市场的各种诈骗行为便屡禁不止。虽然随着监管的不断完善,以及大力度的反诈骗宣传,诈骗行为有所减少,但是依然让许多人防不胜防。有些投资者抱着发财致富的想法进入股市,却惨遭被骗,最终落得个鸡飞蛋打的结局。

股市诈骗的目标群体很明确,就是那些想靠股市赚钱却心有余力不足但还很执着的散户。在 A 股市场,这样的群体是很庞大的。我一直都在强调,你可以凭"本事"把钱亏光,但是不能被人把钱骗光。自己亏钱只能说是能力问题,但是被骗就是智商问题了。

下面说一下目前股票市场常见的诈骗手段,如果以后遇到类似的"剧情",一定要提高警惕!

第一种,投资分成。这是在 A 股市场很老套也很常见的诈骗手段,方式也是简单粗暴。骗子通过各种渠道得到电话名单,然后开始撒网,自称是某私募或者什么专业机构与股民合作。合作的方式很简单,先是免费推荐股票,赚钱了按照一定的比例分成,不赚钱也不分钱,让投资者以为自己不会有任何损失。这种方式效率很高,诈骗人员会向不同的股民推荐不同的股票。哪只股票上涨走势不错,就会对股民进行下一轮营销,或是继续分成合作,或者缴纳一定的会员费。其实股民到最后都不知道为什么要购买这只股票。或许有些诈骗团伙内部有那么一两名所谓的"分析师",但基本都是二把刀,给出的买卖理由实在是粗鄙简陋。还有些美其名曰是私募机构,投资者要知道一点,私募是不会进行电话销售的,也不会看得上你那几万十几万元的小资金,更不会做推荐股票收会员费这种事。如果真的有私募机构暗地里做这种勾当,只能说明他的私募经营得有多么不堪。

第二种,炒股软件。这也是一种比较原始的诈骗行为。在多年前炒股软件风光的年代,航海家、指南针、天狼50等分析软件各领风骚,就有越来越多的人加入到炒股软件的研发和贩卖之中,越来越多的股民因为无法依靠自身能力完成交易,便寄希望于炒股软件上。有些软件公司还会有"附加福利"——买软件推荐股票。一旦投资者买了软件,基本上就算是掉进了无底洞。其实软件本身用处不大,无非是找几个懂股票和写代码的人编辑一些分析指标,然后包装一下,比如提示买卖点、独家交易系统之类的,其实都是根据大众指标演化而来,根本没什么用。卖软件只是个幌子,推荐股票才是卖点。如果推荐的股票是上涨的,业务人员便会推荐你购买更贵的软件,美其名曰可以赚到更多的钱,得到更好的股票推荐。如果用户亏钱的话,也会甩锅给软件,版本太低、效果不佳之类,让你加钱买更高级的软件。总之,一旦陷入其中便无法自拔,就像是很多套路贷款一样。很多人可能发现了不对劲,但是如果放弃,之前付出的资金就全部打了水漂,只能硬着头皮不断进行产品升级。我见过许多投资者买炒股软件,花的钱比股票账户里的资金还要多。

第三种,投资资讯。套路其实跟卖软件差不多,五六年前挺多的,现在少了很多,主要是股民也变得越来越聪明,不好忽悠了。区别在于正规,是有牌照的投顾公司,内部的分析师多少还是有些专业性的,至少是持证上岗,但也仅仅是理论派。还有一点就是有些投顾公司会和机构合作配合出货,而出货的股票会出现在投顾资讯中的股票推荐栏上。整体来说,投顾公司至少是有牌照的合法企业,算不得诈骗,但对投资者的帮助有限。

第四种,杀猪盘。什么叫"杀猪盘"?就是先把你养肥了,一刀宰下去,骨头都不给你留。一旦中招,就不是投资亏损那么简单了,而是连本金都没有了。股市中的"杀猪盘"有两种,一种是股票配资。先让投资者拿钱配资买股票,有些配资公司是用模拟账户进行交易,反正股民基本都不赚钱,然后在池子做大以后直接跑路。第二种则是挂羊头卖狗肉,美其名曰与散户报团取暖共同操盘,实际上是为了让投资者去自己搭建的外汇、现货、期货、数字货币平台投资,一旦资金大量流入,关闭平台直接跑路,连人都找不到。这种诈骗手段很多时候让投资者防不胜防,就像现在许多的带货直播一样,有一套完善而逼真的"剧本",很容易让投资者信以为真。通过所谓"专家"的每日讲座,逐渐让投资者产生信任,当时机成熟时统一收网。就算投资者后知后觉发现上当,报警救助,基本上也无力回天,因为这些诈骗团伙往往都在境外作案,追查难度很大,受害者只能自认倒霉。顺便提示一下,许多网站经常会有各种广告,如"加微信领牛股""点击链接看股票直播""××股票研讨会""在线诊股"等,看到这些广告千万不要点击,几乎都是给投资者挖好的陷阱。

  第五种,知识付费。随着网络自媒体越来越发达,许多行业从业人员便在网络上讲解自己的投资方法或者对股票市场的看法,可以很快吸引到认可自己的"粉丝"。这些从业人员会将自己的投资技巧或经验以课程的形式出售,虽然出售的是知识,不能算是诈骗行为,但也算得上是一种智商税了。当然,知识是无价的,如果投资者真的可以通过学习提高自身的投资能力,自然是最好的。但往往这些售卖的课程内容是东拼西凑而来的,内容修改一下,再取一个高端大气的名字,如××战法、××操盘术等。我认识许多以这种方式获利的朋友,他们很多人甚至自己都没炒过股票,更没有大资金操盘经验,这样的课程有什么可信度?

  这小节内容放在了最后,是因为我一直在纠结要不要写出来。这本书不仅普通投资者会购买阅读,也有很多同行和业内好友会看到,这篇内容写出来,一定会得罪很多人(其实早就得罪光了)。不过我觉得让投资者避免上当受骗,也是一名职业从业人员以及投资狂热者的一种职业责任,得罪人也没关系。君子爱财，取之有道。如果真的喜欢这个行业，就要走正道，靠自身的专业实力去赚钱。其实投资者只要知道"天上不会掉馅饼"的这个道理，就永远不会被骗。没有人会突然带你一个无亲无故的人去赚钱、去发财，投资成功只能靠自身实力或者将资金交给正规的投资机构去打理，走歪门邪道，终究会被反噬的。

投资理念篇

第 93 问　迷雾理论是反向交易吗

　　国外著名投资人的投资理论以及名人自传我基本上都看过，确实对他们超前且先进的投资理念由衷赞叹，其中安迪·凯斯勒是我最为佩服的一位投资大师。可以说，目前所有我们知道的或不知道的国内外投资大师或成功操盘手的投资方式或理念都有他的影子。最著名的就是他的"迷雾理论"，使其 5 年的时间就把 8000 万美元变成了 5 亿美元，创造了当时的投资奇迹。

　　股票市场中大多数信息都是公开的，比如股价及其走势、各项指标、成交情况、逐笔成交明细等。上市公司的财报会定期公布，所有人都可以看到三大报表，什么毛利率、营收、市盈率、市净率等当前数据及历史数据。所有人都可以看到这些数据，以及应用几乎同样的方法去做出判断，那么，这些已知内容还有研究的价值吗？当一家企业公告出某则利好消息之后，它还有利好消息的炒作价值吗？反而成为机构借机出货的一种工具。就有效市场理论来说，若某件事每个人都知道，那么据此判断的投资者在这件事上就很难赚到钱。"某个企业的年报显示业绩增长了 1000%"，那又怎么样？我们身处的不是一个真空的世界，你知道的事情，其他人也同样知道。

　　所以这些已知的消息或数据，被安迪·凯斯勒认为是毫无价值的，他说自己宁愿是在迷雾中，大家都不知道，然后如果我足够优秀，就能在迷雾中窥见一些更高处的黄色石块，一旦找到了这样的路标，情况就相对清楚了，而我那些建立在路标上的股票也会获得相应的价值，然后我会继续苦干，去寻找下一个路标。"迷雾理论"被很多人误解为反向交易，其实是不对的，它告诉我们要去寻找那些只有自己或少数人知道的机会。

　　可能很多人会说自己就是个普通股民，没有内幕消息，无法寻找到少数人知道的事情，这就是许多投资者一直无法成功的主要原因。获得投资上的成功，并不只是用电脑看看指标，看看财报那么简单，还需要根据已公布的数据去判断未来可能发生的事情，甚至亲自去企业进行调研。比如易经占卜如何起卦变卦，什么是体卦用卦，都是有标准的，最后得出的六爻24卦都是有爻辞的。既然这样，为何有人被称为神算，有人被称为神棍呢？就是因为套路是固定的，但也要灵活应用。占卜时身边出现的意象，如声音、物品、突然发生的一件事，都会改变最初的卦象。爻辞是固定的，但每个人的理解是不同的。彼得·林奇每天在办公室要给上市公司打上百个电话进行调研，即使出门旅游也不忘记去拜访当地的上市企业。现在中国的股民别说去上市公司调研了，上市公司证券事务部的电话就放在企业官网上，有人想着去查找，有人去打过吗？可能即使想打也不知道该询问些什么，主要原因还是自己的思想太狭窄了，没有真正下功夫，或者说没把力气用对地方。

2020年4月中旬，我还在国外进行一个投资项目。一次跟我母亲通电话的时候，她无意中提到昨天买菜的时候发现猪肉涨价了，但是海鲜没涨。放下电话后，我突然想起2019年猪肉价格大涨，刺激相关概念股出现大涨行情，但是我没有马上投资，而是通知我在国内不同城市的业内朋友，让他们分别去自己城市的菜市场调研一下猪肉价格的情况，同时查找一下最近几年猪肉价格的数据。最终根据八个一线、新一线城市以及近百个市场调研结果和历史数据，发现这几年每次春节前后猪肉价格都会出现一波持续的上涨，而股市的表现要稍微慢一段时间。得到相对确切的答案后，便开始对早已选择好的标的进行买入。

如图68所示，2020年5月7日、8日，我分别买入了猪肉概念的天邦股份和金新农。其实只需要买一个就好，在这里顺便提示一下投资者，当你看好某个行业或概念的时候，如果资金不是很多，只需要买其中的一只股票就可以了。由于两只股票的走势几乎一样，这里只以金新农为例。

购买后，股价横盘了接近两个月的时间终于缓缓启动了，最终连续3天涨停后，我选择了卖出。猪肉这种概念，如果不是价格疯涨的话，炒作程度也就是如此了。股价最终涨到了12.65元，虽然没有赚太多钱，但至少验证了自己的判断。天邦股份则从12.20元的价格涨到了20元。

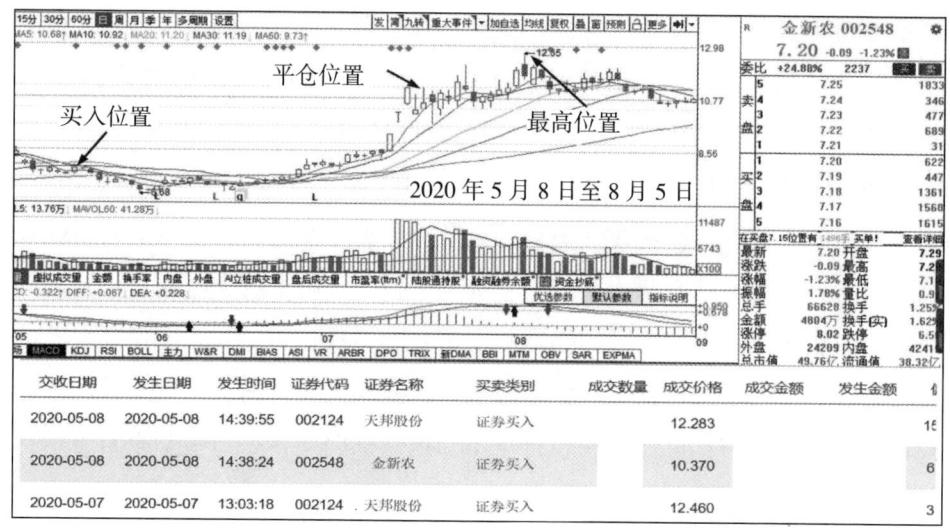

图 68

当然，以我 15 年的投资经验，在金融投资市场也只能算是个小学生，对迷雾理论的应用还不是很老到，在投资的时机把握上也不是很好，往往入场后很久才会出现预期的效果。虽然这实属正常，但要做好投资，就一定要严格要求自己，也希望与各位读者共勉。

第 94 问　杰西·利弗莫尔的故事告诉了我们什么

杰西·利弗莫尔的名字相信很多投资者都不陌生，他不仅是无数中国投资者尊敬、崇拜、学习的杰出投资人，也是华尔街争相效仿的对象。他一生的传奇投资经历让每个人都叹为观止并心向神往，包括我也是一样。

熟悉杰西·利弗莫尔和沃伦·巴菲特的人，可以进行对比。巴菲特几乎所有的投资都有充分的研究，并且是有计划、有节制的价值投资，以长期的资本利得以及企业分红作为主要收益来源。反观利弗莫尔，是一个典型的狂热派投机者，几乎每一次交易都是孤注一掷，所以才有一次次令人惊叹的获利及破产事件。一位是追求资产稳健增长的价值投资派,一位是追求短期内暴利的投机派,二者都无可厚非。那么投资者有没有想过,哪一种风格更适合自己呢?

先来总结一下杰西·利弗莫尔的一些精华和糟粕。利弗莫尔的投资才能是与生俱来的,这是任何人都无法通过学习而得到的。必须要提到的一点,就是他对金融投资的狂热,想要做好一件事情,就要把它作为爱好,想要做到极致,就要疯狂的热爱它。试问本书的读者,作为一名A股市场的投资者,你对投资有多热爱?还是仅仅只为了在这个市场中获利?答案不同,未来得到的结果可能就截然不同。这么多年,我看到无数人涌入A股市场,同时也有很多人退出。退出的原因不是因为他对这件事的热情降低(可能根本就没有过热情),更多地是因为赚不到钱。赚不到钱其实和你对投资的热爱程度有很大的关系,你对投资的热爱程度越高,就会在投资上花费更多的精力去学习、研究和总结。很多股民炒股都是道听途说一些消息就去投资一家企业,每天看盘只是看一下大盘的涨跌、持仓的盈亏,如果这样都能赚钱,那股市岂不是成了可以随便捡钱的地方了?

我曾经问过自己许多次,如果不做投资我会做什么?其实从我踏入这个行业起,就从来没有想过要离开。做任何事都是一样,你付出了多少心血,就会获得多少回报。能够把一件事做到完美的人,必然有一颗狂热的心。但要注意一点,凡事物极必反,对投资我们可以热爱甚至狂热,但是不能偏激。就是因为过于偏激,导致了利弗莫尔一次次破产,最终患上心理疾病,用一把手枪结束了自己的生命。

利弗莫尔最值得学习的地方在于他的果断和独立思考的能力,对于自己做出的判断可以果断执行,不会犹犹豫豫,对于别人的建议也总是能独立思考、分辨并做出正确的选择。这一点很多投资者做得很不好,自己做出的交易策略总是执行不到位,买的时候犹豫,卖的时候也犹豫,无数次错过最佳的交易机会。而且对自己极为不自信,宁可相信别人的建议,也不相信自己。不过有一点投资者千万不要学习,就是利弗莫尔孤注一掷的交易行为。他有一颗强大的心脏以及对投资的热情,所以倒下了还可以再次站起来,但是对于很多普通投资者来说,是不具备这种条件的。哪怕你再看好一家企业,也要有计划有节制地去投资,要给自己准备好后路,所谓"为将者未虑胜先虑败,故可百战不殆矣"。

最后就是自律性,很多成功的投资人或者企业家都是比较自律的,不会像一些"暴发户"那样,突然穷人乍富就开始花天酒地。利弗莫尔自幼家庭是非常贫困的,基本没过上什么好日子,14岁辍学后就没有接受过高等教育,这就导致他获得巨额财富后欲望逐渐膨胀,最终不仅家庭一团糟,也导致投资不如意。家和万事兴,家庭不和,或者怀着不好的情绪,做任何事情都可能搞砸,这一点对于成家立业的人来说应该都深有感触。《诫子书》中说:静以修身,俭以养德。非淡泊无以明志,非宁静无以致远。把家庭照顾好,工作安排好,感情管理好,心无杂念时,才能看清更多的问题。

第 95 问　随机漫步理论是在劝退技术派吗

所有投资理论都有忠实的信奉者和不屑者,市场上投资理论派系林立,投资者中很多人都是勤奋好学之人。在面对任何一种理论的时候,一定要独立思考,不要盲目地完全轻信,也不能全然不顾,去其糟粕,取其精华,才是正确的学习态度。几乎所有股票市场的投资者都热衷于判断市场走势及价格涨跌,但是随机漫步理论却告诉所有人,涨跌是难以捉摸的。随机漫步理论是谁提出来的,何时提出来的,已经无从考证了,甚至可能要早于道氏理论。后世因为很多人根本找不到市场的规律,认为道氏理论对于牛熊市的论述是错误的,所以更加信奉随机漫步理论。

在刚入行的时候,我对技术分析也有过一段时间的狂热期,某一天接触到了随机漫步理论,直接颠覆了我对技术分析的三观,开始觉得非常有道理并深信不疑。但随着对随机漫步理论的深入学习,以及从分析工作转向实操工作，从中也发现了许多问题，其中确实有值得学习的可取之处，但也有并不适合当前这个时代以及A股市场的一些观点。很多投资者在学习随机漫步理论后，不仅对技术分析产生了怀疑，甚至对整个市场都心灰意冷。本小节我们就来好好剖析一下随机漫步理论。

随机漫步理论是一种反对图表的理论。一切技术派的存在价值都是基于一个假设，比如股票、外汇、大宗商品等市场都会受到经济、政治、社会等因素的影响，而这些因素会像历史一样不断地重演。比如经济由大萧条的状态中开始复苏，股市会上涨，货币会升值，大宗商品会涨价，上涨过程中也会有回调，但跌完又会涨得更高。即使对短期而言，支配一切投资价值规律的都离不开这些因素，只要投资人能够预测哪些因素支配着市场价格，就可以预知未来的走向。就股市而言，图表趋势、成交量、价格等反映了投资人的心态偏好。他们的收入、年龄、对消息面的了解、接受消化程度，全部都由价格和成交反映出来。根据图表就可以预知未来股价的走势。不过随机漫步理论却反对这种说法，它认为投资无迹可寻。

为什么会有截然不同的观点呢？按照随机漫步理论的说法，造成股票市场波动的主要因素是政治、市场经济、企业经营状况等消息的乱入，而这些因素被投资人士分析加工过后，会重新对市场以及企业进行评估，从而调整交易策略。所以我们经常会看到某些企业的股价走势向好，成交稳定，一片欣欣向荣的景象，但突然某个交易日股价放量下跌，机构抛盘，然后利空消息尾随而来。当投资者发现问题所在时，往往为时已晚。几乎对所有投资者来说，这些基本面的消息都是突如其来的，且无迹可寻，更没有渠道提前获取内幕消息，所以根据技术面去推测未来价格走向是无稽之谈。

随机漫步理论指出，其实现在证券市场上有许多聪明人，也有很多懂得分析的人，而且市场中所有的消息、新闻、数据都是公开的，所有人都可以获得它们、使用它们，所以股票价格反映的就是最单纯的供求关系，或者距离本身的价值不会太远。但这里面其实是有问题的，因为总有一些机构或者个人有渠道获得那些不为人知的消息，或者提前得到那些宝贵的数据，这就使得这些公开的内容变得不是那么重要了，反而会成为迷惑众人的工具。之所以这样，是因为中美股市本身存在较大的差异，像美股这样的半强势有效市场，内幕交易或提前获得消息从而进行炒作的现象是比较少的。

随机漫步理论对于技术派是非常不屑的，这个观点在十几年前我是抱有怀疑态度的，但是现在也成了我的观点，无关其他，只是对 A 股市场有更深入的了解所致。随机漫步理论中讲，如果你因为技术分析判断正确买对股票的话，不要怀疑，这完全是运气所致。因为没有谁能够完全了解市场波动的所有影响因素，市场是人构成的，人的行为永远不可能做到真正理性，市场从某种程度上来说就是大家都在犯错误。在投资的时候，如果用技术模式去分析太远的行情，没有太大意义，这与算命的神棍无异。这里面同样有对有错，的确没有任何机构或个人可以完全判断出市场或某一家企业完全的影响因素，这也是为什么在没有政策引导时，各大机构都谨慎投资，不敢放开手脚。即使对于某一个行业或题材进行炒作，也是报团取暖，而不敢独树一帜，就是因为他们并不敢保证掌握了所有影响因素，完全掌控了市场波动。但是市场经济可以通过各种数据以及政策上体现出有价值的信息，在对企业调研的过程中也可以发现某些蛛丝马迹。投资本身就是概率问题，不可能做到完全掌握，所以只要有效地应用各种手段，提高准确概率，即可达成高效率的投资。

所以我认为随机漫步理论唯一值得提倡的就是技术分析图表交易的作用微乎其微，不可过于执着。但是对于通过分析进行交易反而没有随便乱投的收益高的这种观点，我认为还是过于偏激了，这会影响很多人对于市场的投资信心。虽然我也认为没有任何方式方法可以百分之百地判断市场，但是可以通过很多有效的手段来提高分析效率。最主要的是，在 A 股市场中，投资机构拥有绝对的话语权，他们的每一次操盘行为，都预示着某个行业或者企业价格的巨大波动，所以对于普通投资者而言，即使不具备专业投资机构的优势，但至少机构的投资行为是我们的方向标。

第 96 问　投资视野有多重要

男人对汽车的兴趣应该是一样的，我也换过很多辆车，而且这些车都有一个共性，就是都是 SUV 和越野车型，其中最主要的原因就是视野好。在驾驶过程中，视野是极为重要的，更开阔的视野会避免许多潜在的危险。为何会提到与汽车有关的话题呢？其核心就在于"视野"。我很佩服索罗斯的投资视野，如果我开的是一辆 SUV 的话，那么索罗斯的车就是全玻璃制造的 365 度全景车。索罗斯可以从一个国家发生的某些事件中发现其对另一个国家的影响，从一个行业的变动中发掘出另一个行业的投资机会，所以他可以在中国、美国、英国等全世界多个国家肆意地赚取丰厚的利润。索罗斯的投资哲学之一就是：采用整体的观点去思考、观察事物，可以获得更客观、公正的结论。

许多投资者无法在 A 股市场获得成功，就是因为投资视野过于狭窄了，总是盯住其中的一两个点无法自拔，而忽略了更有价值的投资环境。比如市场爆发出某一个热点后，无数散户就会蜂拥而至，开始盯着这个题材，然后就会出现周而复始的追涨杀跌，所以散户们总是被机构牵着鼻子走。某些投资者有一套自己的分析模型并沉浸其中，其他的分析技巧都觉得如同鸡肋，导致投资水平止步不前。世上没有最准确的分析模式，只有不断完善、总结、创新，才有可能提高投资成功的概率。而如何完善？如何创新？就是要不断吸收新的投资理念和技术，并加以总结，变成适合自己的一套投资模式。

投资市场的交易规则在变，机构的操盘方式在变，"股票市场唯一不变的就是一切都在变"。有些投资者的交易以及分析模式，甚至是性格与风格，根本不适合 A 股市场，屡屡失败，却依旧固执的坚持，造成了更大的损失。虽然 A 股市场的账户数量持续增长，看似股民变多了，但是又有多少早已离开股票市场的"死户"早已停止交易了呢。从小母亲就告诉我一个道理，"树挪死，人挪活”，所以我认为，一旦遇到了困境或者瓶颈的时候，一定要走出去，主动地寻求改变，才有可能涅槃重生。做企业也是一样，当你的净利润一再下降，产品销售逐渐饱和，或者毛利率一再缩水，如果依旧保持现状，最终等到的可能只有慢性死亡。比如现在许多的传统车企，燃油车的销量已经开始连续下降，而新能源汽车的销量却成倍增长，类似比亚迪、传祺、特斯拉等企业早已经开始布局，成为第一个“吃肉”的企业，而许多缺乏视野的企业想后发制人，就很难获得成功了。

交割单

查询过往数据：2021-09-02 至 2021-09-09 查询

交收日期	发生日期	发生时间	证券代码	证券名称	买卖类别	成交数量	成交价格
2021-09-07	2021-09-07	13:25:54	600720	祁连山	证券买入		11.720

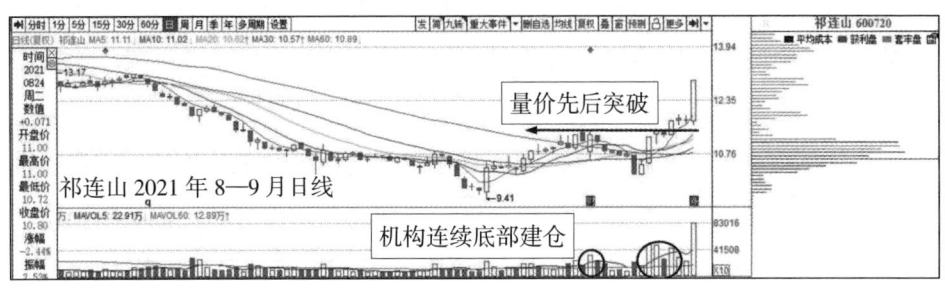

图 69

图 70

2021 年 8 月末我发表了机构增持钢铁、水泥、煤炭行业的观点，但似乎所有的投资者都沉浸在北交所和元宇宙的概念上了，认为这种传统行业怎么可能会突然出现行情，但是最后确实都有不错的表现，只不过风头全被北交所和元宇宙概念给遮挡了而已。

如图 70 所示，祁连山此时确实在“暗度陈仓”，虽然涨得不多，但逐渐逼近前面的小平台压力处，而且出现了数个交易日的明显增持。关于我的量价突破理论，大家应该也清楚，哪怕没有同时突破，但如果量先突破，那么价的突破也就指日可待了，随后我在 9 月 7 日对其进行了投资。

两个交易日后，不论是我对行业的观点，还是对股价的观点，很快就验证了。9 月 8 日、9 日两个交易日，传统行业大爆发，钢铁、水泥、煤炭全部在涨幅榜前列，祁连山也在尾盘前涨停，但因为涨停过于迟缓且出现天量，我没有犹豫就将其卖掉了。很多概念、题材的炒作都是短暂的，可能今天刚爆发，明天炒作就结束了。如果你去追涨北交所概念的创业黑马，可能不到一个交易周，你的亏损就已经超过 20% 了，所以如果你的视野非常狭窄，那么注定逃不出追涨杀跌的命运，永远被牵着鼻子走。

索罗斯说，要把更多的时间留在思考和总结上。要想靠 A 股赚钱，不下足功夫是不行的。不要把你的视野局限在自己买的那几只股票、一两个热门概念上，局限在自己用的那几个指标里，多去观察和思考未来可能会发生的一些事情，学会从机构的角度去思考投资问题。

第 97 问　为何说水则资车旱则资舟

《勾践灭吴》中，勾践对群臣说，谁能为我出谋划策灭吴，我将与他共同治理国家。大夫种进对勾践建议说"贾人夏则资皮，冬则资絺，旱则资舟，水则资车，以待乏也。"意思就是说，商人们都是夏天时就开始准备冬天的皮货，而冬天时则准备夏天用的布料。天旱的时候准备船，而发生大水的时候则准备车。可见古代人们对于经商和投资，就已经有了非常科学的方法。越王勾践最终采纳了种进的这番建议，成为后来灭吴的重要战略之一。

许多事情受益最大的就是那些未雨绸缪、提前布局的人。就投资这件事来说，就是要做好提前量，提前发现且进行布局，静待开花结果的丰收时刻。

我有一个做操盘手的朋友，他认为散户总是被牵着走，你引向哪里，散户就会跟到哪里。话虽不好听，但仔细想想，又有多少散户没在追题材追牛股的路上吃过亏？从业十多年，我对散户的心理研究还是非常透彻的。很多散户每天看盘都看些什么，就盯着涨幅榜看，哪个涨得好就看哪个，哪个涨得快就买哪个。很多时候只是想看看，但是机构会用各种方法去诱惑你进场，最终忍不住下单去买了，所以散户大多数的交易都属于冲动交易。

想要交易提高一个层次，就要学会提前捕捉未来可能会受到资本追捧的行业或题材以及个股。如果你做不到创造热点，也做不到第一时间发现当前的热点，就必须要学会提前捕捉热点，这就要学会发散思维，独立思考，多看新闻，扩展关联。

新冠疫情阶段，我看到新闻，美国的新冠检测试剂盒已经一盒难求，而且出现炒作现象。当天我便录了一个视频发在自媒体账号中。但是这一次我却做了语言的巨人，行动的矮子。虽然我提到了许多相关的受益个股，却并没有进行投资。2022年1月初，几乎所有新冠试剂检测相关企业都出现了很大幅度的上涨。

2021-09-27	2021-09-27	13:13:00	300675	建科院	证券买入		15.020
2021-09-23	2021-09-23	09:31:45	300004	南风股份	证券卖出		7.856
2021-09-22	2021-09-22	17:59:19	-	-	利息归本		0.000
2021-12-09	2021-12-09	10:44:53	300675	建科院	证券卖出		20.120

图71

同样是新冠疫情期间，我国的基建以及制造业恢复速度是很快的，我认为这是一个很好的提前布局的机会，所以选择了建科院这家企业。

建科院是我在2021年交易中最煎熬也是获利最酣畅淋漓的一只股票。9月27日购买时股价已经逼近前期新低，虽然是在连续两个交易日的低点买入，但持有一个月后，股价依旧在持续阴跌，并且刷新了年内的低点。其实出现这种情况也是十分正常的，虽然在购买之前成交时有放量上涨的行为，但毕竟没有出现成交密集放大的启动行为，之所以买入，目的就是提前埋单。

投资理念篇

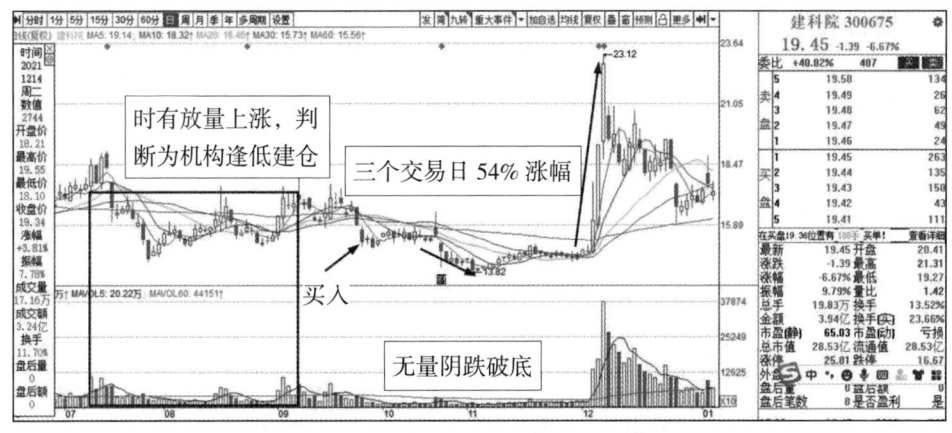

图72

在没有任何启动迹象前就去布局，其实没那么简单，这期间要承受很多风险和煎熬。许多投资者希望购买一只股票后能在短期内甚至当日就能有所回报，但真正的投资往往是不可能的。提前去布局一次交易，可能要等待非常久的时间，甚至无功而返。其次就是股价下跌的煎熬。在持股过程中，股价可能并没有向预期的方向运行，而是持续亏损，这就非常考验投资者的心理了。继续持仓？进行补仓？还是壮士断腕？就要根据当时的情况而定了。假如建科院在下跌过程中不是缩量而是放量，或者保持较大的下跌动能，我都会坚决离场。可能是运气使然，建科院没有辜负我的期望，最终在12月6日爆发，三个交易日狂涨54%。

想成为一名成功的投资人，脑子里就不要总是想着这个线那个指标的，也不要总去想现在这个题材要不要追，而要多去考虑未来会发生什么，资本的下一个聚集地在哪里。平时一定要注意各行各业的最新消息和动态，然后从这些消息和动态里提取出它的价值，从而联想到这个事件的影响，会辐射到什么行业、企业。当你锁定一家可能会受某个事件影响而股价上涨的企业时，就要做好投资计划，结合机构的交易信号来进行布局。所以本小节的内容并不是教授什么技术，而是提醒各位投资者，只有提前发现机会，才能用最小的风险博取最大的利益，也能让投资更轻松一些。

在证券公司工作时,我们营业部的保安发现停车场车满为患时,就意识到现在股市形势一片大好,已经到了疯狂的阶段,就会选择卖出股票。当发现停车场只有内部车辆时,就知道现在市场交易清淡,股价一定很便宜,就向我们咨询购买一些性价比高的好企业。可能很多人听起来觉得是个笑话,但确有其事,我认为他才是把"水资车,旱资舟"这个道理理解得最为透彻的人。

第 98 问　谁是最后一个傻子

就像博傻理论说的那样,投资者买入股票其实就是认为会有傻子用更高的价格从自己手中买走。机构投资者和个人投资者的区别就是前者是傻子的引导者,后者本身就是傻子。其实博傻理论也没有错,高价之上还有高价,低价之下还有低价,只要自己不接最后一棒,就不是那个"替死鬼"。其实每位投资者都曾经是最后的傻子,哪怕是牛顿也曾在南海泡沫中做了一次最大的傻瓜,不过知耻而后勇还是必要的。

其实股票交易就像是"击鼓传花"的游戏一样,只不过传的是一个随时都有可能自爆的炸弹。主办方说,来参加这个游戏的人只要不是最后一棒都有钱赚,但是接到最后一棒以及附近的人都会"牺牲"。这样一来,最先知道这个游戏的自然是耳聪目明的投资机构,但是为了最终不将炸弹传回给自己,就需要利用各种手段制造声势,让更多的人参与进来,为自己接棒。许多人都认为自己不会那么倒霉,不会是最后的倒霉蛋,一定会有下一个人从自己手上接过炸弹。于是游戏开始了,并且看到许多人安全地将炸弹送了出去,一个个傻瓜接过了炸弹安全无事,更多的人便参与了进来。但是炸弹终究会被引爆,早早完成游戏的人自然去找游戏的主办方领钱,然后参加下一场游戏,而当爆炸声响起的那一刻,接过炸弹的傻子和他周围的人则"壮烈牺牲"。这听起来是不是很像股市版的"鱿鱼游戏"?实际上或许股市的游戏更加残酷。但是博傻理论也告诉我们一个道理，"傻不要紧，重要的是不要当最后一个傻子、最傻的那一个就可以了。"

所以按照博傻理论来说，我们要做的就是避免成为最后那一批傻子。那么我们在准备对一家企业进行投资时，就需要找出各种可能会有傻子从自己手中用高价买走股票的理由，以及其他傻子对这家企业的看法。如果你不想成为最后的替死鬼，就要去判断有没有人愿意替你去死或者找来一些人成为你的替死鬼。就像纸牌游戏说的那样：如果你不能玩上 30 分钟并且不知道谁是替死鬼，那么你就是替死鬼。

博傻理论其实就是心理上的博弈。如果是在正常的市场中，大多数人都愿意入局成为傻子，那么就存在有人花高价从你手中买入股票的可能，反之亦然。但是 A 股市场是一个由政策以及机构投资者主导的市场，真实行为往往与广大投资者的想法截然相反，所以我经常说要从机构的角度去看市场。换句话就是，虽然我们是傻子，但是我们要用上帝的视角去看其他傻子。不知从何时开始，我特别喜欢看股吧评论，尤其是自己正在参与交易的股票。当我看好的企业投资者都在唱衰的时候，我反而会更加放心。当股价上涨后回调时，看到许多投资者卖出，我反而会更加放心地持仓，然后当股价再度上涨时，就会发现许多之前卖出的人骂骂咧咧。当股价真正开始启动加速上涨时，投资者的观点忽然一致看多，涨停呼声不绝时，我就知道到了该卖出的时刻，很多时候这样交易都出现了不错的效果。这可能就是很多人说的反向交易，不是跟机构唱反调，而是和其他的傻子唱反调。市场中你所看到的，所产生的想法，往往都是人为刻意制造的，通俗点说就是你被"套路"了。

股市投资有的时候就是博傻理论，是心理游戏，要多去思考机构在想什么，其他散户在想什么，而不是自己想怎样就怎样，我认为如何就如何。比如有人让你选出现在网络上最受欢迎的五大歌手，猜对有奖，60 后、70 后可能认为是刘德华、张学友、王杰等，而 80 后认为是周杰伦、陈奕迅，但是最终投票结果出来后却发现是半吨兄弟、王鹤野、摩登兄弟。那是因为自已完全凭借主观意识去进行判断，而忽略了当前市场的主流参与群体的偏好和风格，更忽略了资本在其中发挥的作用。

第 99 问　股市最终的投资方式是什么

当你在股市投资了 5 年、10 年甚至更久后，你的投资策略和方式一定会发生巨大的变化，不再是单纯的技术分析派，也不会单纯地通过某种成交量组合或者财报的某项数据去下结论，当然也不会去使用像波浪理论或者江恩图这种复杂的工具，而是最终会走上化繁为简又不失严谨的道路，而 A 股市场也终将成为强势有效的市场。

技术面会彻底沦为辅助工具，甚至在一笔交易中的影响力微乎其微，成为已经做好投资决定后才会使用的辅助工具。投资者不再执着于指标的研究，常用的技术指标只有寥寥两三种。其实只要认真投资股票两三年的投资者，就会发现技术指标的各种弊端，但此时投资者可能还没有找到更有效的投资方法，所以指标的参考性还是比较大的，但这种状况终究会改变。最终保留下来的技术指标一定是提前型的指标，因为此时指标最大的作用就是判断点位范围。

基本面分析的比重会越来越大，虽然对全套财报分析还有些吃力，但对一些主要的数据还是可以有效利用的。当投资者真正了解了中国的股票市场后，对短期的投机利润就不会特别执着了，更多的是进行中长期的价值投资。哪怕是短期投资者，为了防止踩雷加一个双保险，也会特别重视上市公司的基本面情况。而且熟能生巧，投资者可以在短时间内便判断出这家上市企业的基本面情况，其实就是两个选项"有投资价值与无投资价值"。因为 A 股市场不乏基本面不错的企业，但股价并非都能与业绩成正比，还得去看机构对其的态度。

对于判断主力的操盘行为，我把它称之为"机构面"。再好的技术面或者基本面，没有机构面的配合，股价都难有好的表现。在被机构左右的A股市场，判断"机构面"，我认为更加重要。有没有机构参与，什么类型的机构，目前处于操盘的哪个阶段，如果这些都不清楚的话，茫然进行投资，实际上就像是盲人摸象，都不知道等待自己的是什么。心里没底，这样的投资成功率又会有多高？目前还无法判断"机构面"的新手投资者也不用着急，投资能力不是一蹴而就的，而是一个日积月累的过程。投资人就像是老中医一样，越老越稳，越老能力越强。到了后期，我相信大多数投资者都可以在很短的时间里就能够判断出机构的操盘意图。

心态反而成为投资者的关键，凡是能在A股市场坚持下来的投资者，我相信都已经有了一颗"大心脏"，心态不好的坚持不到这个阶段。处事不惊，稳扎稳打，盈亏不乱，是投资者必备的心理要素。投资到最后玩的其实就是心态，或者说最后对于投资者来说，股票已经不是投资，而是一种习惯，一种日常行为。好心态的来源就是多年以来累积的经验，日渐成熟的投资技术，以及越来越多的成功案例。当你把各种行情都经历了一遍后，就会发现自己对市场发生的任何事都会看得很开，不会在乎一时的得失，也不会因为一些突发行情或事件而乱了方寸，我把这个阶段定义为投资者成熟期。

最终投资者判断市场是否能进入，投资哪个企业，其实更多的影响因素是自身的盘感，也就是对投资的感觉。或许某一天你会发现，一家上市企业你随便看一下各个方面数据，就能很快地做出投资决策，不需要特别复杂的分析模型，只通过几个闪光点就可以捕捉投资机会，而且成功率颇高。那为什么很多投资者已经摸爬滚打了很多年，依然没有这方面的能力呢？原因很简单，很多人其实都是在原地踏步，投资10年积累的能力和刚入市的投资者没有差异，还处在最初级的投资阶段。如果时间就能让人的投资能力有所提高，那我们完全可以只看不买，10年以后再进行实盘交易了。想要达到最终阶段，一定是前期少走弯路，把基础打好，把这些有效的分析手段吃透用熟，才能化繁为简，手到擒来。

然后就是资金量，我总结的另一个经验就是股市中的资金量越大，风险越小，获利的机会更多。可能许多投资者认为这是废话，那就对了，说明这是大家的共识。资金量越大，玩法越多，可操作的空间就越大，甚至完全可以成为一个独立的投资机构，个人交易就会对股价造成影响，所以现在集资炒股的行为越来越多。如果只有几万块，到最后也只是"理财"，还到不了"投资"的高度。所以如果想在 A 股市场沉淀下来，持久作战，就要想办法增加资本、累积资本。当你有了更多的资本，首先是可以应用更多的操盘策略，也可以接触到股市更深层次的奥义。很多东西是小资金和个人投资者永远无法接触到的，哪怕给你讲了也理解不了，因为根本就没那个概念。

技术面、基本面、机构面、心态、经验、资金，就是我认为的投资六要素。股票玩到最后其实也就是这六个要素，只不过是重心不同，这一点各位投资者若干年后应该都会有不同的心得感悟。

最后一点就是要对 A 股市场未来的变化做一些准备。A 股市场终究是要与世界接轨的，不论是上市与退市的标准和制度，还是交易机制。我认为未来 A 股市场也会执行 T+0 以及双边交易等，与发达国家的股市采取同样的交易规则。所以投资者一定要为这种可能的改变做好准备。我遇到许多外汇、期货市场的投资者，明明是双边交易市场，但是只会做多不会沽空，这样就少了 50% 的赚钱机会。而且在股市交易习惯后，只会盯着日线或周线去看，没有观察小 K 线周期的习惯，就导致大方向正确，却被小周期止损了。如果这样的话，一旦未来 A 股市场的交易制度真的发生了变化，普通投资者就会很吃亏。当然，未来几年甚至十几年内可能不会发生这样的变化，因为市场参与群体的结构问题，只要 A 股市场还是个人投资者占多数，就要考虑到投资者的风险。学会沽空还是有很多好处的，这样会对价格的顶部以及反转等下跌信号更加敏锐，可以最大化地规避追高风险。

第100问　股市中存在的其他问题

1.市场热点快速切换如何操作？

在股票市场处于平稳运行、交投相对清淡的时候，机构的交易往往也是没有主攻方向，市场资金和投资方向比较混乱，所以会出现今天这些板块上涨，明天领涨板块又换了一批，很少有题材上涨可以持续超过两个交易日，热点轮动的速度非常快，甚至上午和下午领涨的板块都不一样。这种情况投资者参与其中，很可能出现上涨时买入后股价就开始滞涨，第二天就开始调整。这种行情其实主要的"受害者"就是喜欢做短线投机的人，他们的投资行为和意识完全是被机构牵着鼻子走，虽然损失不大，但是长期如此，累计的损失也是不小的。

遇到这种情况，投资者不要急于追涨，首先要分析当日领涨板块为何上涨，没有原因的炒作往往不会持久。其次看当日或近期是否有大量的资金增持。通常这两种情况是相辅相成的，如果没有利好，是不会有太多资金增持的，也不会有前期的增持积累。如果都没有，就可以判定为一日游行情，若要追高，就需要快进快出，严格止损，但我个人是不建议火中取栗的。普通投资者往往对于市场热点是后知后觉的，既然选择跟风，就一定要选择可持续的热点。要重点关注那些至少连续两个交易日以上机构增持前十，累计五个甚至十个交易日机构增持前十，且没有开始主升的板块及个股进行买入。

2.现金流量表的分类。

之所以没有将现金流量表单独列出讲解，是因为现金流量表相对复杂，组成部分和内容也较多，仔细讲解会占用大量的篇幅，本书可能会成为一本不伦不类的财报类分析图书，所以放在这里简单介绍一下。现金流量表看似内容多且繁杂，其实主要分成两个部分，一是资金流出，也就是企业付给别人多少钱，二是资金流入，也就是企业收到了多少钱。其实也不用把现金流量表看得太复杂，基本上就跟咱们自己家里的流水账差不多，今天买这个花了多少钱，明天向谁借了多少钱，后天股票平仓赚了多少钱。所以现金流量表主要讲述的是企业的三个活动：经营、投资、融资。

　　分析现金流可以看出企业的经营是否健康。有些企业看似利润不错，却因为各种原因出现资金链断裂，资金流出现严重问题，不久后就发生了破产或低价出售资产的情况。所以对于一个企业来说，资金一定是最重要的，也是企业高层和投资者最关心的，因为资金直接关系到企业的生死存亡。

　　3. 企业财报三大报表的关系。

　　有人说资产负债表、利润表和现金流量表代表着企业经营状况的过去、现在和将来，其实也可以这样去理解。我们可以通过负债表和利润表判断这家企业赚不赚钱，现金流量表可以告诉我们这家企业有没有钱。当然，三张报表都好看的企业最有投资价值，有的企业不赚钱，但是资金流很充裕，未来找到好的经营方式或者通过研发，有可能提高业绩，发展壮大。如果企业是赚钱的，但公司却没有资金流，就会出现破产的风险。又不赚钱又没钱的企业，自然一分钱都不能投给他，尤其是一些制造业和科技类行业。制造业企业经常会花大价钱购买一些新设备，在使用过程中会产生大量的折旧，如果无法转化成更高的利润，现金流就可能出现问题。科技类企业如果将大量的资金投入到研发当中，却没有研发出畅销产品，也会存在资金流风险。当我们知道企业的三张报表分别代表着什么，就可以按照自己的标准综合地给企业的经营状况评分了。当综合评分达到一个合格的水平线之上，且股价表现也比较配合时，就可以大胆地进行投资了。

　　4. 我说的周期是多久？

　　我经常提到持仓周期的问题，如短期、中短期、中期、中长期、长期。很多读者会问，这些周期到底是多久？其实每个投资者都有自己对周期的理解，有些投资者觉得 T+1 交易就是短线投资，持有一周以上就算中期了。但是对于价值投资者来说，持仓一个月都会认为是短期投资。下面就介绍一下我个人对周期的定义，以便各位读者更好地理解我的投资方式和持仓理念。

10个交易日内（短期）：我是一个不喜欢把短线做长，而是更喜欢把长线做短的投资人。以较长周期持仓为目的，如果短期突然爆发则提前离场，而不是像很多投资者那样短线投资被套了就成了被动的长期持仓。我也不喜欢进行T+0或者T+1这样的投机交易，这更适合期货以及外汇市场。

10～40个交易日（中短期）：这也是比较普遍的持仓方式，再强势的题材爆发也不会持续太久，算上提前布局的时间，40个交易日是比较充分的。

40～100个交易日（中期）：从中期开始就是明显的分水线了，A股市场上大多数投资者其实都是短期或者中短期投资者，很少会有投资者持仓超过40个交易日，除非是被动的套牢。超过40个交易日的持仓，大多数是比较明确未来某题材的爆发，或者是企业未来将有值得机构炒作的消息出来，比如提前布局半年或年度报表。还有一种可能就是机构迟迟按兵不动，但是很确定机构要进行炒作，与其死磕到底。

100～160个交易日（中长期）：只要是持仓超过100个交易日的投资者，几乎都是价值投资派了。是金子早晚都会发光的，但是不一定马上就会被人发现。所以对于价值投资者来说，往往最煎熬的就是漫长的持仓等待。但只要后面的剧情符合预期，往往可以获得超额收益。反之，如果突然遇到了系统性或非系统性风险，损失的不仅仅是金钱，更重要的是时间。

160个交易日以上（长期）：可能对于真正的价值投资来说，持仓时间还是短了些，如果不到200个交易日就算长期投资了，那巴菲特持有可口可乐和华盛顿邮报又算是什么？但我觉得这对于A股市场来说已经足够了，至少在A股市场变成强势有效市场之前，持仓160个交易日以上算是长期投资了。在A股市场，普通投资者想依靠企业的稳定分红获得利润，几乎是不可能的。对于绝大多数投资者来说，别说持仓一年，几个月就已经如坐针毡了。而且A股市场不论大盘指数还是个股，特点都是涨得快、持续性差，但是跌得更快更久，许多企业哪怕业绩再好，股价也是起起落落，几年后发现还停留在原点，而且期间也并没有给股东太多的红利。所以持仓周期过长，反而可能会不断地坐过山车，利润空间不大。所以超过 160 个交易日的持仓，其实也就为了博这家企业一年内的一波主升行情，前提是这家企业确实非常优秀，你坚定不移地看好它。